4. Kapitel
PANAMA
VENEZUELA
KOLUMBIEN
5. Kapitel
EKUADOR
BRASILIEN
6. Kapitel
PERU
BOLIVIEN
CHILE
ARGENTINIEN
PAZIFIK
ATLANTIK
1000 km
2000 km
7. Kapitel

Leosch Schimanek
Vom Eismeer nach Feuerland

Leosch Schimanek

Vom Eismeer nach Feuerland

Auf abenteuerlicher Reise durch den amerikanischen Kontinent

Union Verlag Stuttgart

Für Ros und meine Mutter

Alle Fotos aufgenommen mit
Leitz – LEICA R 4 und Nikon – NIKONOS IV auf Kodak – KODACHROME 25 und 64 und Kodak – EKTACHROME 200 und 400 Filmmaterial

Einbandgestaltung: Atelier Reichert
unter Verwendung der Fotos von Leosch Schimanek
Inhalt – Fotos: Leosch Schimanek
Satz: Remsdruckerei, Schwäbisch Gmünd
Druck und buchb. Verarbeitung: Gutmann, Heilbronn
ISBN 3-8139-5634-2

Inhalt

1. Kapitel

Zu heiß bei vierzig Kältegraden
– Abenteuer auf der Highway – 7

2. Kapitel

Dort, wo die Zeit stehengeblieben ist
– Die kalifornischen Cowboys – 48

3. Kapitel

Von der Zivilisation unberührt
– Tarahumara Indianer in den Sierra Madre Bergen 79

4. Kapitel

Die vergessene Inselwelt
– Cuna Indianer auf den San Blas Inseln – 115

5. Kapitel

Land der Schlangen, Piranhas und Kaimane
– Siona Indianer im Amazonasdschungel – 143

6. Kapitel

Zerlumpt, doch nicht unglücklich
– Quechua sprechende Hochlandindianer in der Cordillera Blanca – 173

7. Kapitel

Die letzte Solo-Expedition
– Die Traumberge von Patagonien – 205

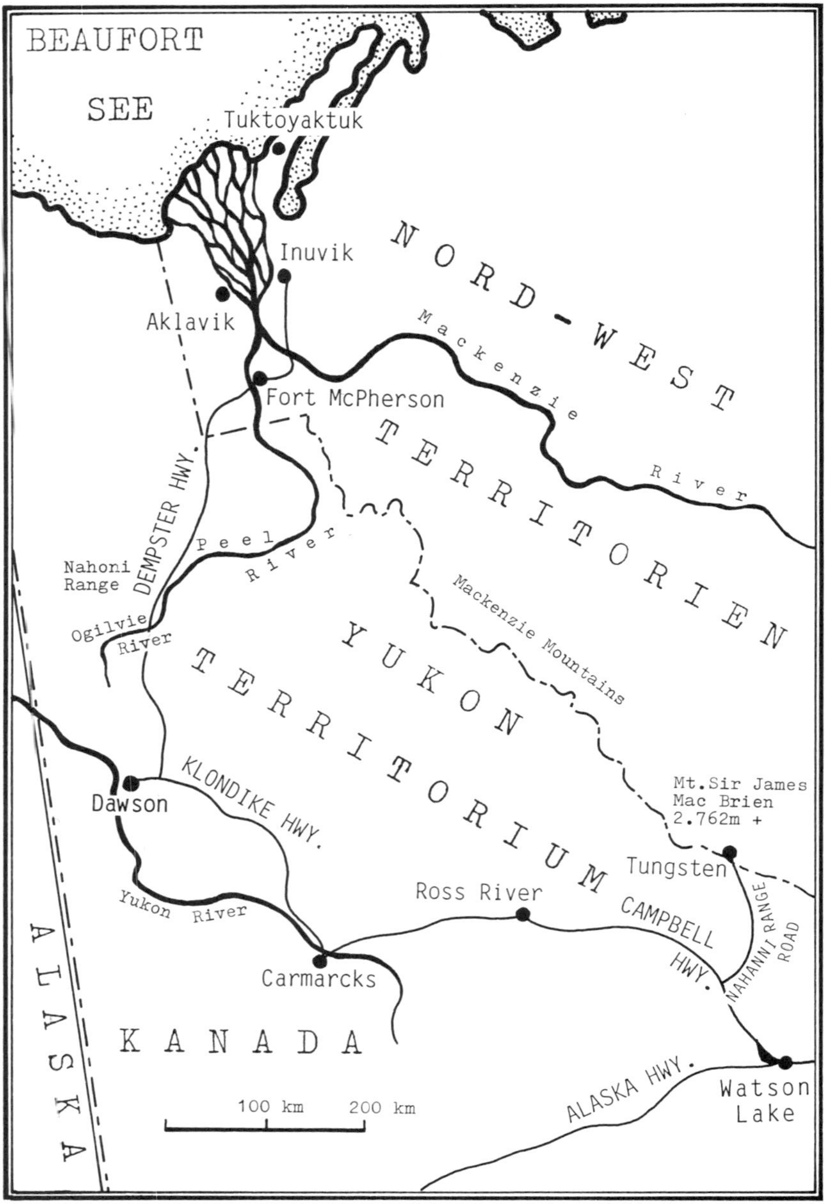
BEAUFORT
SEE
Tuktoyaktuk
Inuvik
Aklavik
Fort McPherson
NORD-WEST
Mackenzie
River
TERRITORIEN
DEMPSTER HWY.
Peel
River
Nahoni
Range
Ogilvie
River
Mackenzie Mountains
YUKON
TERRITORIUM
Mt.Sir James
Mac Brien
2.762m +
Tungsten
Dawson
KLONDIKE HWY.
Ross River
CAMPBELL
HWY.
NAHANNI RANGE
ROAD
Yukon River
Carmarcks
ALASKA
KANADA
ALASKA HWY.
Watson
Lake
100 km
200 km

1. Kapitel
Zu heiß bei vierzig Kältegraden
– Abenteuer auf der Highway –

Es ist kalt, grimmig kalt. Vielleicht vierzig Grad, vielleicht noch kälter. Dazu der Wind. Er macht die Kälte fast unerträglich. Die Richardson Mountains liegen zum Glück hinter uns. Dort waren die Schneeverwehungen sehr hoch. Immer wieder blieben wir stecken. Immer wieder mußten wir die Anoraks und Handschuhe anziehen, die Gesichtsmasken überstreifen und aus dem Auto steigen, um uns freizuschaufeln.

Heute haben wir den Polarkreis überschritten. Wir fahren nach Süden und nähern uns jetzt den Ogilvie Mountains. Bis Dawson City sind es mindestens noch dreihundert Kilometer. Von Fort McPherson bis hierher war es genauso weit. Der Dempster Highway, eine siebenhundert Kilometer lange Schotterpiste, schlängelt sich wie ein schmaler weißer Streifen durch die Wildnis. Nur eine einzige Tankstelle gibt es dort. Aber sie ist um diese Zeit geschlossen. Der Verkehr wird frühestens in einer Woche einsetzen. So lange dauert es, bis die ›Eisbrücken‹ über den Peel- und Mackenzie River von den Autos gefahrlos befahren werden können. Außer uns hat es niemand gewagt, auf dem dünnen Eis den Fluß zu überqueren.

Dicht gedrängt sitzen wir drei vorne im Auto. Cenda und ich kratzen die ständig vereisenden Scheiben frei, und Morag steuert.

»Gib Gas! Warum fährst du so langsam?« ärgert sich Cenda.

»Die Kiste fährt nicht schneller. Ich gebe schon die ganze Zeit Vollgas!« antwortet Morag gereizt.

Wir legen keine zehn Meilen in der Stunde zurück. Viel zu spät schaue ich auf das Thermometer. »Die Maschine wird heiß! Halt an!«

Mein Befehl erübrigt sich. Unser Pontiac ist von selbst stehengeblieben. Aus der Motorhaube steigt eine Dampfwolke.

»Was ist los?« frage ich Cenda, der von Autos mehr versteht als ich.

»Schwer zu sagen! Das Öl stimmte heute morgen und der Frostschutz im Kühler auch.«

»Und was jetzt?« Aus Morags Stimme klingt Angst. Uns dreien ist klar, daß wir ohne Auto aufgeschmissen sind. Aber Cenda läßt sich nicht aus der Ruhe bringen: »Lassen wir den Motor abkühlen. Das geht schnell bei der Kälte.«
Wir ziehen uns Daunenjacken, Fingerhandschuhe, Fäustlinge und wollene Gesichtsmasken über und warten. Zum Glück hat sich der Wind fast gelegt. Die Taschenlampe bewahre ich direkt am Körper auf, damit die Batterien warm bleiben. Es ist dunkel. Die Sonne haben wir schon seit einem Monat nicht mehr gesehen, und die Tage werden immer kürzer. Bald haben wir Weihnachten.
Schließlich öffne ich die Motorhaube, die mit dickem Rauhreif überzogen ist. Der Kühler ist fast leer. Das meiste Kühlwasser verkocht.
»Bring die Kanne mit Frostschutz, und versuch dann zu starten«, befiehlt Cenda.
Ich setze mich ans Steuer, drehe den Zündschlüssel, aber es tut sich nichts.
»Der Motor hat sich festgefressen. Ich vermute, daß die Wasserpumpe den Geist aufgegeben hat«, meint Cenda.
»Also müssen wir zu Fuß weitergehen«, seufzt Morag. Ich widerspreche: »Nicht doch! Bis jetzt hat Cenda immer alles reparieren können. Schließlich haben wir doch die Werkzeugkiste mitgenommen.«
Morag leuchtet mit der Taschenlampe, und wir montieren. Aber mit den Fäustlingen haben wir nicht das richtige Fingerspitzengefühl, und mit Fingerhandschuhen können wir bei minus vierzig Grad nur kurze Zeit arbeiten. Die Eisenwerkzeuge sind bei solchen Temperaturen nicht mit bloßen Händen anzufassen. Das kalte Metall würde sie verbrennen.
Cenda hat den Schaden schnell entdeckt: »Was ich gesagt habe. Die Wasserpumpe ist kaputt!«
»Kannst du sie reparieren?« will ich wissen.
»Nein, man muß sie auswechseln. Und außerdem ist der Motor hin. Die Kolben haben sich festgefressen. Unseren Pontiac können wir vergessen. Es lohnt nicht, ihn zu reparieren. Schon allein die Ersatzteile würden zehnmal soviel kosten, wie wir für das

Auto bezahlt haben. Einer von uns muß ins Dorf laufen und Hilfe holen.«
Ich bin entschieden dagegen. »Das ist unmöglich! In welche Richtung du auch gehst, es sind etwa dreihundert Kilometer. Der Marsch durch den Schnee würde mindestens zehn Tage dauern. Die Arbeiter am Peel River haben gesagt, daß sie jetzt eine Woche Wasser auf das Eis pumpen, bis die ›Eisbrücke‹ dick genug ist. Dann herrscht hier beinahe wieder Hochbetrieb, und wir können per Anhalter weiterfahren. Also bauen wir am besten ein Winterlager auf und warten die paar Tage ab.«
Mein Vorschlag wird angenommen. Beim Flackern der Polarlichter – die Taschenlampe hat schon längst ausgedient – fällen wir ein paar dürre Fichten, zünden ein Feuer an und wärmen uns erst einmal auf. Dann suchen wir eine geeignete Stelle, wo wir ein Zelt aufbauen können, natürlich mit dem nötigen Sicherheitsabstand zum Feuer. Zuerst schieben wir den extrem trockenen und leichten Pulverschnee mit den Füßen beiseite und kehren die Reste mit Fichtenzweigen weg. Nun bereiten wir aus Zweigspitzen eine Unterlage für den Zeltboden und stellen unser großes Pyramidenzelt auf. Anstelle von Heringen benutzen wir dicke Nägel, die sich in den gefrorenen Boden einschlagen lassen. Zum Glück hat jeder von uns eine Isoliermatte und zwei Schlafsäcke, einen mit Daunen und einen mit Kunstfasern gefüllt. Beide zusammen sind so warm, daß man – natürlich voll angezogen mit Gesichtsmaske und Mokassins – auch bei minus fünfzig Grad nicht friert.
Wir kochen uns eine Suppe und rösten die schon längst tiefgefrorenen Brotreste über dem Feuer. Müde kriechen wir in unsere Schlafsäcke.
Wir schlafen bis in den Tag hinein. Als wir aufwachen, haben wir einen Wahnsinnshunger; unsere Mägen knurren sich gegenseitig an. Aber niemand sagt ein Wort, bis Morag das Schweigen bricht.
»Was wir gestern gegessen haben, war wohl unser ganzer Reiseproviant. Ich habe nicht mehr eingepackt, wir wollten ja schon gestern in Dawson sein.«
Lange Stille, bis aus dem vereisten Atemloch von Cendas Schlaf-

sack die berechtigte Frage kommt: »Hast du die restliche Munition mitgenommen, Leosch?«
»Ja«, antworte ich, »aber nicht viel. Nur die 338 Magnum ist übriggeblieben. Außer Großwild können wir damit nichts schießen. Hast du vielleicht gestern irgendwelche Spuren gesehen? Ich nicht!«
»Ich auch nicht, aber hier in den Bergen soll es Caribous geben. Versuchen wir unser Glück, solange es noch hell ist. Ich könnte eine ganze Keule auffressen!«
Abgemacht. Cenda und ich schultern Rucksäcke und Gewehr, Morag greift zu Axt und Säge. Sie will einen großen Holzvorrat anlegen, solange wir weg sind.
Unser Lager befindet sich am Fuße der Nahoni Range, einem bis zweitausend Meter hohen Bergmassiv. Nur mühsam kommen wir ohne Schneeschuhe vorwärts, überqueren den Ogilvie River und steigen die Hänge hoch. Dort stoßen wir tatsächlich auf Caribou-Spuren, aber leider auf keine frischen. Nur Wölfe scheint es genug zu geben.
»Wir müssen umkehren«, unterbreche ich nach ein paar Stunden Marsch unser Schweigen. »Bald wird es dunkel, und ich mag in dieser Einöde nicht biwakieren.«
Cenda brummt etwas, wovon ich nur Mist und Hunger verstehe, aber wir kehren doch um. Bei völliger Dunkelheit erreichen wir das Lager. Morag sitzt am Feuer und schaut erwartungsvoll auf unsere Rucksäcke.
»Was heute nicht ist, kann morgen sein.« Ich versuche, meiner Stimme einen zuversichtlichen Klang zu geben, um eventuellen Vorwürfen vorzubeugen. Schuld an unserer mißlichen Lage sind wir alle drei. Mindestens einen Sack voll ›Pemmikan‹, das ist eine Mischung aus getrocknetem und gemahlenem Elchfleisch, Bärenfett und Honig, oder ein Bündel geräucherter Fische hätten wir einpacken sollen. Aber wenigstens dampft es aus der Kaffeekanne. Und das ist besser als gar nichts nach all den Strapazen.
Obwohl wir müde sind, können wir vor Hunger nicht schlafen, und Morag sagt: »Vorhin, als ich so dasaß und auf euch wartete, fiel mir ein, wie wir uns am Mackenzie River in Fort Good Hope getroffen haben. Damals waren Peter und ich auch sehr

hungrig. Leosch, erinnerst du dich noch an deine Riesenelchsteaks und das frische Gemüse von Pater Lemer! Und an den Kuchen, den du gebacken hast? Es war ein richtiges Festmahl! Ich darf jetzt gar nicht daran denken!«
»Ich auch nicht«, stöhne ich, aber Morag redet einfach weiter. »Welch ein Glück, daß ihr uns mitgenommen habt. Ohne euch hätten wir noch gute fünfhundert Kilometer paddeln müssen. Und Peter hatte die Schnauze voll. Dieses männliche Klageweib ging mir auf die Nerven. Aber wir saßen ja im selben Boot.«
»Hättest du Peter nicht verlassen, wären dir so manche Strapazen erspart geblieben.«
Wir müssen alle drei lachen, und dann schwelgen wir in Erinnerungen – das vertreibt den Hunger ein bißchen.
Unsere Fahrt auf dem Eismeer war schon sehr bemerkenswert. Beinahe wären wir im Schneesturm gestrandet.
»Schade, daß der Winter so rasch gekommen ist. Ich wäre gern mit der ›Rosinante‹ bis Banks Island gesegelt«, sagt Cenda.
»Na, das hat zwar nicht geklappt, aber auf jeden Fall wart ihr die ersten, die aus Schlauchbooten ein Segelboot gebaut haben. Cenda, du bist der originellste Bootsbauer Kanadas«, behauptet Morag.
Der Hunger plagt mich, und ich muß an unseren Hund Schemik denken. »Die Wölfe, diese Biester, hätten Schemik laufen lassen sollen. Wir könnten ihn jetzt gut gebrauchen, der würde uns die Caribous aufspüren.«
»Ach, hört doch auf! Ich will schlafen«, brummt Cenda und gibt keinen Ton mehr von sich.
Der Hunger reißt uns schon nach wenigen Stunden aus dem Schlaf. Noch in der Dunkelheit stehen wir auf, kochen Kaffee, den wir mit unseren letzten Zuckerwürfeln süßen. Diese wenigen Kalorien sollen uns wenigstens ein bißchen Kraft geben.
»Heute bleibe ich nicht im Camp«, sagt Morag nach dem Frühstück. »Ich gehe mit auf die Jagd! Schaut, was ich in der Hosentasche gefunden habe!« Morag zeigt zwei 30-30 Patronen und greift zu unserer alten Winchester.
Wir freuen uns. Denn Morag schießt sehr gut, außerdem haben wir mit zwei Gewehren mehr Chancen.

Gleich mit dem ersten Tageslicht brechen wir auf. Diesmal in westlicher Richtung, den hohen kahlen Bergen entgegen. Dort halten sich Caribous gerne auf.
Nachdem wir uns stundenlang durch Busch und tiefen Schnee vorwärtsgekämpft haben, stoßen wir tatsächlich auf frische Hufspuren und Losung.
»Schaut dort, die dunklen Punkte auf dem Hang!« ruft Morag. »Wir können auf sie zugehen, der Wind weht uns entgegen!«
Wie haben wir diesen Wind schon verflucht! Jetzt sind wir froh darüber. Zum Glück sehen Caribous nicht so gut wie Menschen. Dafür können sie aber sehr viel besser riechen. Die Herde besteht aus acht Tieren. Mit Sicherheit sind es Woodland-Caribous, denn die Barrend-Ground-Caribous ziehen nicht so hoch in die Berge. Noch können wir nicht erkennen, ob auch Bullen dabei sind. Wenn wir ein Tier schießen, dann sicher einen jungen Bullen, um die Herde nicht zu schwächen. Denn nur die stärksten Tiere vermögen Wölfe in die Flucht zu schlagen. Die Kühe werden wir schonen, weil sie um diese Zeit schon trächtig sind.

Wir kommen immer näher. Keines der Tiere bemerkt uns. Noch etwa ein Kilometer trennt uns von der Herde. Da werden die Tiere plötzlich unruhig. Merkwürdig. Sie können uns unmöglich wittern! Der Wind steht doch sehr günstig! Wir warten gespannt, bis Cendas Schrei die Stille durchbricht: »Die Bestien! Das hat uns gerade noch gefehlt!«
Ein Rudel von etwa zwanzig Grauwölfen greift die Herde an. Die Caribous stürmen den Hang hinab. Eines der Tiere wird immer langsamer, verliert den Anschluß an die anderen. Es wird eine leichte Beute. Wir sehen ganz deutlich, wie es vom Rudel eingekreist wird. Ein paar Wölfe springen ihm an den Hals. Es kommt zu einem kurzen, heftigen Kampf. Die sehnigen, mageren Körper wirbeln durcheinander. Dann ist alles vorbei. Wir stürzen vorwärts, hoffen, daß auch für uns noch etwas übrigbleibt. Die Wölfe bemerken uns und verschwinden hinter dem

nächsten Hügel. Nicht mal ein paar abgenagte Knochen haben sie übriggelassen. Nur aufgewühlter, blutiger Schnee und verstreuter Kot.
»Wir können umkehren«, sagt Morag. »Die anderen Caribous sind längst über alle Berge.« Keiner widerspricht. Ich muß an das Sprichwort denken: Wer zuerst kommt, mahlt zuerst, und daran, daß es nicht nur für Menschen gilt.
Auf dem Rückweg folgen wir unseren Spuren. Cenda voran. Morag hat noch die beste Laune von uns dreien. Sie ist ein ausgesprochener Optimist. Ich habe sie noch nie klagen hören.
Keiner von uns sagt etwas. Seit fast achtundvierzig Stunden haben wir nichts mehr gegessen. Unsere Lage fängt an, kritisch zu werden. Wenn wir morgen kein Jagdglück haben, werden wir übermorgen kaum mehr fähig sein, einen so schwierigen Marsch zu unternehmen. Wenn es in dieser gottverlassenen Gegend doch wenigstens Kleinwild gäbe. Aber die Schneehühner leben nicht so hoch in den Bergen, und die Stachelschweine halten ihren Winterschlaf. Nur ein paar Spuren von Mäusen, Wieseln und Mardern sind hier zu sehen. Da fallen mir plötzlich die Kaninchenspuren ein, die ich gestern am Fluß entlang entdeckt habe. Ich kann die Tiere doch mit dem Magnum-Gewehr erlegen. Das wäre zwar so, als würde man mit einer Kanone auf Spatzen schießen, aber wer fragt schon in der Not danach. Wenn ich genau den Kopf treffe, zerfetzt die schwere Kugel den Körper nicht.
Diese Idee wirkt wie ein Aufputschmittel. Ich überhole Cenda, sage ihm, daß ich noch einen Umweg machen will und laufe den direkten Weg zum Fluß hinunter.
Vorsichtig nähere ich mich der Stelle, wo ich gestern die Spuren gesehen habe. Doch keines der Tiere läßt sich blicken. Alle hokken natürlich in ihren warmen Höhlen. Ich setze mich auf einen entwurzelten Baum und warte.
Langsam wird es dunkel, und ich friere. Jetzt rächt es sich, daß ich vorher so schnell gelaufen bin und geschwitzt habe. Während ich so dasitze, gehe ich hart mit mir ins Gericht. Warum habe ich so wenig zum Essen mitgenommen? Warum war ich so leichtsinnig und habe einen unvorhergesehenen Zwischenfall überhaupt

nicht in Erwägung gezogen? Als ob ich nicht schon genug im Busch gehungert hätte!
Ich glaube, die Kaninchen spüren meine Nähe und kommen deshalb nicht aus ihren Löchern. Morgen werde ich Schlingen legen. Etwas Messingdraht haben wir ja noch in der Werkzeugkiste.
Niedergeschlagen gehe ich zurück ins Lager. Die beiden liegen schon in den Schlafsäcken. Keiner hat die Energie aufgebracht, das Feuer anzuzünden. Warum auch? Es ist ja nichts zum Kochen da. Als ich mich ebenfalls in meinem Schlafsack verkrieche, bemerke ich, daß Morag zittert. Ja, sie weint.
»Was ist los mit dir?« frage ich leise.
»Nichts! Laß mich in Ruh!« schluchzt sie.
Cenda rührt sich nicht. Haben sie Streit gehabt? Er war heute den ganzen Tag schlecht gelaunt. Und dazu kommt, daß er immer unruhiger wird, je näher wir der Zivilisation kommen. Ich weiß, er muß nach Deutschland zurück, er hat kein Geld mehr, und Morag kann nicht mit, sie muß nach Vancouver.
Bis jetzt wußte ich noch nicht, wie qualvoll Hunger sein kann. Meine früheren ›Hungertouren‹ waren nichts im Vergleich zu dieser. Im Halbschlaf träume ich von riesigen Schinken und Schwarzwälder Kirschtorten. Nein, ich kann nicht schlafen. Ich will etwas essen. Leise krieche ich aus dem Schlafsack. Die Nacht ist klar, der Himmel mit Sternen übersät. Es ist fast Vollmond und so hell, daß man lesen könnte.
Ich gehe zum Auto und suche in der Werkzeugkiste nach dünnem Messingdraht. Nachdem ich einige meterlange Stücke abgeschnitten habe, verdrille ich sie doppelt, wickle sie zusammen und stecke sie in die Tasche. Dann laufe ich zu der Kaninchenkolonie.
Die Hoppelmänner schlafen noch! Es gibt sechs Eingänge. Vor jedem befestige ich mit Hilfe von Holzstangen den Draht, der knapp über dem Boden eine Schlinge bildet.
Langsam wird es hell. Die Kaninchen verlassen ihren Bau im allgemeinen in den frühen Morgenstunden. Ich kehre ins Lager zurück und komme nur mühsam vorwärts.
Das Zelt ist leer. Meine Kameraden sind schon auf der Jagd. Beide Gewehre haben sie mitgenommen. Ich untersuche ihre

Spuren, um herauszufinden, in welche Richtung sie gegangen sind. Ich folge ihnen, aber bald trennen sich die Spuren. Cendas verlaufen in südlicher, Morags in westlicher Richtung. Warum sind die beiden nicht zusammengeblieben? Ob sie sich wegen der Aussicht auf eine größere Jagdbeute getrennt haben?
Rasch kehre ich ins Lager zurück, hole meinen Rucksack und folge Morags Spur. Sie hat gut eine Stunde Vorsprung.
Morag hat von Fred in Fort McPherson viel gelernt. Er ist einer der besten Jäger und Fallensteller unter den Indianern im südlichen Teil des Mackenzie-Deltas. Er hat aus Morag eine richtige Buschfrau gemacht. Sie will zwar wieder zurück nach Vancouver, um ihr Medizinstudium fortzusetzen, aber ob sie sich nach so langer Zeit in der Wildnis dort wieder zurechtfindet? Und was wird aus mir? Soll ich in Kanada bleiben oder nach Europa zurückkehren?
Während mir dies alles durch den Kopf geht, fällt ein Schuß und gleich darauf ein zweiter; ganz in der Nähe! Hoffentlich hat sie getroffen. Für die Winchester haben wir keine Munition mehr. Ich renne! Schon sehe ich Morags roten Anorak. Sie beugt sich über etwas Großes, Dunkles. Und dann bin ich bei ihr. Morag hat einen jungen Elchbullen geschossen.
»Morag, du hast uns gerettet!«
Sie ist voller Blut – die Fäustlinge, die Gesichtsmaske und der Anorak. Sie hat Blut getrunken. Ich tue das gleiche. Und ich spüre, wie es meinem Körper gut tut.
Wir trennen die Hinter- und Vorderläufe ab, schneiden Rückenfleisch und Filets heraus. Alles muß rasch gehen, in der Kälte gefriert das Fleisch sehr schnell. Die Rucksäcke sind bald voll. Das Fleisch ist schwer, darum müssen wir die Vorderkeulen und Innereien zurücklassen. Ich verstaue sie in meinem Seesack, den ich für alle Fälle im Rucksack habe, und hänge ihn an einer Fichte auf, damit die Wölfe nicht heran können. Dennoch haben wir ihnen mehr übriggelassen als sie uns gestern. Kopf, Wirbelsäule und Rippen, Lungen und Gedärme bleiben für sie.
»Bevor wir loslaufen, sollten wir etwas essen«, schlage ich vor. »Ich habe ein paar Scheiben von der Leber abgeschnitten. Komm, wir machen schnell ein Feuer!«

Wir fällen eine Fichte – eine kleine Axt habe ich immer dabei –, und im Nu brennt das Feuer. Die inzwischen schon gefrorenen Leberscheiben spießen wir auf Zweige und braten sie. Auch ohne Salz und Pfeffer schmecken sie köstlich. Aber wir essen uns nicht satt. Nach so langer Hungerzeit würde uns sonst schlecht werden. Diese Erfahrung haben wir schon einmal gemacht. Und bekanntlich lernt man ja durch Fehler!

»Wir müssen gehen!« drängt Morag. »Dein Rucksack wiegt gute fünfzig Kilo und meiner mindestens dreißig. Schnell kommen wir bestimmt nicht vorwärts, und bald wird es dunkel.«

Wir helfen uns gegenseitig, die Last auf den Rücken zu heben und die Hüftgurtschnallen zu schließen. Das Gewicht macht uns zu schaffen. Dennoch erreichen wir noch vor Einbruch der Dunkelheit das Lager.

Cenda ist noch nicht zurück. Ob er auch Glück hatte? Wir werfen die Rucksäcke neben die Feuerstelle.

»Bin ich froh, daß ich diese Last endlich los bin. Die letzte Stunde war mir, als würde ich den ganzen Elch auf dem Rücken tragen«, sagt Morag. »Kochst du dein Spezialgulasch? Hast du alle Zutaten dabei?«

»Ja. Salz, Pfeffer und Paprika habe ich mitgenommen, nur Öl und Zwiebeln fehlen.«

»Das macht nichts«, meint Morag. »In der Not frißt der Teufel Fliegen.«

»Also los, fangen wir gleich an. Ich mache Feuer, und du packst das Fleisch aus.«

Doch während ich Holz hacke, müht sich Morag vergebens, das Fleisch aus dem Rucksack herauszuholen. Wir versuchen es zu zweit. Vergeblich. Das Fleisch ist zu einem dicken Klumpen zusammengefroren.

»Nichts zu machen. Wir müssen die Rucksäcke an den Seiten auftrennen. Später nähe ich sie wieder zusammen«, sagt Morag und beginnt sogleich mit der Arbeit. Nachdem wir das Fleisch endlich heraushaben, teilen wir die Rückenstücke mit der Handsäge in Scheiben und zerhacken sie mit der Axt anschließend zu Würfeln. Der große Topf ist rasch voll, dazu kommen Gewürze und statt Wasser, ein paar Hände voll Schnee. Und schon schmort das Ganze über dem Feuer. Wir rühren abwechselnd und freuen uns riesig, nach drei Tagen des Fastens endlich wieder eine richtige Mahlzeit zu bekommen.

»Was war eigentlich gestern mit dir los?« frage ich vorsichtig.

»Ich mag nicht darüber sprechen. Ich war sehr traurig. Heute geht es mir schon wieder besser«, erwidert Morag. Doch ich setze mein Verhör fort: »Warum seid ihr heute nicht zusammen auf die Jagd gegangen?«

»Ich habe Cenda vorgeschlagen, daß wir getrennte Wege gehen. Wir sind doch beide gute Jäger, und ich dachte: zwei Möglichkeiten Beute zu finden, sind besser als eine.«

Da kann ich ihr natürlich nur zustimmen.

Ich widme mich ganz unserem Gulasch, das etwa zwei Stunden kochen muß, bis es weich ist. Das frische Fleisch ist sehr zäh. Dann essen wir beide aus dem Topf, auf dem Teller würde es zu schnell gefrieren. Und diesmal löffeln wir so lange, bis wir satt sind.

»Jetzt noch eine Flasche Bier«, sage ich, »und ich wäre wunschlos glücklich!«

»Wo bleibt Cenda bloß? Es ist schon so spät!« Morag macht sich Sorgen, und auch ich werde langsam unruhig. Ich schlage vor, ihn zu suchen. »Die Nacht ist hell, wir können gut seinen Spuren folgen.«

Wir füllen einen kleineren Topf mit Gulasch und verstauen ihn in einem intakten Rucksack, den wir noch im Auto gefunden haben. Dann machen wir uns auf den Weg.

Cendas Spuren führen zum Fluß. Von dort ist er auf dem Eis stromaufwärts weitergelaufen. Vielleicht dachte er, daß einige Tiere zum Fluß kommen, um offene Wasserstellen zu suchen. Oder wollte er Fische fangen? Blinker und Schnur hat er immer bei sich. Vielleicht sind noch irgendwelche Stromschnellen offen.

»Schau, da vorne, am linken Ufer, siehst du das Feuer?« ruft Morag plötzlich.

Wir eilen dem Lichtschein entgegen.

»Cendaaaa!« schreie ich.

»Bleibt stehen! Nicht weiterlaufen! Sonst brecht ihr auch ein!« schallt es uns entgegen.

Im selben Moment wissen wir, was er meint. Wir gehen auf hohlem Eis. Unter unseren Füßen hören wir das Wasser rauschen.
»Eine Stromschnelle! Schnell zum Ufer!« rufe ich Morag zu.
Wir erklimmen das Ufer und rennen zum Feuer.
»Was ist passiert? Hast du gebadet?« frage ich.
»Genau das! Ich bin naß bis über die Hüfte. Zum Glück sind die Streichhölzer trocken geblieben. Sonst würde ich jetzt die Engel singen hören.«
»Oder mit dem Teufel pokern«, erwidere ich lachend.
»Bald bin ich trocken. Wie ihr seht, habe ich meine ›Longjohns‹ und Socken schon wieder an.«
Ein grotesker Anblick, wie er in den langen, weißen Unterhosen auf dem Rucksack herumhopst.
»Bestimmt hast du Hunger?« fragt Morag.
»Und wie! Du etwa nicht?«
»Nein«, antworte ich für sie. »Wir sind voll bis zum Platzen.«
Morag packt den Gulaschtopf aus und hängt ihn auf einem dikken Ast über das Feuer.
Cenda fallen beinahe die Augen aus dem Kopf: »Wo habt ihr denn das her?!«
»Hat uns der Weihnachtsmann vor die Tür gestellt«, sage ich grinsend.
»Frierst du denn nicht?« fragt Morag besorgt.
Wirklich eine überflüssige Frage, denke ich, aber Cenda antwortet ganz ernsthaft: »Klar, aber was soll ich machen? Reserveklamotten habe ich nicht eingepackt. Mit dem unfreiwilligen Bad habe ich ja nicht gerechnet.«
Das Gulasch ist inzwischen warm, und Cenda stürzt sich drauf. Morag und ich erzählen, wie unser Tag abgelaufen ist. Und wir sorgen dafür, daß das Feuer riesig wird. Langsam trocknen Cendas Schuhe und seine dicke Wollhose.
»Ich glaube, du kannst dich wieder anziehen«, sagt Morag nach gut einer Stunde und reicht Cenda Hose, Wollfilzinnenschuhe und die Elchlederaußenhaut der Mokassins.
»Wann bist du denn eingebrochen?« frage ich.
»Vielleicht vor drei Stunden. Aber mir kommt es wie eine Ewigkeit vor. Ich hatte die Axt nicht mitgenommen, also mußte ich

kleine Fichten brechen, weiß Gott wie viele. Wie in einem Eispanzer war ich eingeschlossen. Ihr könnt euch nicht vorstellen, wie ich gefroren habe. Die Klamotten wollten und wollten nicht trocknen. Als sie an der Feuerseite bereits dampften, daß ich Angst hatte, sie könnten anbrennen, waren sie an der Rückseite noch gefroren. Mir ist immer noch kalt. Am besten brechen wir gleich auf. Ich brauche unbedingt Bewegung!«
Ein paar Stunden später erreichen wir unser Lager und schlüpfen sofort in die Schlafsäcke, denn wir sind alle drei sehr müde.
Wir schlafen lange. So richtig wach sind wir erst wieder beim Aufgang des Mondes. Gerne hätte ich die Elchkeulen weiter zerlegt, aber sie sind wie aus Beton. Mit der Handsäge gelingt es Morag und mir, dicke Scheiben abzusägen, dann schneiden wir alle Fettstücke ab, zerlassen sie in der Pfanne und braten die Steaks. Cenda bekommt sie von Morag im Zelt serviert. Es geht ihm nicht besonders gut. Kein Wunder, ich möchte auch nicht bei dieser Kälte baden. Jetzt ist es schon über eine Woche so kalt. Unser indianischer Freund Fred erzählte, daß die extreme Kälte oft bis zu drei Wochen anhält. Und ausgerechnet jetzt müssen wir im Zelt schlafen.
»Morgen muß ich die Kaninchenfallen kontrollieren«, sage ich zu Morag, »und die Innereien und Vorderläufe von unserem Elch holen. Auf Zunge und Leber freue ich mich besonders.«
»Ich würde gern mitkommen«, meint Morag, »aber ich muß mich um Cenda kümmern. Ich möchte nicht, daß er allein im Lager bleibt.«
Die Nacht kommt mir lang vor. Ich fühle mich ausgeruht und möchte am liebsten aufstehen. Aber wegen der Kälte bleibe ich im Schlafsack.
Am Morgen sagt Morag: »Cenda geht es schlecht. Er hat Schüttelfrost. Ich habe Angst um ihn.«
»Hast du irgendwelche Medikamente mit?« frage ich.
»Ja. Aber er braucht vor allem Wärme und ein Bett.«
»Gib ihm etwas! Du weißt viel besser als ich, was er braucht. Vielleicht Penicillin, mir hat das immer geholfen.«
»Damit ist nicht zu spaßen. Vielleicht hat er nur eine starke Erkältung.«

Ich fühle mich ziemlich überflüssig, also wärme ich lieber den Rest Gulasch auf, esse etwas davon und bringe das übrige den beiden ins Zelt. Dann mache ich mich auf den Weg.
Zuerst gehe ich zur Kaninchenkolonie. Obwohl wir jetzt Fleisch genug haben, bin ich gespannt, ob ich die Schlingen richtig gelegt habe.
Als ich an Ort und Stelle ankomme, traue ich meinen Augen nicht. Die Schlingen sind abgerissen, der Schnee ist aufgewühlt und mit Blut und Kaninchenhaaren bedeckt. Was ist geschehen? Ich suche nach Spuren, und schon nach kurzer Zeit ist mir klar, wer hier gewütet hat. Es war ein Vielfraß, der Schrecken aller Fallensteller. Fünf Kaninchen hat er gefressen. Er muß sehr hungrig gewesen sein. Zum Glück sind wir nicht mehr auf das Kaninchenfleisch angewiesen. Außerdem hängt ja noch der Sack mit den Resten des erlegten Elches im Baum.
Aber auch dort erwartet mich eine böse Überraschung. Der Sack ist durchgebissen und hängt leer in der Fichte. Nicht ein Gramm Fleisch, nur der abgenagte Schädel ist übriggeblieben. Im Schnee entdecke ich wieder Wolfsspuren. Doch wie sollen die Wölfe auf den Baum gekommen sein? Waren hier Raben am Werk? Ich untersuche den Sack sehr gründlich. Kein Zweifel, er wurde von Zähnen, nicht von Schnäbeln aufgerissen. Dann schaue ich mir noch einmal die Spuren an und stoße endlich auf die kleinen Fußabdrücke eines Marders. Vermutlich hat er so lange geknabbert, bis der Inhalt des Sackes heruntergefallen ist. Am meisten haben sich darüber wohl die Wölfe gefreut. Ob der Marder von seiner Beute etwas abgekriegt hat, ist nicht so sicher.
Mit leerem Rucksack komme ich ins Lager zurück.
»Wieso bringst du das Fleisch nicht mit?« fragt mich Morag vorwurfsvoll.
»Das erzähle ich dir nachher. Sag mir erst, wie es Cenda geht.«
»Miserabel. Er hustet schrecklich und hat über vierzig Grad Fieber. Ich habe seine Lunge abgehört. Wahrscheinlich hat er Lungenentzündung. Jetzt werde ich ihm doch Antibiotika geben müssen. Auf jeden Fall muß er so schnell wie möglich in die Wärme.«
Unsere Lage ist wieder einmal bedenklich. Das Pech verfolgt uns

auf Schritt und Tritt. Wir können nichts anderes tun als warten. Wenn wir wenigstens ein Funkgerät hätten. In Dawson City kenne ich einige Leute, mit denen ich Verbindung aufnehmen könnte und die uns bestimmt helfen würden.
Zwei weitere Tage vergehen. Cendas Zustand verbessert sich kaum, trotz der Medikamente. Morag ist verzweifelt. Sie hat Angst um ihn! Sein Fieber ist zwar gesunken, aber der Husten plagt ihn sehr. Er hustet, als wolle er seine Lungen ausspucken. Ich habe ihn noch nie so krank gesehen.
Der Frost hat zum Glück etwas nachgelassen. Aber noch immer haben wir mindestens minus fünfunddreißig Grad, eine tödliche Kälte für jemanden, der Lungenentzündung hat. Schon eine Woche zelten wir jetzt in der eisigen Einöde am Polarkreis. Wenn wir jetzt auch noch hungern müßten, wäre unser Leben ernsthaft in Gefahr. Ich bete selten. Aber jetzt bete ich, daß endlich jemand vorbeikommt und uns nach Dawson City mitnimmt. Wir müssen weg! Morag steigert die Penicillin-Menge. Und Cenda geht es ein kleines bißchen besser.

Wieder ist ein Tag verstrichen. Ich spitze die Ohren. Immer wieder bilde ich mir ein, Motorengeräusche zu hören. Oft denke ich, daß ich bereits verrückt bin.
Ein Geräusch schreckt mich auf. Nein, diesmal träume ich nicht.
»Morag! Cenda! Da kommt jemand!«
Ich renne dem Motorengeräusch entgegen. Lichter tauchen aus der Dunkelheit auf. Wie froh bin ich! Ein Ford ›Station Waggon‹, ein Combi, hält im aufgewirbelten Schneestaub an. Die Scheinwerfer blenden mich. Den Fahrer kann ich nicht erkennen. Doch ich höre eine bekannte Stimme. »Mensch, Leosch! Was machst du denn hier?!«
»Jozef, bist du's? Wirklich?! Gott schickt dich! Unsere Karre ist hin. Wir stecken schon mehr als eine Woche hier fest. Cenda ist krank, und Hunger haben wir gehabt . . . .« Ich erzähle ihm alles in kurzen Worten. Endlich einen anderen Menschen sehen! Und dazu noch einen guten Freund aus Aklavik.
Auch Morag kommt angelaufen. »Hi Jozef! Hast du Platz in deinem Auto? Cenda muß sofort ins Krankenhaus!«

»Ja, natürlich. Es wird zwar etwas eng, aber es geht schon. Der Laderaum ist ganz frei. Ich bin unterwegs nach Dawson, um einzukaufen.«
»Warum bist du nicht geflogen? Ist dein Super Cub kaputt?« fragt Morag.
»Nein, mein Flugzeug ist schon o.k., aber es ist zu kalt zum Fliegen. Außerdem habe ich viel zu viel einzukaufen, und dafür ist die Maschine zu klein. Doch fangen wir an, euer Zeug umzuladen, sonst wird es zu spät, und wir bekommen in der Bar von Dawson kein Bier mehr.«
Jozef schiebt unseren Pontiac mit seinem Auto in den Straßengraben, und dann sind wir eine gute Stunde mit dem Abbau unseres Lagers und mit Packen beschäftigt. Jozef läßt den Motor laufen, und Cenda schaut uns aus der geheizten Kabine des ›Station Waggon‹ zu.
»Let's go! Es sind gute fünf Stunden Fahrt nach Dawson, und es ist schon kurz nach sechs«, meint Jozef, nachdem wir alles im Laderaum seines Wagens verstaut haben.
Für vier Personen ist es sehr eng auf dem Sitz. Ich muß Morag auf den Schoß nehmen. Zum Glück wiegt sie keine fünfzig Kilo. Cenda ist mittlerweile ›aufgetaut‹ und macht einen etwas gesünderen Eindruck.
So waghalsig wie Jozef fliegt, so fährt er auch Auto. Er jagt seinen großen Achtzylinder mit siebzig Meilen die Stunde über die zugeschneite Piste.
»Du fährst ganz schön schnell!« sagt Morag und hofft im stillen, daß Jozef sein Tempo etwas drosselt.
Doch Jozef deutet ihre Worte anders: »Das ist noch gar nichts!« lacht er. »Mein heißer Ofen hat zweihundert PS, der fährt noch schneller.«
Als Morag anfängt zu protestieren, tritt Jozef erst recht aufs Gaspedal. Das Auto jault auf und macht einen Satz nach vorne wie ein wilder Hengst. Ich starre auf den Tachometer. Der Zeiger steigt. Achtzig, neunzig Meilen in der Stunde! Morag klammert sich an mir fest. Sie ist gewiß kein Angsthase, aber sie hat die Gefahr erkannt.
Auch ich halte Jozefs Raserei auf der schmalen, zugeschneiten

Straße für verrückt. Plötzlich macht die Straße einen leichten Bogen nach links. Jozef bemerkt ihn zu spät! Der Schnee ist griffig und trocken, aber doch rutschig. Der Wagen wird aus der Kurve getragen, kommt ins Schleudern, und schon landen wir im Straßengraben. Zum Glück kommen wir alle vier mit dem Schrecken davon. Eine Schneeverwehung hat uns wie ein Netz aufgefangen.
»So ein Mist!« schimpft Jozef. »Helft mir! Wir müssen die Winde anwerfen, sonst versäumen wir noch den ›Last Call‹ in Dawson.« Natürlich möchte keiner von uns die letzte Bestellung verpassen, denn auf das Bier freuen wir uns sehr.
Cenda bleibt im Auto sitzen, und wir drei klettern aus dem Fenster, da die Tür bis zur Hälfte in der Schneewehe steckt.
»Die Schaufeln her!« befiehlt Jozef. »Wir müssen die Karre vorne freischaufeln und den Motor enteisen. Alles ist voller Schnee.«

Sobald wir damit fertig sind, binden wir das Seil der Motorwinde, die vorne auf dem Wagen angebracht ist, an einem Baum auf der anderen Straßenseite fest. Die Winde wird direkt vom Motor angetrieben und hat ungeheuer viel Kraft.
Jozef steigt ins Auto, startet den Motor und schaltet die Winde an. Langsam aber sicher drängt sich der Wagen durch den Schnee, die Böschung hinauf, zurück auf die Fahrbahn. Sobald wir die feste Piste unter den Rädern haben, hängen wir das Seil aus und rollen es zurück.
»Einsteigen, Mylords! Die Fahrt geht weiter!«
»Nur bitte etwas langsamer«, sagt Morag. Und Jozef hat nichts dagegen einzuwenden.
»Da ist schon die North Klondike River Brücke«, sagt Jozef. »Zum Klondike Highway sind es höchstens noch fünfzig Meilen, und dann ist es nur noch ein Katzensprung nach Dawson. In einer Stunde können wir dort sein. Zum ›Last Call‹ kommen wir auf jeden Fall noch rechtzeitig.«
»Kennst du Kennedy, Jozef?« frage ich. »Er wohnt in Bear Creek. Wir könnten kurz bei ihm anhalten und ihn zum Bier einladen.«
»Na klar. Er ist ein alter Kumpel von mir. Einen Sommer lang fuhr er bei mir in Aklavik die Planierraupe. Damals hatte ich den Auftrag, den Flugplatz zu erweitern. Ich habe Kennedy schon lange nicht mehr gesehen. Ich weiß nur, daß er den Sommer über mit seiner Squaw im Yukon River Lachse fängt und von Januar an meistens irgendwo in der Südsee oder Karibik herumvagabundiert. Das Fallenstellen betreibt er nur noch im November und Dezember, solange die Tiere ein besonders schönes Fell haben. Jetzt ist er bestimmt schon zu Hause.«
Kurze Zeit später stehen wir vor Kennedys ›Hazienda‹. Das Haus wurde um die Jahrhundertwende gebaut und macht von außen einen etwas verwahrlosten Eindruck. Als wir jedoch durch das vereiste Fenster hineinschauen, wundere ich mich, wie gemütlich unser Freund sein Heim eingerichtet hat.
Kennedy sitzt am Tisch und schreibt beim Licht einer Petroleumlampe, denn es gibt in dieser Abgeschiedenheit weder Strom noch fließendes Wasser. Auf dem großen ›Drum Stove‹, einem

zum Ofen umgebauten Benzinfaß, dampft eine Kaffeekanne. An den Wänden hängen Gewehre, Revolver und Tierfelle, daneben Bilder aus der Goldfieberzeit, die zusammen mit einigen herrlichen, altertümlichen Petroleumlampen, bunten Whiskyflaschen und alten Geräten dem Raum eine eigenartige Atmosphäre geben.

Kennedy paßt hervorragend in dieses Bild einer längst vergangenen Epoche, obwohl er kaum älter als vierzig Jahre sein mag. Ein Stirnband hält seine langen Haare zusammen, und der wildwuchernde Bart läßt nur wenig von seinem gebräunten Gesicht frei. Kennedy trägt einen selbstgestrickten Pullover und eine ausgebeulte graue Wollhose. Am Gürtel hängt ein riesiges Messer, das er aus der Blattfeder eines Lasters angefertigt hat. Noch nie habe ich ihn ohne dieses Messer gesehen. Es ist so scharf, daß man sich damit rasieren könnte. An den Füßen trägt er Mokassins aus Elchleder, die mit Biberfell besäumt und mit Glasperlen geschmückt sind. Sicher sind sie das Werk seiner indianischen Frau.

Wir wollen ihn erschrecken. Jozef kratzt mit seinem Messer an der Tür. Kennedy dreht sich blitzschnell und springt auf. In einer Hand blinkt das Messer, mit der anderen greift er zum Revolver.

Jozef reißt die Tür auf. »Hi Kennedy! Wie geht's?«

»Idiot! Du hast mich ganz schön erschreckt. Ich dachte, der Bär ist da. Ein großer Grizzly, alt, krank und angriffslustig. Er wacht immer wieder aus seinem Winterschlaf auf und streift hier in der Gegend herum. Neulich wollte er die Tür aufbrechen, als ich nicht zu Hause war. Und fast wär's ihm gelungen.«

In diesem Augenblick betreten Morag und ich das Haus.

»Was machst du hier? Ist das deine Frau?« wendet sich Kennedy zu mir und strahlt übers ganze Gesicht.

»Nein, Morag ist nicht meine Frau. Sie ist unterwegs nach Vancouver, dort wohnt sie. Cenda ist auch hier. Er sitzt im Auto, er ist krank. Wir wollen dich zu einem Drink einladen. In der Bar erzählen wir dir alles. Komm, beeil dich, sonst kriegen wir nichts mehr.«

Kennedy schlüpft in seinen Wolfsparka, zieht die Fäustlinge über und stülpt seine Bibermütze auf. Dann löscht er das Licht und schließt sehr sorgfältig Tür und Fensterläden. Zehn Minuten später sitzen wir schon in der Bar vom Westminster-Hotel, Kennedys Stammlokal.

Seit Mai habe ich meinen Freund nicht mehr gesehen. Da gibt es natürlich viel zu erzählen. Auch Cenda geht mit uns ins Lokal, obwohl ihn Morag gleich ins Krankenhaus fahren wollte. Aber er weigerte sich und meinte, es gehe ihm schon wieder ganz gut. Außerdem sei er nicht krankenversichert, und Geld für die Ärzte habe er sowieso nicht mehr.

Inzwischen wirft der Barkeeper einen betrunkenen Indianer nach dem anderen aus der Kneipe und fängt an, die Stühle auf die Tische zu stellen.

»Nichts zu machen, wir müssen gehen«, seufzt Kennedy. »Aber das macht nichts. Ich habe zu Hause einige Galonen kalifornischen Wein. Und das Caribou-Fleisch ist gerade richtig abgehangen. Im übrigen sagen die Leute, meine ›Salmon-Strips‹ seien die besten im ganzen Dorf. Habt ihr auch so einen Hunger wie ich?«

Mit Sack und Pack ziehen wir bei Kennedy ein. Cenda legt sich schlafen, während wir vier uns auf eine lange Nacht vorbereiten. Unser Gastgeber holt aus dem ›Cache‹, einem Vorratshäuschen auf Pfählen, das nur über eine Leiter zugänglich ist, die bärensicher gelagerten Lachsstreifen. Er legt sie auf den glühenden Ofen. Schon nach ein paar Minuten sind sie aufgetaut und warm, wie frisch aus der Räucherkammer. Das ganze Haus duftet nach Fisch.

»Das ist nur die Vorspeise«, grinst Kennedy. »Als Hauptgericht gibt es Steaks aus Caribou-Filet mit Kartoffeln und Gemüse aus dem eigenen Garten.«

Ich wundere mich über Kennedys Eifer. »Wo steckt denn deine Mary? Ich habe dich doch sonst nie kochen sehen.«

»Sie ist weg. Vor ein paar Tagen kam sie betrunken nach Hause. Da hab ich sie an die frische Luft gesetzt. Zum Ausnüchtern. Sicher hockt sie jetzt bei ihrer Sippe und wartet darauf, daß ich sie abhole. Aber da kann sie warten, bis sie schwarz wird. Im Januar, wenn die Hurrikan-Saison vorbei ist, will ich bis zu den Samoa-Inseln segeln. Dort werde ich mir eine hübsche Polyne-

sierin anlachen. Mary wird große Augen machen, wenn wir zurückkommen.«
»Hast du ein neues Segelboot?« fragt Jozef.
»Nein, ich habe noch immer die alte Nußschale. Aber ich mag sie. Wenn ich keine passende Mannschaft finde, kann ich sie notfalls auch allein segeln. Doch jetzt müssen wir den Tisch decken. Das Essen ist fertig.«
Er serviert Bratkartoffeln mit Zwiebeln, gekochte Brokkoli mit Butter und die zartesten Steaks, die ich seit langem gegessen habe.
»Mensch, du könntest im besten Hotel als Chefkoch arbeiten.« Auch Morag ist begeistert, aber Kennedy winkt ab: »Ach Quatsch, das ist doch keine Kunst. Die Kartoffeln waren schon fertig, und Fleisch in die Pfanne werfen, das kann doch jeder.«
Bald sind Töpfe und Pfannen leer, und auch eine große Flasche Rotwein ist ausgetrunken. Kennedy ist in bester Laune und erzählt uns Geschichten aus seinem abenteuerlichen Leben. Aber so spannend sie auch sind, irgendwann übermannt uns doch die Müdigkeit.
Was für ein Gefühl, wieder einmal in einem geheizten Haus, in einem richtigen Bett zu schlafen!
Am Morgen werde ich von einem gedämpften Wortwechsel geweckt. Cenda und Morag reden miteinander. Doch als ich mich noch schlaftrunken aufrichte, sind beide still. Morag weint. Schon zum zweiten Mal innerhalb von wenigen Tagen. Nach und nach werden auch die anderen wach. Wir stehen auf. Kennedy macht das Frühstück.
Als wir gemütlich um den großen Tisch sitzen, rückt Cenda mit der Sprache heraus. »Jozef, könntest du mich zum Flughafen bringen? Heute fliegt eine Maschine nach Whitehorse. Von dort möchte ich gleich weiter nach Deutschland. Ich bin total abgebrannt, ich muß wieder Geld verdienen.«
Jetzt weiß ich, warum Morag so traurig ist.
»Wenn es sein muß«, entgegnet Jozef, »aber ich dachte, ihr wollt alle drei nach Vancouver.«
»Ich kann nicht, die Pflicht geht vor«, erwidert Cenda. »Ich muß nach Deutschland, obwohl ich gerne in Kanada bleiben möchte.

Mirror Lake – Blick aus dem Fenster der Trapper-Hütte ▷

Tut mir leid, Leosch, aber es geht nicht anders.«
Was soll ich darauf antworten?
»Leosch«, wendet er sich wieder an mich, »ich nehme nur das Notwendigste mit. Lagere meine Sachen irgendwo und schreib mir, wo ich sie finden kann. Wann sehen wir uns wieder?«
»Ich weiß nicht. Ich habe nicht vor, nach Europa zurückzukehren. Jedenfalls nicht so bald. Mir gefällt es hier im Norden ganz gut. Vielleicht werde ich sogar versuchen, die kanadische Staatsbürgerschaft zu bekommen.«
»Heirate doch einfach eine Kanadierin. Damit sind alle Probleme gelöst.«
»Nein, das tue ich bestimmt nicht. Ich möchte noch ein bißchen reisen, ehe ich Vater werde.«
»Na, dann wünsche ich dir alles Gute!«
»Ich dir auch, und vergiß nicht, daß du immer noch Lungenentzündung hast!«
»Ich werd's überleben. Die Flugzeuge sind ja beheizt. Tschüs Kennedy, mach's gut.« Dann umarmt er Morag und gibt ihr einen Abschiedskuß. Jozef sagt »bis bald«, und weg sind die beiden.
Ein dreiviertel Jahr habe ich mit Cenda jetzt in der Wildnis verbracht. Aber der Abschied dauerte nur wenige Minuten. Doch jetzt ist nicht der richtige Augenblick, melancholisch zu werden. Weihnachten steht vor der Tür, und ich will versuchen, Morag wieder aufzurichten. Sie muß nach Vancouver fahren. Ihre Eltern warten auf sie.
Ich möchte Weihnachten am liebsten in Dawson feiern. Mit Kennedy habe ich immer viel Spaß gehabt.
»Wo bist du in den nächsten Tagen?« frage ich ihn.
»Zu Hause. Nach Neujahr fahre ich zu meiner Trapline, um die Fallen einzusammeln. Und dann breche ich auf in Richtung Süden. Im Hafen von Victoria liegt meine ›Gotelinde‹. Ende Januar möchte ich in Samoa sein. Willst du mit?«
»Nein, ich war erst im vergangenen Jahr dort. Ich mag die Hitze nicht. Ich will lieber hier im Norden überwintern. Ich habe mich inzwischen ganz gut an die Kälte gewöhnt.«
»Möchtest du dann nicht meine Trapline übernehmen? Die Sai-

◁ Auf dem Weg zurück in die Zivilisation

son ist gut. Es gibt viele Marder, Nerze und Vielfraße. Du könntest mein Schneemobil benützen. Wenn deine Beute reich genug ist, gibst du mir einfach ein paar Felle ab. Ich brauche dringend einen neuen Parka, aber deine häßliche Daunenjacke taugt auch nicht mehr viel.«

»Wo ist denn die Trapline?«

»Weit weg von hier. Am Mirror Lake in den Mackenzie Mountains. Die Landschaft ist dort herrlich. Und zur Nahanni Range Road ist's nur ein Katzensprung. Wenn du vom Busch die Schnauze voll hast, fährst du einfach per Anhalter nach Watson Lake in die Kneipe. Keine dreihundert Kilometer sind's bis dorthin.«

»Das klingt nicht schlecht. Ich werd's mir überlegen.«

»Dazu hast du eine ganze Woche Zeit«, lacht Kennedy. »Jetzt fahren wir erst mal zusammen ins Dorf. Ich habe mir etwas einfallen lassen, um Morag zu trösten. Wir werden Ersatz für Cenda holen.«

Ich schaue ziemlich verständnislos drein. Aber Kennedy verrät nichts. Im Dorf halten wir vor einem unscheinbaren Haus. Vielstimmiges Hundegebell empfängt uns.

»Warte hier!« Kennedy springt aus dem Auto und kommt nach wenigen Minuten zurück. In den Armen hält er einen jungen Schlittenhund.

»Ist der nicht hübsch? Ich glaube, Morag wird sich freuen. Was meinst du?«

»Ganz bestimmt. Sie mag Hunde. Los, fahren wir zurück, damit sie nicht so lange allein ist.«

Morag sitzt am Tisch und starrt ins Leere.

»Morag schau, was ich dir mitgebracht habe.« Kennedy legt ihr das Hündchen in den Schoß. Morag schaut das Fellbündel ungläubig an, dann fängt sie an zu strahlen. Schließlich springt sie auf und weiß gar nicht, was sie vor Freude tun soll. Wieder und wieder bedankt sie sich bei Kennedy, und sie hört gar nicht mehr auf, den kleinen Hund zu streicheln.

»Wie heißt es denn überhaupt?« fragt sie schließlich.

»Er hat noch keinen Namen. Du mußt dir selbst einen ausdenken.«

»Kann ich ihn Jerry nennen?«
»Na klar, es ist doch dein Hund.«
Kennedy und ich sind zufrieden. Das hat geklappt. Wenigstens in diesem Moment hat Morag ihren Kummer vergessen.
»Das wäre erledigt«, sagt Kennedy. »Nun kommt das nächste dran! Wir müssen einen Weihnachtsbaum besorgen, so lange es hell ist. Meine Mutter hat mir ein Päckchen mit lauter kleinen Schnapsfläschchen geschickt. Die benützen wir als Christbaumschmuck.«
Die nächsten Fichten stehen kaum zwanzig Schritte vom Haus entfernt. Ein kräftiger Axthieb, und schon ist die Arbeit beendet. Wir hängen die Fläschchen vorsichtig an die Zweige. Und als Jozef aus der Stadt zurückkehrt, versichert er, daß dies der originellste Weihnachtsbaum ist, den er je gesehen hat.
»Sollten wir nicht ausprobieren, wie der Flascheninhalt schmeckt?« fragt er eifrig, aber Kennedy winkt energisch ab: »Nein, heute nicht, erst übermorgen.«
»Morgen muß ich wieder nach Hause«, wendet Jozef ein.
Doch Kennedy bleibt hart. »Die Fläschchen werden erst am Heiligen Abend geöffnet, nicht früher.«
»Gut, dann lade ich euch alle in die Bar ein. Dort gelten solche Verbote nicht.« Und zum Zeichen, daß er es ernst meint, zieht er sich sogleich seinen dicken Eskimo-Parka über.
Jozef ist sehr großzügig. Er verdient gut, Geld spielt bei ihm keine Rolle. Er besitzt in Aklavik eine Baufirma. Im Sommer ist er sehr beschäftigt. Im Winter dagegen, wenn es zu kalt zum Bauen ist, unternimmt er ausgedehnte Fahrten und genießt seine Freiheit weitab vom häuslichen Herd. Er lebt wie Kennedy seit 1968 im hohen Norden. Beide sind im weiten Umkreis bekannt wegen ihres außergewöhnlichen Lebensstils. Die Leute haben Jozef den Spitznamen ›Eskimo King‹ gegeben. Und wie Kennedy richtig heißt, weiß er – glaube ich – selbst nicht mehr.
Die Kneipe ist brechend voll. Einige Freunde aus Dawson begrüßen uns mit lautem Hallo.
»Ihr seid alle meine Gäste«, erklärt Jozef sofort und erntet lautstarken Beifall.
Das Saufgelage beginnt. Die Gläser sind ziemlich groß, und stän-

dig werden sie wieder gefüllt. Ich sehe schwarz. Morag und ich sind den Alkohol nicht gewöhnt. Schon nach dem fünften Glas wird mir schwindelig. Jozef ist viel trinkfester. Eine Indianerin hat sich neben ihn gesetzt. Er schenkt ihr ein, und sie versucht, mit ihm zu schmusen. Doch er hat offensichtlich keine Lust, ihre Zärtlichkeiten zu erwidern. Aber sie bleibt hartnäckig und weicht nicht von seiner Seite. Jozef macht gute Miene zum bösen Spiel, bis eine andere Indianerin, die er wohl schon länger kennt, auf ihn zueilt und ihn stürmisch begrüßt: »Hi, Jozef! Wie geht's dir?« Jozef vergißt die erste und widmet sich ausschließlich der letzteren. Die so eindeutig Verschmähte fixiert ihre Rivalin mit wütenden Blicken. Und plötzlich springt sie auf und schreit: »Son of a bitch!«, packt die Konkurrentin an den Haaren, schleudert sie vom Barhocker und versucht, sie zu würgen. Jozefs Bekannte ist erschrocken, gewinnt jedoch ihre Fassung rasch zurück. Mit ihren langen Nägeln zerkratzt sie das Gesicht ihrer Peinigerin und beißt ihr in den Arm. Blut spritzt, der Kampf droht auszuarten. Aber da ist schon der Barkeeper zur Stelle. Er hat Kraft wie ein Gorilla. Mit geübtem Griff packt er die Angreiferin, tritt die Tür auf und wirft sie im hohen Bogen hinaus in den Schnee.

Die andere steht langsam auf. Ganze Büschel von ausgerissenen Haaren fallen zu Boden. Sie sagt kein Wort, sondern wankt mit unsicheren Schritten zur Toilette.

Jozef hat sich die Szene in aller Ruhe angeschaut. Offenbar ist er an solche Auftritte gewöhnt. Morag und ich sind sprachlos. »Ganz schön wild geht's hier zu«, findet Morag. »Schlagen sich hier die Frauen immer so?«

Jozef zuckt gleichmütig mit den Schultern. »Das kann immer mal passieren. In einem rauhen Land herrschen eben rauhe Sitten. Daran ist nichts zu ändern. Aber du bist blaß geworden. Ich bin sicher, du brauchst jetzt einen Cognac.«

»Nein, um Himmels willen, ich muß aufhören. Sonst falle ich vom Stuhl«, wehrt Morag ab.

»Sei kein Spielverderber! Morgen kannst du ja ausschlafen.« Jozef lacht. Was soll ich dagegen sagen? Ich muß morgen achthundert Kilometer mit dem Auto fahren.«

»Und ich muß morgen in Vancouver Island sein!« entgegnet Morag.
»Wie willst du denn das machen?«
»Das weiß ich noch nicht.«
»Ruf doch an, daß du später kommst.«
»Ja, das muß ich wohl tun. Ich möchte sowieso lieber in Dawson Weihnachten feiern als mit Mama und Papa.«
»Na klar!« mischt sich Kennedy ein. »Du und Leosch, ihr bleibt beide bei mir. Der Weihnachtsbaum steht schon, und den Festbraten müssen wir nur noch in den Ofen stecken.«
Unsere Heimfahrt verläuft recht abenteuerlich. Obwohl Jozef kaum mehr gehen kann, fährt er wieder wie ein Wahnsinniger. Doch diesmal gelingt es ihm, den Straßengraben zu meiden.
Weihnachten verbringen wir in ausgelassener Stimmung. Selbst die traditionellen Weihnachtsplätzchen fehlen nicht. Morag bäckt eine riesige Schüssel voll.

Silvester feiern wir in Kennedys Stammlokal. Es ist wie immer die wildeste Feier des ganzen Jahres.
Am zweiten Tag des neuen Jahres packe ich sehr sorgfältig meinen Rucksack. Am Tag davor wäre ich dazu noch nicht in der Lage gewesen. Ich darf nichts vergessen, denn ich habe mich entschlossen, Kennedys Trapline zu übernehmen. Bis Anfang März will ich dort bleiben. Morag wird mit Kennedy weiterfahren bis nach Victoria. Von dort aus sind es nur noch wenige Kilometer bis zu ihrem Elternhaus.
In Kennedys ›Pickup‹, einem kleinen Lastwagen, haben wir viel Platz. Jerry hat sich schon an uns gewöhnt und schläft zu Morags Füßen.
Zwei Tage sind wir unterwegs. In Ross River übernachten wir bei einem gemeinsamen Freund. Und am späten Abend erreichen wir die Stelle, wo der Pfad von der Nahanni Range Road zum Mirror Lake abzweigt. Es ist nicht sehr kalt, höchstens minus zwanzig Grad, aber stockdunkel.
»Wie willst du denn in dieser Finsternis deine Hütte finden?« frage ich Kennedy.
»Mach dir keine Sorgen. Der Weg ist gut gespurt und nur wenige

Kilometer lang. Hier finde ich mich mit verbundenen Augen zurecht. Los, hilf mir, das Schneemobil von der Ladefläche zu heben!«

Wir haben den Motorschlitten mit Hilfe von Brettern hinaufgefahren, jetzt fehlen sie uns. Er ist sehr schwer, und prompt lassen wir ihn ziemlich unsanft aufschlagen.

»Hoffentlich ist er nicht kaputt.«

»Keine Angst, der hat schon mehr ausgehalten«, lacht Kennedy. »Jetzt hör zu, ich fahre mit Morag voraus und komme dann wieder zurück, um das Gepäck zu holen. Morag kann inzwischen den Ofen anheizen und etwas zum Essen vorbereiten. Du kannst dich ja mit meinen Schneeschuhen auf den Weg machen.«

Ich bin einverstanden.

Morag packt ihren Schlafsack in den Rucksack, greift zur Schrotflinte und setzt sich hinter Kennedy auf das Schneemobil. Jerry rennt hinterher, und ich folge auf Schneeschuhen.

In Dawson habe ich genügend Munition eingekauft. Ich werde sicher von der Jagd leben können. Kaninchen und Schneehühner

gibt es hier ja genug. Auch von unserem tiefgefrorenen Elchfleisch ist noch viel übrig.
Der Weg zu Kennedys Hütte ist weiter als ich dachte. Anfangs schlängelt er sich durch das breite Tal des Flat River, dann zieht er sich an einem Bach entlang, der aus dem Mirror Lake fließt. Im Sommer wird der See von dem Tauwasser aus den Gletschern der Ragged Range gespeist. Die Berge tragen ihren Namen zu Recht. Sie sind außergewöhnlich zackig. Einige davon sind fast dreitausend Meter hoch.
Ich habe noch kein Drittel der Strecke hinter mir, da kommt mir Kennedy schon entgegen.
»Alles o. k.?« frage ich.
»Fast. Nur eine Fensterscheibe ist kaputt. Vermutlich hat sie ein Bär eingeschlagen. Aber er hatte Pech. In der Hütte war nichts Eßbares. Jetzt hole ich den Sack mit Proviant, damit Morag das

Abendessen zubereiten kann. Bei der dritten Ladung bringe ich deinen Rucksack mit.«
Mit dem Motorschlitten ist man dreimal so schnell wie auf Schneeschuhen. Ich erreiche die Hütte, als Kennedy gerade mit der dritten Fuhre ankommt.
Die Hütte ist klein, aber sehr gemütlich. Ein Ein-Raum-Haus. Die Einrichtung ist einfach, aber es fehlt an nichts. Ein großer Herd, ein Küchentisch, ein paar Stühle, ein Schreibtisch und ein doppelstöckiges Bett reichen völlig aus. In den Regalen ist Geschirr gestapelt, im Schrank sind Töpfe und Pfannen fein säuberlich übereinandergeschichtet. Eine Axt, eine Säge und verschiedene Werkzeuge lehnen in der Ecke hinter dem Herd. Und ein großer Vorrat an Brennholz gibt dem Gast ein Gefühl der Geborgenheit. Hier braucht er bestimmt nicht zu frieren.
Zuerst setzen wir eine neue Fensterscheibe ein. Der Herd glüht. In einer großen Pfanne brutzelt Fleisch. Der Reistopf kocht über. Langsam wird es warm und gemütlich im Haus.
»Morgen früh möchte ich gleich weiter. Bis Victoria brauche ich

sicher zwei Tage«, sagt Kennedy zu Morag. »Und dann muß ich dich ja noch zu Hause abliefern.«
»Weißt du was«, entgegnet Morag zögernd, »während ich auf euch gewartet habe, habe ich's mir anders überlegt. Ich werde das Wintersemester sausen lassen und noch einige Zeit hier bleiben. Die Landschaft ist so phantastisch. Ich habe mir lange die Berge im Mondlicht angeschaut. Leosch, wollen wir die nächsten zwei Monate zusammen verbringen? Ich könnte dir auf der Trapline helfen, und Felle gerben habe ich bei Mables Mutter gelernt. Nur kochen kannst du besser. Das überlasse ich dir. Bist du einverstanden?«
»Na klar!« Ich freue mich aufrichtig.
»Soll ich dein Gepäck bei deinen Eltern abliefern und ihnen von deinen Plänen erzählen?« fragt Kennedy.
»Ja. Darum wollte ich dich gerade bitten«, sagt Morag mit strahlendem Gesicht.

Kennedy bricht schon in aller Frühe auf. Morag fährt auf dem Motorschlitten mit, um den Rest ihrer Sachen aus dem Auto zu holen. Sie kehrt mit einem Zehn-Galonen-Faß Benzin zurück.
»Kennedy hat uns das von seinem großen Faß abgefüllt. Ich glaube, wir werden damit auskommen.«
»Bestimmt, denn ich möchte den Krachmacher möglichst selten benützen. Die Fallen werde ich auf Schneeschuhen ablaufen. Schade, daß wir unsere in Fort McPherson gelassen haben. Die könntest du jetzt gut gebrauchen.«
Den Rest des Tages verbringe ich mit dem Kontrollieren der Fallen. Leider haben die Raben zwei gefangene Marder entdeckt und aufgefressen. Dennoch bringe ich drei Marder und einen Nerz nach Hause.
»Wie war's draußen?« fragt Morag, noch bevor ich die Tür hinter mir geschlossen habe.
»Gar nicht so schlecht. Kennedy hatte recht. Es wimmelt hier von Mardern. Aber sie müssen sehr hungrig sein, denn es gibt kaum noch Kaninchen. Wenn wir den Mardern nachstellen, können sich die Kaninchen in Ruhe vermehren, und das Gleichgewicht in der Natur ist wieder hergestellt. Wir könnten für uns

beide einen Marder-Parka nähen.Was meinst du? Für Kennedy bleiben trotzdem noch genügend Felle übrig.« Morag nickt und deckt den Tisch.

Unsere gemeinsame Zeit am Mirror Lake verläuft sehr friedlich. In den wenigen hellen Stunden arbeiten wir im Freien, fällen Bäume, spalten Holz oder schöpfen Wasser aus dem See, der dank einer heißen Quelle an dieser Stelle nie zufriert. Jeden dritten Tag laufe ich die Trapline ab. Manchmal begleitet mich Morag, manchmal legt sie am Bach Schlingen für Kaninchen oder geht mit der Schrotflinte auf die Hühnerjagd. Bis zu fünf Marder fangen wir in der Woche, und ab und zu ist auch ein Hermelin oder ein Nerz darunter.

Abends lesen wir oder spielen Schach. An einem dieser langen Abende finde ich zufällig in meinem Rucksack ein Kartenspiel. Mir kommt eine Idee: »Morag, kennst du das Pfänderspiel?«

Sie verneint, und ich erkläre ihr kurz die Spielregeln. Wir beginnen. Anfangs habe ich Pech und verliere ein Pfand nach dem anderen. Dann aber wendet sich das Glück eindeutig mir zu. Morag büßt ihre Mokassins ein, ihre Jeans, ihren Pullover . . . Bei jedem Pfand, das sie hergeben muß, wird sie unruhiger. Und ich auch! Morag gefällt mir, aber leider ist sie noch immer in Cenda verliebt. Plötzlich behauptet sie, ihr sei kalt, und sie müsse sich im Schlafsack aufwärmen.
Doch so schnell will ich nicht aufgeben, und deshalb frage ich nach einigen Minuten, ob ihr jetzt warm genug sei. Sie schüttelt den Kopf und sagt, ihr Schlafsack sei wohl zu lange zum Lüften draußen gewesen. »Ich friere immer noch«, murmelt sie verwirrt.
»Ich könnte dem abhelfen.«
»So?«
»Ja. Man kann Schlafsäcke nämlich auch zusammenkoppeln . . .«
»Natürlich. Aber ich möchte es nicht. Und du weißt genau warum.«
Morags Antwort ist klar und duldet keinen Widerspruch. Ich muß sie akzeptieren. Also ziehe ich schleunigst meine Jacke an, nehme den leeren Wassereimer und laufe den Hang hinunter zum See. Es dauert – trotz der Kälte – eine Weile, bis ich abgekühlt bin. Als ich zurückkehre, lächelt Morag schon wieder.

Es ist Anfang Februar. Die Frostperiode haben wir überstanden. Es wird wärmer, dafür schneit es jetzt häufiger als früher. Der Schnee erschwert die Arbeit auf der Trapline. Er liegt nun gut drei Fuß hoch. Zum Glück hat Kennedy die Fallen meistens unter einem Baum mit dichter Krone aufgebaut, damit sie nicht zuschneien.
Eines Tages werde ich von der Dunkelheit überrascht, denn ich komme im tiefen Schnee nur mühsam voran. Es ist nicht besonders kalt, höchstens minus fünfundzwanzig Grad, aber windig. Ich schwitze beim Gehen und muß die Daunenjacke aufmachen. Sie ist innen schon ganz naß. Es fängt an zu stürmen. Ich wundere mich, denn hier in den Bergen bläst der Wind im Winter nur selten. Jetzt weht er von Norden und nimmt von Minute zu Minute zu. Bald wird er zu einem Orkan. Ich muß die Jacke

wieder zumachen, mein verschwitzter Körper kühlt sonst zu schnell ab. Der aufgewirbelte Schneestaub verklebt die Gucklöcher meiner Gesichtsmaske und dringt mir in den Mund. Ich muß mir ein Tuch davorbinden.
Meine Spur ist längst verschwunden. Es wird immer dunkler, und es sind mindestens noch fünf Kilometer bis nach Hause. Meine Schneeschuhe sinken tief ein, mühsam kämpfe ich mich vorwärts, die harten Windstöße werfen mich immer wieder um. Wie oft habe ich die Einheimischen schon von dem gefürchteten ›Blizzard‹ reden hören, dem todbringenden Wind, aber diesen Geschichten habe ich nie großen Glauben geschenkt.
Obwohl ich stramm laufe, friere ich entsetzlich. Trotz der Gesichtsmaske sind Nase und Wangen inzwischen gefühllos. Den Ersatzpullover habe ich schon an – immer noch zu wenig. Jetzt möchte ich Kennedys Wolfsparka haben!
Immer wieder komme ich vom Weg ab. Ich kann keine fünf Schritte weit sehen. Manchmal stecke ich bis zu den Hüften im Schnee. Mein Rucksack lastet wie ein Mühlstein auf dem Rükken. Und noch immer tobt der ›Blizzard‹. Hundert Stundenkilometer schätze ich die Windgeschwindigkeit.
Bald sehe ich keinen anderen Ausweg mehr, als mich von meinem Gepäck zu trennen. Ich hänge den Rucksack in eine Fichte. So geht es zwar nicht schneller vorwärts, aber dafür stehe ich wenigstens etwas sicherer auf den Beinen, und nach einiger Zeit gelingt es mir sogar, den harten, festgetrampelten Pfad wiederzufinden. Verirren kann ich mich jetzt jedenfalls nicht mehr. Nur mein Gesicht macht mir Sorgen. Schon seit mehr als zwei Stunden ist die Nase ohne jegliches Gefühl. Ich habe Angst vor schweren Erfrierungen, auf meine Nase möchte ich wirklich nicht verzichten. Ich muß so schnell wie möglich in die Wärme!
Der Weg macht einen Knick. Bald muß ich zu Hause sein! Und da sehe ich mit einem Mal die erleuchteten Fenster unserer Hütte. Ich habe es geschafft!
Der Sturm stößt mich durch die hastig geöffnete Tür. Ich taumle zum Ofen, über und über mit Schnee bedeckt.
»Wie siehst denn du aus?« ruft Morag erschrocken. »Mein Gott, habe ich eine Angst um dich gehabt.«

Ich reiße die Gesichtsmaske herunter, betaste Nase, Ohren, Wangen – kein Gefühl mehr. Ich krame aus einer Schublade einen alten Spiegelscherben hervor. Die Haut ist schneeweiß. Erfroren.
»Morag, schnell! Gib mir einen Lappen und warmes Wasser! Vielleicht ist es noch nicht zu spät!«
Es dauert lange, bis die warmen Umschläge wirken. Dann aber beginnt das ganze Gesicht wie Feuer zu brennen, ein Zeichen, daß die Durchblutung wieder eingesetzt hat. Nie in meinem Leben habe ich Schmerzen leichter und freudiger ertragen als in diesem Augenblick.
Am nächsten Tag hat sich der Sturm noch immer nicht gelegt. Wir schmelzen Schnee, weil Morag bei diesem Wetter kein Wasser holen mag und ich in der Wärme bleiben muß. Aber zum Glück sind meine Erfrierungen nicht so schlimm. Ich brauche keinen Arzt und bin froh, daß ich in der Wildnis bleiben kann. Ich fühle mich hier wohl. Morag geht es genauso.
Wir verstehen uns von Tag zu Tag besser, obwohl wir nach wie vor nur gute Kameraden sind. Sie hofft immer noch, daß Cenda zurückkommt. Und ich möchte ihr diese Hoffnung nicht nehmen.

Rasch vergeht die Zeit. Es ist jetzt schon Mitte Februar. Mein Gesicht ist wieder in Ordnung, nur viel anfälliger als vorher. Morag strickt mir noch eine Gesichtsmaske, so daß ich eine über der anderen tragen kann, wenn es richtig kalt ist. Unsere Marder-Parkas sind fertig, jetzt brauchen wir nur noch ein paar Felle für Kennedy. Also laufe ich mit unverändertem Eifer die Trapline ab. Und ich habe Glück. Zum ersten Mal fange ich einen Vielfraß.
Jerry wittert mich schon von weitem und kommt mir entgegen. Er bellt das tote Tier an. Ich kann ihm nur wünschen, daß er nie einem lebendigen Vielfraß in freier Wildbahn begegnet. Das wäre sein sicherer Tod. Der Vielfraß gilt als der aggressivste Räuber in den kanadischen Wäldern, und es wird behauptet, daß er es sogar mit einem Wolf aufnehmen kann.
Morag öffnet die Tür.

»Jetzt hast du doch einen erwischt! Das freut mich. Das wird die Kapuze für deinen Parka!«
»Nein, das Fell ist für deinen bestimmt«, erkläre ich.
»Das will ich nicht«, eine kurze Weile überlegt sie. »Aber wenn es sein muß, dann losen wir eben. Einverstanden?«
Sie hat Pech und zieht das kürzere Streichholz. Wir ziehen das Tier ab. Sein schönes Fell wird bald mein Gesicht wärmen.

Am nächsten Tag beim Mittagessen springt Morag plötzlich vom Tisch auf. »Leosch! Am Fenster steht ein Bär!«
Ich drehe mich um, doch ich sehe nichts. »Mach keine Witze!«
»Es ist mein Ernst! Er hat mich doch angeschaut.«
Ich merke, daß sie mich nicht zum Narren halten will, greife zum Gewehr und stürze ins Freie. Tatsächlich. Am Seeufer steht ein gewaltiger Grizzly.

»Paß auf, daß Jerry nicht aus dem Haus kommt«, rufe ich Morag zu.
Sie schließt sorgfältig die Tür und eilt zu mir herüber. Der Grizzly schaut uns beide neugierig an.
»Ich glaube, vor dem müssen wir keine Angst haben«, meint Morag. »Der sieht nicht angriffslustig aus.«
»Ich traue den Grizzly nicht, am allerwenigsten im Winter«, erwidere ich.
»Das ist bestimmt der gleiche, der das Fenster eingeschlagen hat«, sagt Morag. »Warum schläft er nicht?«
Ich weiß es nicht. Auf jeden Fall möchte ich mir den Bär aus der Nähe anschauen. Ich hole die Kamera und gehe langsam auf ihn zu. Er zeigt keine Angst. Und er hat auch offensichtlich nicht die Absicht, mich anzugreifen. Ich setze mich auf einen entwurzelten Baumstamm, nur etwa zwanzig Meter von ihm entfernt. Morag gesellt sich zu mir.
Der Bär läßt sich von uns nicht stören. Es ist ein großer brauner Koloß, der aussieht wie ein riesiger Teddybär. Tolpatschig wälzt er sich im Schnee und brummt zufrieden. Nach einer Weile hat er genug von diesem Spiel und trottet gemächlich zurück in den Busch.
»Was sagst du dazu?« fragt Morag.
»Ich bin sprachlos«, gebe ich zu. Dabei fallen mir die vielen Horrorgeschichten der Einheimischen ein, wenn sie von ihren Begegnungen mit Bären erzählen. »Ich möchte nur wissen, wie viele Grizzly, die beim ›Angriff‹ erschossen wurden, wirklich angegriffen haben.«
»Trotzdem muß Jerry jetzt an der Kette bleiben«, bestimmt Morag. »Den Prankenhieb von einem Bär würde er nicht überleben.«

Die Fallenstellersaison geht zu Ende. Wir sind mit unserer Ausbeute sehr zufrieden. Am letzten Februartag gehen wir gemeinsam die Trapline ab. Auch Jerry ist dabei. Wir sammeln die Fallen ein und hängen die Sperrholzboxen zwischen den Bäumen auf, damit die Stachelschweine sie im Sommer nicht anknabbern können, denn diese Tiere haben eine ganz besondere Vorliebe für

Salz. Und im Klebstoff, mit dem die Holzschichten zusammengeklebt sind, ist Salz enthalten. Indianer haben mir erzählt, daß Stachelschweine Hütten, die aus Sperrholz gebaut waren, völlig abgenagt haben. Zurück blieb nur das Balkengerüst.
Wir entschließen uns, noch so lange zu bleiben, bis auch die Felle für unseren Freund Kennedy gegerbt sind. Auf diese Weise möchten wir ihm danken, daß er uns seine Hütte und die Trapline überlassen hat.
Doch unser schönes Leben wird gestört, aber nicht etwa von einem großen Tier – der Grizzly ist bestimmt wieder schlafen gegangen –, sondern von den allerkleinsten Lebewesen, die man mit bloßem Auge nicht sehen kann – von Viren! Unser Jerry wird krank. Er hat hohes Fieber und will nicht mehr fressen. Apathisch liegt er in seiner Hütte, und ich habe das Gefühl, er will nur noch sterben. Obwohl Morag ihm Penicillin gibt, tritt keine Besserung ein.
»Ich weiß nicht, was er hat«, sagt Morag eines Morgens. »Ich kann ihm nicht helfen. Ich denke, wir sollten mit ihm zum Tierarzt nach Watson Lake.«
»Ja, das ist die einzige Chance, ihn zu retten«, sage ich, obwohl ich an Jerrys Genesung nicht mehr so richtig glauben kann.
Wir räumen Kennedys Hütte auf, nehmen die Rucksäcke auf den Rücken, die Gewehre in die Hand und traben los. Jerry kann kaum noch laufen, Morag muß ihn an der Leine hinter sich herziehen. Nach langem Marsch erreichen wir endlich die Straße. Es vergehen Stunden, bis das erste Auto vorbeikommt, doch es nimmt uns mit.
Der Tierarzt stellt fest, daß Jerry ›Distemper‹, Staupe, hat. Ihm ist nicht mehr zu helfen. Morag muß ihn einschläfern lassen. Sie ist sehr traurig. Sie will weg von hier. Zwei Freunde hat sie jetzt schon verloren. Cenda und Jerry. Und mit einem Mal ist das Land, das sie so liebt, für sie feindselig geworden.
Ich möchte gern noch mit Morag zusammenbleiben. Nur nach Vancouver möchte ich sie nicht begleiten. Was soll ich dort, wenn sie zur Uni geht? Deshalb versuche ich, sie für meinen neuesten Plan zu begeistern.
»Morag«, beginne ich zögernd, »hast du schon einmal richtige

Cowboys erlebt? Würde es dir Spaß machen, auf Pferden zu reiten, Rinder in die Berge zu treiben und auf einer Ranch zu leben?«

Und ich erzähle von meinem Freund, der mit seiner Frau und ein paar Cowboys weitab von der Zivilisation in den Diablo Range-Bergen in Kalifornien lebt. Und ich schildere die Schönheit der Landschaft, schwärme vom Frühling, von Sonne und Wärme.

»Sollen wir nicht zusammen hintrampen und dort eine Weile arbeiten? Verdienen werden wir zwar nichts, dafür essen wir aber die besten Steaks, die man sich vorstellen kann, trinken kalifornischen Wein dazu und haben garantiert viel Spaß mit den Jungs.«

»Das muß ich mir gründlich überlegen«, meint Morag unschlüssig. Aber schon nach wenigen Minuten wirft sie alle Bedenken über Bord.

»Ich will es mal wieder richtig warm haben, ich möchte baden gehen und mich in die Sonne legen. Ich komme mit. Let's go to California!«

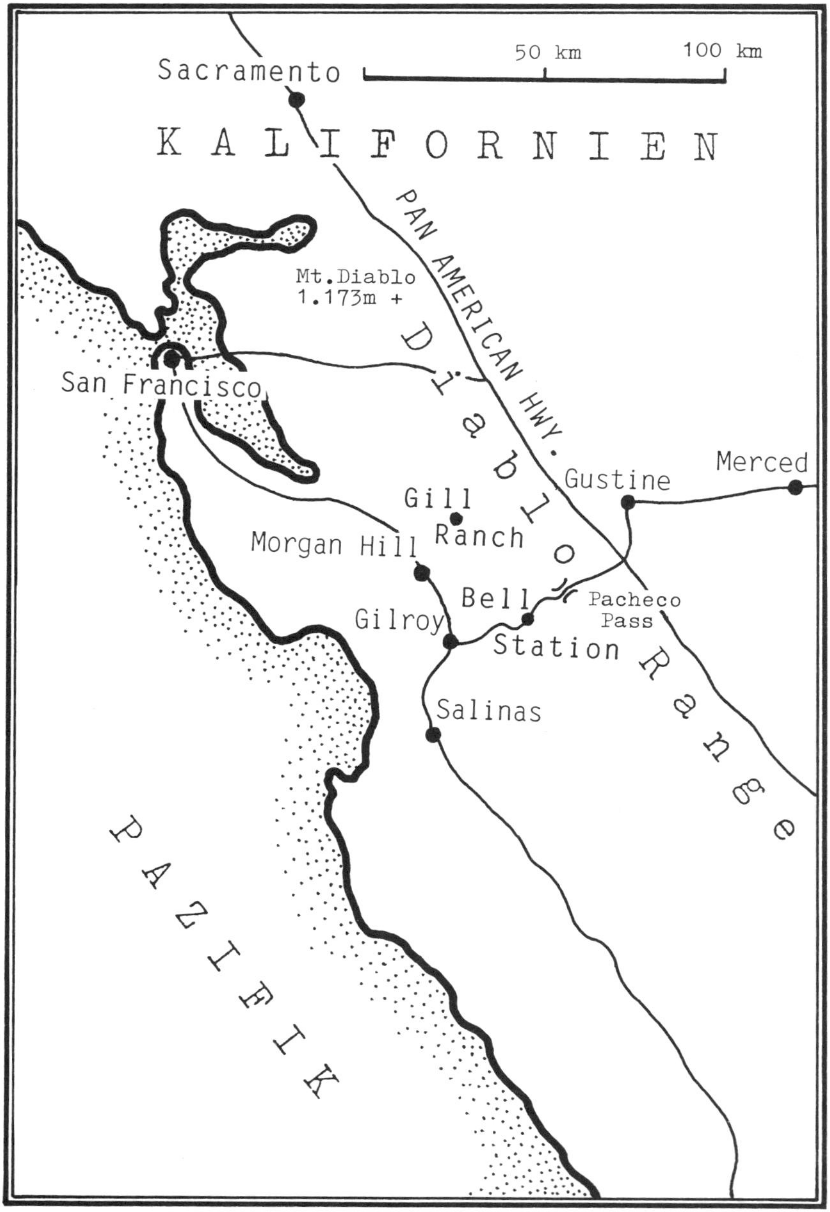

Sacramento
50 km
100 km
KALIFORNIEN
PAN AMERICAN HWY.
Mt.Diablo
1.173m +
Diablo Range
San Francisco
Gustine
Merced
Gill Ranch
Morgan Hill
Bell Station
Pacheco Pass
Gilroy
Salinas
PAZIFIK

2. Kapitel

Dort, wo die Zeit stehengeblieben ist
– Die kalifornischen Cowboys –

Der Vorkriegs-Jeep holpert über den steinigen Weg. Morag und ich sitzen auf der Ladefläche. Von den Erschütterungen tut uns der ganze Körper weh. Dennoch sind wir froh, überhaupt einen Fahrer für dieses halsbrecherische Unternehmen gefunden zu haben, sonst hätten wir über zwanzig Meilen zu Fuß gehen müssen.

»Da vorne ist schon die Ranch!« brülle ich, um den Motorlärm zu übertönen. Unser Chauffeur nickt, aber es scheint nur so. In Wirklichkeit kippt sein Kopf nach vorn, da wir in diesem Moment die Böschung hinuntersausen, um einen Bach zu überqueren. Zum Glück hat der Jeep keine Windschutzscheibe, sonst hätte der Fahrer jetzt eine gewaltige Beule am Kopf.

Das Wasser dringt ins Fahrerhaus und überspült die Ladefläche.

Wir haben gerade noch Zeit, unsere Rucksäcke auf den Schoß zu heben, sonst wären sie klitschnaß. Das Bachüberqueren geschieht blitzschnell, und schon sind wir auf der anderen Seite, auf dem Trockenen.
»Das hätten wir geschafft«, freut sich unser neuer Freund, der im Ruf steht, ein ausgezeichneter Geländefahrer zu sein.
»Eine echte Teufelsfahrt, aber Spaß hat's gemacht. Manchmal hab ich ja selbst nicht geglaubt, daß wir's packen. Ich muß sagen, mein ›Truck‹ ist wirklich super.«
Auf dem Weg zum Haus kommt uns ein schlanker junger Mann entgegen. Sein Gesicht ist von der kalifornischen Sonne dunkel gebräunt. Er hat einen Schnurrbart, lange blonde Haare und sehr auffällige O-Beine. Die Sporen an seinen Reitstiefeln wirbeln Staub auf. Über den Jeans trägt er einen mit Fransen verzierten Lederschutz. Um den Hals hat er ein blaues Tuch geschlungen.

Der große, mit Adlerfedern geschmückte Hut, wirft Schatten auf sein Gesicht.
Aus der Entfernung erkennt er mich nicht. Er mustert uns nur überrascht, denn Besucher sind hier eine Seltenheit. Zwei Jahre sind vergangen, seit wir uns zum letzten Mal gesehen haben.
»Hi Jay! Wie geht's?« rufe ich ihm zu.
»Leosch! Du bist's! Was treibt dich in diese gottverlassene Gegend?«
»Ich will euch besuchen. Wie oft habe ich an euer Paradies hier gedacht!«
»Übertreib nicht, so paradiesisch ist's bei uns auch wieder nicht«, lacht Jay. »Sind das deine Freunde?«
»Ja, das ist Morag. Wir reisen schon seit August vergangenen Jahres zusammen. Und das ist Harry. Er hat uns hinter San Francisco von der Straße aufgelesen und wegen uns einen großen Umweg gemacht. Er ist ein toller Fahrer.«
»Das kann ich mir gut vorstellen«, entgegnet Jay anerkennend. »Und hungrig werdet ihr sein nach der langen Fahrt. Im Backofen ist noch ein Stück Braten vom Mittagessen. Aber ihr müßt euch selbst bedienen. Judy und Nancy sind ausgeritten und kommen bestimmt erst am späten Abend zurück.«
Wir klopfen den Staub von unseren Kleidern und gehen in die Küche. Jay holt den Bräter aus dem Ofen und stellt Brot und Wein auf den Tisch.
»Laßt's euch schmecken. Und nachher, Leosch, mußt du erzählen, was du die ganze Zeit getrieben hast.«
Der Braten ist riesig, trotzdem essen wir ihn ganz auf. Eigentlich wollte Jay ausreiten, aber vor lauter Erzählen vergißt er es. Stundenlang berichten wir uns gegenseitig von unseren Erlebnissen und Abenteuern.
»Und was habt ihr jetzt vor?« fragt Jay schließlich.
»Wir möchten eine Weile bei euch bleiben. Ich denke, daß wir uns hier nützlich machen können. Selbstverständlich ohne Lohn.«
»Gern, so lange ihr wollt. Unser Boß wird sich bestimmt freuen, wenn ihr helft und nichts dafür verlangt«, meint Jay. »Zu sehen bekommt ihr den allerdings kaum. Der läßt sich hier nur zwei-

mal im Jahr blicken. Wenn du möchtest, kannst du sogar dein altes Pferd wiederhaben, Leosch. Und für deine Freundin werden wir auch ein geeignetes finden. Ein Gewehr hast du mitgebracht, das habe ich schon gesehen. Hast du auch deine Kanone, die 44er Magnum dabei? Und was ist mit dem Lassowerfen? Hoffentlich hast du nicht vergessen, wie man damit umgeht.«
»Es wird schon klappen, und im übrigen heißt es doch immer: Übung macht den Meister«, sage ich, und Jay muß lachen. Er erinnert sich bestimmt noch daran, wie lange ich Lassowerfen üben mußte. Deshalb lenke ich schnell ab: »Den Revolver habe ich natürlich bei mir. Ich weiß doch, daß du gern damit schießt. Genügend Munition habe ich auch eingekauft.«
»Kann mir auch jemand beibringen, wie man das Lasso wirft?« fragt Morag. »Das hab ich noch nie gemacht. Reiten dagegen habe ich schon als Kind gelernt. Nur mit dem Cowboysattel werde ich vielleicht nicht ganz zurechtkommen.«
»An den Sattel gewöhnst du dich schnell«, versichert Jay. »Und das Lassowerfen ist eine reine Übungssache. Es dauert eine Weile, bis man perfekt ist. Du brauchst nur lange genug hierzubleiben, dann werde ich aus dir einen echten Cowboy machen. Doch jetzt will ich euch euer Quartier zeigen. Wie steht's mit dir, Harry? Möchtest du auch hier übernachten?«
»Nein, ich muß weiter«, erwidert unser Fahrer. »Ich werde heute abend in Merced erwartet. Es ist das beste, wenn ich gleich losfahre.«
Wir verabschieden uns wie gute Freunde. Und er winkt, bis er in einer Staubwolke verschwunden ist.
Wir tragen unsere Rucksäcke ins ›Bankhaus‹, eine Bretterbude mit zehn Schlafstellen, von denen jedoch nur die Hälfte belegt ist. Die Wände sind bedeckt mit Postern von halbnackten Frauen. Daneben hängen Zaumzeug, Lassos, Jeans, Jacken, Hemden und Hüte. Von Jay erfahren wir, daß hier zwei Cowboys schlafen. Außerdem noch ab und zu mal drei Mexikaner, die fürs Zäunereparieren zuständig sind. Alle drei sind miteinander verwandt.
Die Mexikaner wurden, wie es hier üblich ist, ohne Arbeitspapiere eingestellt. Sie zählen zu den billigsten Arbeitskräften in

Kalifornien. Der Kontakt zwischen ihnen und den Cowboys beschränkt sich lediglich auf die Arbeit. Ihre Freizeit verbringen sie getrennt.
Wir werden im ›Bankhaus‹ nur schlafen. Jays und Johns Häuser stehen uns jederzeit offen. John ist der Vorarbeiter und so alt wie Jay, knapp dreißig Jahre. Er lebt mit seiner Frau Nancy am längsten hier auf der Ranch.
Als wir mit Jay ins Haus zurückkehren, kommen uns Judy und Nancy entgegen. Beide freuen sich, mich so unverhofft wiederzusehen. Aber auch Morag heißen sie herzlich willkommen.
Bei Sonnenuntergang kommen John, Clay und Roy staubig und hungrig nach Hause. Alle drei scheinen ziemlich schlecht gelaunt.
»Die verdammten Viecher haben den Zaun zum Nachbarn durchbrochen«, ruft John schon von weitem. »Morgen müssen wir mit den ›Wetbacks‹ in aller Frühe hinreiten, um die Löcher zu schließen. Heute haben wir alles nur provisorisch flicken können.«

Wenn die Mexikaner nicht dabei sind, benutzen die Cowboys ihren Schimpfnamen ›Nasse Rücken‹. Die illegalen Einwanderer aus Mexiko werden so genannt, weil sie durch den Grenzfluß Rio Grande kommen, um in Amerika Arbeit zu suchen.
»Aber was sehe ich!?« John hat mich entdeckt, und seine Miene hellt sich auf. »Hast du Sehnsucht nach deinem Pferd bekommen? Jerry geht's gut. Ein faules Leben hat er. Niemand will ihn reiten. Aber wo warst du so lange? Und ein Weib hast du auch! Gut!«
Morag zuckt zusammen, sagt aber nichts.
»In Kanada war ich die ganze Zeit. Und das ist Morag, die Freundin meines Kameraden. Sie reist mit mir, weil er nach Deutschland zurückgekehrt ist. Wie läuft's bei euch? Wie viele Rinder habt ihr jetzt?«
»Siebentausend. Fast zuviel für die zwanzigtausend Hektar Land. Wir müssen einige nach Nevada verfrachten, sobald dort der Schnee getaut ist. Das Gras reicht in der Trockenzeit nicht für alle. Wie ist das mit euch, bleibt ihr länger?«
»Ja, wir haben Zeit genug.«
»Das trifft sich gut! Ich wollte schon Verstärkung anfordern, wir brauchen bestimmt noch zwei Leute. Etwa fünfhundert junge Rinder müssen das Brandzeichen bekommen.«
»Ich würde auch gerne helfen«, sagt Morag.
John staunt. Er hat noch nie eine Frau als Cowboy arbeiten sehen.
»Na ja«, meint er zögernd, »kannst du denn mit dem Lasso umgehen?«
»Noch nicht. Aber man kann ja alles lernen, oder?«
»Du hast recht. Jeder hat mal klein angefangen. Hier, nimm dieses Lasso. Morgen suchen wir dir ein Pferd aus. So, und jetzt gehen wir ins Haus, um auf das Wiedersehen anzustoßen.«
John wohnt im Hauptgebäude der Ranch, das sicher über hundert Jahre alt ist. Es ist ein einstöckiges, im Kolonialstil erbautes Holzhaus. Überall stehen oder hängen alte Petroleumlampen. Das Stromaggregat ist schon seit langer Zeit defekt, aber niemand mag den Motor reparieren. Keiner braucht hier Strom. Das Fleisch hängt im Keller und wird schnell verbraucht, die Eier

halten sich dort genauso lange wie im Kühlschrank, und Gemüse gibt es gleich frisch aus dem Garten.
Das Haus ist sehr sauber. Vasen mit wilden Blumen gibt es in Hülle und Fülle. In der Küche baumeln Sträuße aus Gewürzen und Trockenblumen von der Decke, und über dem Herd hängen Messingpfannen.
Wir setzen uns um den großen runden Tisch. Nancy stellt Whiskygläser auf die gestickte Tischdecke. John bringt eine Flasche mit schwarzem Etikett: »Jack Daniels, mein Lieblingswhisky«, grinst er. »Wir trinken ihn ohne Eis und ohne Wasser. So schmeckt er am besten.«
»Möchtet ihr Steaks zum Abendessen?« fragt Nancy. »Das Fleisch ist von einem ganz jungen Tier.«
Morag strahlt. »Ja, ich freue mich schon darauf. Leosch hat behauptet, bei euch gäbe es die besten Steaks Amerikas.«

»Tja, vielleicht hat er recht.« Nancy fühlt sich sichtlich geschmeichelt, aber dann lacht sie: »Ich habe auch schon woanders gute Steaks gegessen.«
Nach dem Abendessen machen wir's uns am offenen Kamin auf den ausgebreiteten Kojotenfellen bequem. In den kalifornischen Bergen und in den Wüstengebieten gibt es noch viele von diesen Raubtieren. Sie greifen die jungen Kälber an und werden deshalb von den Cowboys gnadenlos gejagt.
Das Feuer knistert. Und das trockene Eichenholz wärmt wunderbar. Im Frühling sind die Nächte in den Bergen noch recht kühl. Glücklicherweise braucht hier niemand mit dem Holz zu sparen. Täler und Hänge sind dicht mit knorrigen Eichen bewachsen.
Judy und Nancy haben sich schon vor dem Abendessen lange Kleider im Westernstil angezogen. Sie geben dem ganzen Raum eine malerische Atmosphäre. Und Jay spielt auf der Gitarre Country & Western-Songs von Linda Ronstadt. Dieses Bild hat mich durch ganz Nordkanada begleitet. Ich fühle mich heute genauso wohl wie damals, vor zwei Jahren. Die beiden Ehepaare kennen sich schon seit ihrer Jugend. Sie wuchsen auf dem Lande nahe der Stadt auf. Jetzt fühlen sie sich in dieser Abgeschiedenheit wohl. Nur selten fahren sie nach Merced, um die Eltern zu besuchen oder einzukaufen. Sie haben ihre Träume vom freien, unabhängigen Leben verwirklicht. Ihr Einkommen ist nicht hoch, aber es reicht zur Befriedigung ihrer Bedürfnisse aus.
Bis spät in die Nacht hinein sitzen wir am Feuer und erzählen von vergangenen Zeiten.

Um sechs Uhr werden wir geweckt. Clay und Roy springen auf, ziehen blitzschnell Jeans, Jacke und Stiefel an, stülpen den Hut auf. Und fertig sind sie. Morag und ich versuchen, uns ihrem Tempo anzupassen. Leider haben wir beide keine Cowboystiefel, und Morag fehlt auch noch der Hut. Die Stiefel müssen wir uns wohl kaufen, denn ihre Spitzen sind so gearbeitet, daß man beim Aufsteigen den Steigbügel besser trifft. Zudem verhindern die hohen Absätze, daß man aus den Bügeln rutscht.
»Wie habt ihr geschlafen?« ruft uns Jay zu, und ohne eine Ant-

wort abzuwarten, fährt er fort: »Leosch, ich reite nur schnell zur Weide, um deinen Jerry einzufangen. Für Morag bringe ich dann auch gleich ein Pferd mit.« Er galoppiert über den Bach, sprengt mitten hinein in eine Herde von vielleicht fünfzig Tieren. Trotz dér Entfernung sehe ich, wie er das Lasso über dem Kopf schwingt, dann einem Pferd das Zaumzeug anlegt und es am Zaun festbindet. Und schon jagt er hinter dem nächsten Pferd her. Es dauert nicht lange, und er kehrt mit zwei Pferden zurück.
»Na, was sagst du zu deinem Jerry? Sieht er nicht gut aus?« Jay lacht mich an.
»Doch, ihr habt ihn gut gefüttert. Aber jetzt ist Schluß mit der Gemütlichkeit. Jetzt kommt eine harte Zeit für ihn, ich werde nur auf Jerry reiten. Das Pferd für Morag ist aber auch nicht übel. Wieso reitet es niemand?«
»Keine Ahnung.« Jay zuckt mit den Schultern. Ich werde hellhörig, irgendwas stimmt hier nicht. Bestimmt führt er was im Schilde . . .
Es ist ein wunderschöner, wilder Hengst mit glänzendem brau-

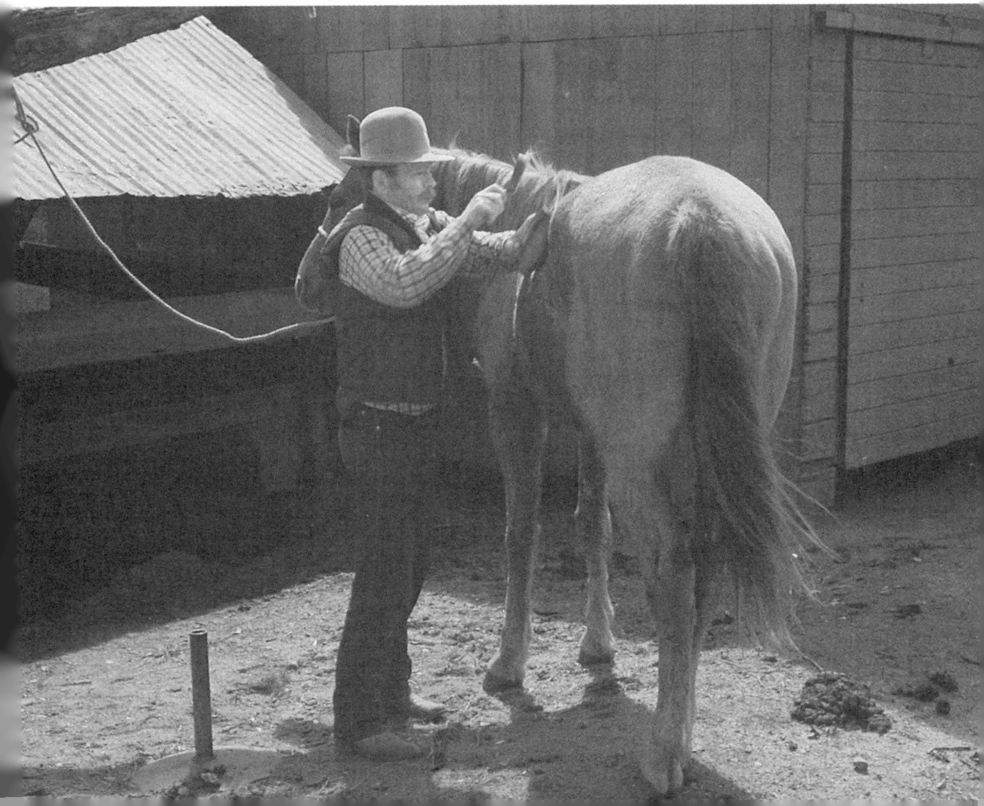

nem Fell und einem kräftigen Hinterteil. Mein Fünfhundert-Dollar-Pferd Jerry kann mit ihm nicht konkurrieren.
»Ein hübsches Tier hast du gebracht!« freut sich auch Morag.
»John hat den Hengst für dich ausgewählt. Ich werde ihn jetzt satteln. Komm zur Schmiede. In fünf Minuten ist er fertig«, entgegnet Jay und reitet zu den Wirtschaftsgebäuden. Wir folgen ihm langsam. Bis wir an der Schmiede ankommen, steht Morags Pferd fertig gesattelt und reißt ungeduldig an dem Strick, mit dem es festgebunden ist.
»Willst du dein Pferd nicht ausprobieren, ehe wir losreiten?« fragt Jay scheinheilig. Morag schöpft keinen Verdacht, obwohl sich inzwischen alle Cowboys versammelt haben und auf etwas zu warten scheinen.
»Ja, gern«, antwortet sie. »Ich freu mich auf diesen Ritt!« Morag bindet das Pferd los und schwingt sich in den Sattel.
Der Hengst – wie von der Tarantel gestochen – bäumt sich auf und jagt davon. Mit einem kühnen Satz überspringt er den Bach, stürmt den Hang hinauf und galoppiert dem nahen Wald zu. Morag klammert sich wie eine Zecke im Sattel fest. Aber der Hengst will sie unbedingt abwerfen. Er macht die verrücktesten Sprünge, um die unangenehme Last auf seinem Rücken möglichst rasch loszuwerden. Bald haben wir Morag aus den Augen verloren.
»Soll ich ihr nachreiten?« fragt Jay. Doch ehe einer von uns antworten kann, kommt Morag in vollem Galopp zurück. Als sie nur noch wenige Meter von uns entfernt ist, zieht sie die Zügel so fest an, daß die Nüstern des Pferdes beinahe seine Brust berühren. Der Hengst richtet sich hoch auf, aber Morag fällt nicht.
»Bravo!« rufen wir alle.
»Du bist also doch mit ihm fertig geworden«, freut sich John.
Das Pferd schäumt. Sein schönes Fell ist naß von Schweiß. Auch Morag ist außer Atem. »Er ist wild, aber gut!« sagt sie. »Ja, ich will ihn haben. Wie heißt er überhaupt?«
»Diablo. Das heißt auf spanisch Teufel. Ein passender Name, nicht wahr?«
Morag nickt. »So heißen doch auch die Berge hier.«
»Stimmt«, sagt John. »Nur die haben gar nichts Teuflisches an

sich. Sie hätten einen lieblicheren Namen verdient. Jetzt müssen wir aber los. Es ist weit bis zur Ranchgrenze. Außerdem müssen wir noch bei den ›Wetbacks‹ vorbei. Sie lagern etwa zehn Meilen von hier.«

Ich sattle eilends meinen Jerry. Die Winchester schiebe ich ins Gewehrfutteral am Sattel. Dann hänge ich mein Lasso ein und hole noch rasch den Revolver aus dem ›Bankhaus‹. Den ledernen Hosenschutz habe ich schon angezogen. Alle Cowboys tragen ihn wegen der harten, stacheligen Büsche. Sie müßten sich sonst jeden Monat neue Jeans kaufen. Auch Morag muß sich schnellstens einen nähen. Im Gegensatz zu meinen Freunden reite ich ohne Sporen. Jerry reagiert schon auf den leichtesten Schenkeldruck.

Wir winken Judy und Nancy zu und galoppieren Richtung Westen davon. Einige Stunden sind wir unterwegs, bis wir am

Grenzzaun ankommen. Dort müssen wir die umgeworfenen Pfosten wieder aufrichten und Stacheldraht spannen. Eine harte Arbeit. Wir schwitzen wie zuvor unsere Pferde.
Clay trifft mit den Mexikanern kurze Zeit nach uns ein. Zähe Burschen sind es. Und geübt schlagen sie die Pfosten in den harten Boden.
»Morgen müssen wir die Rinder austauschen«, sagt John. »Einige Tiere von der Nachbar-Ranch sind zu uns herübergekommen, und sicher sind auch viele von uns drüben.«
Es ist schon spät am Nachmittag, als wir mit der Zaunreparatur fertig sind. Wir brechen auf. Nur die Mexikaner bleiben zurück. Sie schlafen bei diesem Wetter gerne im Freien. Und sie verpflegen sich selbst. Ihre Mahlzeiten sind allerdings wenig abwechslungsreich. Meist essen sie Bohnen mit Speck und Steaks.
»Gibt es unten am Bach eigentlich noch Wildschweine?« frage ich Jay auf dem Heimweg.
»Ja, wir schießen ab und zu mal eines. Willst du dein Glück versuchen?«
»Gerne. Ich reite am Bach entlang nach Hause und schaue mich mal ein wenig um.«
»Schieß aber nur einen jungen Eber«, sagt John, der unser Gespräch gehört hat. »Die Bachen schonen wir wegen des Nachwuchses.«
»Ich komme mit«, sagt Morag entschlossen. Wir reiten gleich los. Es ist schon recht spät, aber für die Wildschweinjagd genau die richtige Zeit, denn tagsüber halten sich die Tiere im Busch versteckt.
Wir reiten meist im Wasser, weil die Ufer sehr dicht mit Buschwerk bewachsen sind. Plötzlich hält Morag an. Nur wenige Meter von uns entfernt verschwindet eine dicke Bache mit fünf Frischlingen im Unterholz. Wir steigen ab und durchstreifen die Gegend zu Fuß. Aber wir haben nicht viel Zeit, nach weiteren Spuren zu suchen. In spätestens einer halben Stunde wird es dunkel.
»Na ja, was heute nicht ist, kann morgen sein«, stellt Morag fest. Doch sie hat kaum zu Ende gesprochen, da entdecken wir direkt vor uns einen großen Eber. Ich bin zwar noch nie von einem

Wildschwein angegriffen worden, aber diesem hier würde ich es zutrauen. Das Tier steht da und grunzt bedrohlich. Ich halte die Winchester in der Hand, spanne schnell den Abzug und feuere genau aufs Herz. Der Eber macht einen Sprung auf uns zu, bricht jedoch zusammen, ehe er uns erreichen kann.

»Uff, der hat mir einen ganz schönen Schreck eingejagt«, sagt Morag erleichtert, als sie sieht, daß sich das Tier nicht mehr bewegt.

»Mir auch«, gestehe ich. »Doch jetzt hol schnell unsere Pferde, bevor es ganz dunkel wird. Ich werde den Eber inzwischen ausnehmen.«

Als sie zurückkommt, bin ich mit der Arbeit bereits fertig. Mit vereinten Kräften heben wir das etwa siebzig Kilo schwere Tier auf mein Pferd und binden es mit dem Lasso fest. Jerry ist stark und kann das zusätzliche Gewicht verkraften. Nur galoppieren können wir jetzt natürlich nicht mehr. So kommen wir erst spät in der Nacht zurück. Unsere Freunde freuen sich sehr auf den Braten, zumal sie schon lange kein Schweinefleisch mehr gehabt haben. Todmüde fallen wir in unsere Schlafkojen.

John weckt mich aus dem tiefsten Schlaf. »Aufstehen! Die Arbeit wartet! Das Frühstück steht schon auf dem Tisch!«

Schlaftrunken ziehe ich Jeans und Hemd an und taumle in Richtung Haus.

»Weißt du noch, vor zwei Jahren? Damals hast du Schweinegulasch gemacht. Köstlich war das. Könntest du das jetzt wieder kochen?«

Ich empfinde Nancys Frage als Überfall und als ausgesprochen störend. Ich möchte lieber schlafen, als einen Gedanken ans Kochen verschwenden, obwohl ich es sonst recht gerne tue.

»Ja, aber erst morgen«, entgegne ich deshalb ziemlich mürrisch. »Das Fleisch ist heute noch zu frisch.« Bei den letzten Worten lege ich meinen Kopf auf den Tisch, um weiterzuschlafen.

»Was ist denn los mit dir? Bist du krank?« fragt Nancy erschrocken.

»Nein, ich bin nur schrecklich müde. Ich habe keine fünf Stunden geschlafen.«

»Wir auch nicht!« sagt sie, als ob es das Normalste auf der Welt sei, im Morgengrauen aufzustehen. »Nimm dich zusammen! Hier, trink deinen Kaffee, der macht dich wach!«
Noch während Nancys aufmunternder Rede kommt Morag herein. Sie sieht genauso mitgenommen aus wie ich.
Ja, reiten ist anstrengend, wenn man es nicht gewöhnt ist. Mein Hinterteil und meine Oberschenkel sind wund, dennoch bleibt mir nichts anderes übrig, als wieder aufs Pferd zu steigen. Gleich nach dem Frühstück reiten wir los. Den ganzen Tag sind wir damit beschäftigt, die fremden Rinder einzufangen und in einen provisorisch hergerichteten Korral zu sperren. Beim Zusammentreiben der Tiere leisten uns vier Collies, drei Rüden und eine Hündin, wertvolle Dienste. Diese aus Schottland eingeführten Schäferhunde sind unermüdlich bei der Arbeit, dabei sehr klug und schnell.

Gill Ranch – auf der Weide ▷

Außer den vier Collies hat Jay noch einen Neufundländer. Sundance heißt er. Zum Arbeiten ist er jedoch nicht geeignet. Nur zum Erdhörnchen jagen nehmen wir ihn gerne mit, er frißt sie mit Vorliebe. Diese kleinen Nagetiere sind sehr gefürchtet, denn sie buddeln überall auf den Weideflächen Löcher. Schon etliche Pferde haben sich deshalb einen Fuß verstaucht. Jay hat sich einmal fast das Genick gebrochen, als sein Pferd in eines dieser Löcher geriet und stürzte.
Als wir gegen Abend müde und schmutzig von der Arbeit nach Hause zurückkehren, kommt uns Judy freudestrahlend entgegen. »Macht schnell! Ich muß euch etwas zeigen!« ruft sie schon von weitem.
Wir folgen ihr in den Stall. Auf dem Heu liegt ein winziges Rehkitz, hellbraun, mit weißen Punkten und langen Ohren. Judy gibt ihm aus einer Babyflasche Milch zu trinken. Es scheint offenbar schon Vertrauen zu seiner Pflegemutter gefaßt zu haben. »Ich war mit Sundance unterwegs«, erzählt Judy. »Wir folgten dem Bachlauf aufwärts. Sundance hat das Tierchen im Gebüsch gefunden. Die Mutter hat es sicher schon lange verlassen, denn es war sehr schwach und wäre sicher bald vor Hunger gestorben. Jetzt hoffe ich nur, daß es sich wieder erholt.«
Nach dem leckeren Abendessen – Judy hat Schweineschnitzel serviert – bekommt Morag ihre erste Lektion im Lassowerfen. Jay schleppt eine Holzkuh herbei – ein aus Stangen gebautes Gerüst mit einem Kuhschädel – und erklärt ihr, wie man das Lasso zusammenlegt, die Schlinge über dem Kopf offen kreisen läßt, sie wirft und zuzieht. Zuerst soll Morag vom Boden aus üben, dann vom Pferd aus.

John ist sehr froh, daß wir helfen. Er hätte sonst neue Leute anheuern müssen. Zur Zeit sind wir noch voll damit beschäftigt, die eigenen und die fremden Rinder wieder auf die jeweils richtige Weide zurückzutreiben. Zum Glück befinden sich keine ungezeichneten Tiere darunter, sonst wäre die Arbeit hoffnungslos. Die Sache ist noch einmal gut abgelaufen, aber um einer wirklichen Katastrophe vorzubeugen, wollen wir gleich nächste Woche damit beginnen, unsere jungen, aus Mexiko importierten

◁ In den Diablo Range-Bergen

Rinder mit dem Brandzeichen zu versehen. Da wir heute weit weg von unserer Ranch gearbeitet haben, verbringen wir die Nacht in der Scheune des Nachbarn. Wir liegen weich im frischen Heu. Es duftet wunderbar, und ich schlafe sofort ein.
Am nächsten Morgen stehen wir mit dem Sonnenaufgang frisch und erholt auf. Und schon bald weiden wieder alle Rinder dort, wo sie hingehören.
Es ist Samstag. Die Mexikaner sollen gegen einen Extralohn hierbleiben und überall den Zaun kontrollieren. Sie haben nichts dagegen. Und so wünschen wir den Jungs ein schönes Wochenende und reiten rasch zur Ranch zurück, denn es ist üblich unter den Cowboys, den Samstagabend in der Bar zu verbringen.
Noch bevor wir uns umziehen, hält uns John zurück. »Kommt, lassen wir gleich das Ei hüpfen! Ich möchte wissen, wer heute die Runden bezahlt. Macht ihr mit? Kannst du auch schießen, Morag?«
»Ich glaube schon. Ein Indianer in Kanada hat es mir beigebracht.«
»Was? Die Indianer haben Revolver?« wundert sich John.
»Nein. Mit einem Gewehr. Aber mit Leoschs 44er Revolver kann ich auch gut umgehen. Am Mirror Lake haben wir um die Wette geschossen. Der Verlierer mußte das Geschirr spülen.«
»Sehr gut, aber jetzt nimmst du besser meinen Colt, den brauchst du nicht immer wieder zu spannen«, sagt John. »Und jetzt erklär ich dir die Spielregeln.«
John sucht einen Stein in der Größe eines Eis.
»Schau, ich werfe diesen Stein etwa dreißig Fuß weit weg. Und du mußt ihn treffen. Sechsmal hintereinander! Aber du mußt schnell schießen, denn der Stein darf nicht länger als eine Sekunde liegenbleiben. Wir nennen das ›Jumping Egg‹. Wenn du den Stein sechsmal hüpfen läßt, bekommst du von allen, die es nicht schaffen, eine Pinte Whisky bezahlt. Machst du mit?«
»Klar! Fangen wir an!«
Wir losen, wer anfängt. Judy und Nancy wollen nicht mitmachen. Sie schießen nicht so gut wie die Männer und mögen nicht immer verlieren. Clay beginnt. Er trifft viermal, ich dreimal, John fünfmal, und dann kommt Morag.

»Na, zeig, was du kannst! Wenn du Diablo reiten kannst, sollst du auch die Samstagsrunde gewinnen«, feuert Judy sie an. »Zeig den Jungs, daß Schießen nicht nur Männersache ist. Ich schaff's leider nicht und Nancy auch nicht.«
Morag schießt doppelhändig. Am Mirror Lake hat sie oft die Abwaschrunde gewonnen. Unser Ziel damals war gleich groß und sogar noch weiter weg. Ob sie schnell schießen kann, weiß ich allerdings nicht.
Morag fängt an. Wir zählen die Treffer: Eins, zwei, drei, vier . . . Schade! Viermal springt der Stein. Das fünfte Mal schießt sie leider vorbei. »Verdammt! Das muß ich üben. Nächsten Samstag möchte ich auch gratis trinken.«
Doch Morag sollte lieber froh sein, daß sie nicht gewonnen hat. Eine Pinte Whisky ist fast ein halber Liter. Würde sie fünf Pinten trinken, dann müßte ich sie sicherlich nach Hause tragen. Die Freirunden gewinnen Jay und Roy. Beide sind sehr gute Schützen und treffen sechsmal.
Nachdem wir uns umgezogen haben, reiten wir los. Wir müssen zur Bell-Station. Sie liegt etwa zwanzig Meilen von unserer Ranch entfernt. Es ist schon dunkel, als wir die Bar erreichen. Vor der Kneipe parken ein paar ›Pickups‹, aber die Pferde sind entschieden in der Überzahl.
»Jungs! Hier ist heute was los!« freut sich Roy. Er kann seine Freirunde kaum abwarten.
Gerade als wir eintreten wollen, wird die Tür aufgerissen. Ein Betrunkener stolpert heraus und fällt in den Dreck. Jemand spielt auf dem Piano Country & Western-Musik. Einige Gäste singen mit. Die Luft in dem niedrigen Raum ist so dick, daß man sie schneiden könnte. Frauen sind nur wenige hier. Trotzdem wird getanzt. Morag ist begeistert.
»Leosch, willst du mit mir tanzen?« fragt sie sofort.
»Ja, später. Wir müssen zuerst unsere Drinks bestellen und vor allem den Whisky für Jay und Roy.«
Eine ältere Frau, die Ehefrau des Besitzers, kommt an unseren Tisch. »Na, was wollen die Gill-Cowboys heute trinken?« Sie nennt uns so, wie unsere Ranch heißt. »Wer hat denn heute Glück gehabt?«

»Ich und Jay!« strahlt Roy. »Ich trinke einen Jack Daniels und du, Jay?«
»Ich nehme einen Scotch, einen Black Label. Die Jungs haben alle Geld genug. Sie sollen ruhig was Gutes spendieren.«
Mit Schrecken sehe ich, wie meine wenigen Dollars nur so aus dem Geldbeutel flattern. Aber was soll's? Ich hätte ja auch gewinnen können. Ich bestelle mir ebenfalls eine Pinte Jack Daniels.
Morag trinkt lieber Wein, wie Judy und Nancy. Mary, die uns bedient, bringt eine riesige Schale ungeschälter Erdnüsse und einen Fliegenklatscher. Die Nüsse sind gratis, die Klatscher unentbehrlich. Auf jedem Tisch liegt einer. Denn das Fliegenjagen ist hier ein Sport.
Der Boden ist voll von Erdnußschalen. An den Wänden hängen beschriebene Dollarscheine. Auch meinen Schein entdecke ich oberhalb der Theke – ein Souvenir aus Kanada. Die Kneipe erinnert mich an die Western-Filmkulissen, die Besucher haben große Ähnlichkeit mit den Film-Cowboys. Doch eines fällt mir auf: Im Gegensatz zu den Filmhelden trägt hier niemand einen Colt am Gürtel. Echte Cowboys lassen ihre Revolver zu Hause.
»Roy, Jay, auf euer Wohl! Und auf euren nächsten Treffer!« ruft John, und wir stoßen mit den Siegern an. Roy leert sein Glas in einem Zug. Die Stimmung ist großartig. Der Pianist spielt Johnny-Cash-Lieder, und wir singen alle mit.
Morag will tanzen. Ich habe nichts dagegen, obwohl ich mit meinen Bergstiefeln gewiß kein idealer Tanzpartner bin. Dann bittet Clay, der Morag gegenüber sonst sehr schüchtern ist, sie um einen Tanz. Beide tanzen wild, und Clays Sporen hämmern auf den Bretterboden. Clay strahlt übers ganze Gesicht. Sicher hat er schon lange nicht mehr getanzt. Anschließend lädt er Morag zu einem Drink an der Theke ein. Sie scherzen und lachen viel, und Clay verliert unter dem Einfluß des Alkohols immer mehr seine Scheu. Er umkreist Morag wie ein Auerhahn bei der Balz, dennoch verhält er sich nach wie vor wie ein Gentleman.
Da fordert ein Cowboy aus der Nachbarschaft Morag zum Tanzen auf. Aber sie unterhält sich offenbar gut mit Clay und weist den Mann ab, doch er ist so dreist und zieht sie am Ärmel auf die

Tanzfläche. Damit ist Clay aber nicht einverstanden. »Laß die Frau in Ruhe!« knurrt er.
»Kümmere dich um deine eigenen Angelegenheiten! Oder bist du etwa mit ihr verheiratet?« entgegnet der andere angriffslustig und zieht Morag weiter. Sie versucht sich loszureißen.
»Hast du nicht verstanden, was ich gesagt habe?« fragt Clay drohend.
»Nein! Zum Teufel, ich will ja nur mit ihr tanzen!«
Clay springt auf und kommt Morag zu Hilfe.
»Ich will es aber nicht und sie auch nicht!« brüllt Clay und schlägt dem Frechling mit solcher Wucht auf die Hand, daß er Morag losläßt.
Das Gesicht des Cowboys läuft feuerrot an. Er ballt die Fäuste und schreit: »Du Saukerl! Hackfleisch mach ich aus dir!« Und wutentbrannt stürzt er sich auf Clay. Doch er hat seinen Gegner unterschätzt. Clay ist groß und kräftig und schafft es mühelos, einen wilden Bullen zu bändigen. Mit einem einzigen Faustschlag streckt er den Angreifer nieder. Dann packt er den bewußtlos am Boden Liegenden wie einen Sack Kartoffeln, tritt die Schwenktür weit auf und wirft ihn hinaus auf die Straße.
Meine Freunde jubeln. Und Morag bedankt sich, daß er sie so rasch von dem Kerl befreit hat: »Clay, das hast du fabelhaft gemacht. Dafür möchte ich dir einen ausgeben.«
»Mein Glas ist noch voll«, sagt Clay bescheiden. »Spar lieber dein Geld.«
»Nein, ich will mit dir anstoßen. Magst du Sekt?«
Morag war schon immer großzügig und bestellt gleich eine ganze Flasche. Und Clay fühlt sich wie im siebten Himmel. Er ist der Held des Tages.
Ich bin nicht eifersüchtig. Schon längst habe ich mich mit meiner Rolle als guter Freund und Kamerad abgefunden.
Während ich an meinem Whisky nippe, wende ich mich unseren beiden Siegern zu. Jay ist gerade dabei, den Rest seines gewonnenen Whiskys zu verschenken. Aber Roy hat schon drei Gläser intus. Nach dieser Menge würde ich längst unter dem Tisch liegen. Auch Roy schwankt beträchtlich, aber das hindert ihn nicht, zum vierten Glas zu greifen. Ich beobachte ihn amüsiert. Plötz-

lich steht er auf, murmelt etwas Unverständliches und torkelt in Richtung Toiletten. Doch er verwechselt die Tür und landet im Freien. Ich folge ihm. Er macht noch ein paar Schritte, fällt um und bleibt liegen. Ich versuche, ihn auf die Beine zu stellen, aber er sackt immer wieder zusammen. Da packe ich ihn kurzerhand an den Stiefeln und ziehe ihn über die staubige Straße ins Gras. Er läßt es willenlos geschehen, schwatzt sinnloses Zeug und schläft gleich darauf ein. Dabei schnarcht er wie ein Bär.
»Jungs! Roy liegt draußen total besoffen. Was sollen wir mit ihm machen? In diesem Zustand schafft er es nie, nach Hause zu reiten!«
»Und ob er es schafft!« lacht John. »Ihr müßt mir nur helfen.«
Einige Gäste begleiten uns nach draußen. Sie sind neugierig darauf, einen vollkommen betrunkenen Cowboy reiten zu sehen. John bringt Roys Pferd, und wir heben gemeinsam den Schläfer auf den Sattel.
»Das Lasso her!« kommandiert John. »Wir müssen ihn festbinden, sonst fällt er runter.« Schließlich hängt Roy wie ein zusammengerollter Teppich über dem Sattel. John führt das Pferd bis zum Zaun, öffnet das Tor, gibt dem Tier einen Tritt in den Hintern und ruft: »Go home!« Unsere Pferde wissen, wo sie zu Hause sind. Und der Weg von der Kneipe zur Ranch ist ihnen ganz besonders vertraut.
»Er wird schneller daheim sein als wir«, schmunzelt John. »Wir wollen doch wenigstens noch unsere Gläser austrinken, ehe wir losreiten.«
Als wir zur Ranch kommen, sehen wir Roys Pferd, mit seinem schlafenden Herrn auf dem Rücken, vor dem Korral stehen. John und ich tragen unseren Freund ins ›Bankhaus‹.

Bis zum späten Sonntagnachmittag herrscht auf der Ranch eine ungewöhnliche Ruhe. Zum Abendessen serviere ich das versprochene original ungarische Gulasch. Alle sind begeistert und greifen tüchtig zu. Danach sitzen wir noch gemütlich beisammen und erzählen. Auf diese Weise erfährt Roy, wie unser Barbesuch gestern endete. Es ist ihm peinlich, aber nur ein kleines bißchen.
Der nächste Tag vergeht fast ganz mit Vorbereitungen für das

Brandzeichnen. Zuerst treiben wir einige der jungen Rinder von den Weideflächen zur Ranch, in den großen Korral. Dort fangen John und Jay mit dem Lasso zwei Tiere ein und führen sie in den kleinen Korral. In der Ecke steht ein Stahlgitterkorb mit glühendem Koks, in dem zwei Brandeisen stecken, unsere ›G‹-Zeichen. John versucht, Morag und mir unsere Aufgaben zu erklären. »Ihr seht dort die Pfähle. Ja? Leosch, du bleibst bei diesen beiden. Morag, du gehst zu den beiden anderen. Jay und ich kommen mit den Rindern. Ich links, Jay rechts. Dann werfe ich das Lasso in einem ›Es‹-Schlag zwischen die Pfähle und ziehe das Tier mit meinem Pferd immer näher heran. Roy arbeitet mit mir, Clay mit Jay. Sobald der Kopf des Rindes einen Pfahl berührt, bindet Roy ihm die Hinterbeine mit einem Strick zusammen und wirft es um. Jetzt kommst du, Leosch! Du schnappst das Brandeisen, läufst rasch zu Roy und brennst das ›G‹–auf den rechten Oberschenkel. Ist alles soweit klar?«
Statt zu antworten, fängt Morag an zu lachen. Sie lacht, bis ihr die Tränen herunterlaufen.
»Was hast du? Was ist los?« fragt John verwirrt.
Morag beruhigt sich nur langsam. »Ich habe mir nur vorgestellt, was Roy dazu meint, wenn ihm Leosch das ›G‹ auf den rechten Oberschenkel brennt. Das hast du doch gesagt, oder?«
»Herrgott ja, das habe ich gesagt, aber ich meinte natürlich das Rind«, gibt John lachend zu. »Aber jetzt laß die Witze, sonst werden wir nie fertig. Jeder kann sich mal versprechen.« Und er besteht darauf, seinen Unterricht zu Ende zu führen. »Wo bin ich stehengeblieben? . . Also, das Tier bekommt das Zeichen eingebrannt, dann löst Roy den Strick von den Hinterbeinen, ich werfe das Lasso über die Pfahlspitzen, führe das Rind aus dem Korral und lasse es wieder frei. Am Abend suchen wir die gezeichneten Tiere zusammen und treiben sie nach Westen zum Stausee. Verstanden? Morag, du wirst mit Clay arbeiten!«
»Okay, fangen wir an!« sagt sie, jetzt wieder mit ernsterer Miene.
Bald sind wir gut aufeinander eingespielt. Bis zum Abend haben wir fast hundert Rinder gekennzeichnet. Und wir sind noch drei volle Tage von früh bis spät mit dieser Arbeit beschäftigt. Nach

dieser Schinderei hat keiner von uns Lust, eine größere Sache zu starten. Deshalb entschließen wir uns für die Habichtjagd. Etwa vor einem Jahr fand Jay einen Habicht mit einem gebrochenen Flügel. Er brachte ihn nach Hause und pflegte ihn, bis er wieder fliegen konnte. Er fütterte ihn mit rohem Fleisch und richtete ihn für die Jagd auf Kaninchen und Erdhörnchen ab. Die Erdhörnchen vermehren sich so schnell, daß sie zu einer wirklichen Plage geworden sind. Erst neulich hat sich eines unserer Pferde in einem Erdloch den Fuß gebrochen.
Mit dem Gewehr lassen sich die kleinen Biester nur schwer erlegen. Sie merken sehr früh, wenn sich ein Mensch heranschleicht und verschwinden in ihrem Bau, noch bevor man nah genug ist, um zu schießen.
Der kluge Vogel ist inzwischen zu einem ausgezeichneten Jäger geworden. Jay, Morag und ich gehen in Jays Garten. Er hält den Habicht in einem alten Kaninchenstall. Auch Clay gesellt sich später zu uns. Überall wo Morag ist, möchte auch er sein.
Jay streift einen ledernen Handschutz über und ruft den Ha-

bicht. Der stattliche Vogel fliegt ihm sogleich auf den Arm und bohrt die Krallen in den dicken Lederärmel. Jay füttert ihn mit frischem Rindfleisch, dann bindet er ihm um den rechten Fuß einen Lederriemen, dessen Ende er in der Hand behält. Unsere Pferde stehen schon bereit, Jay springt mit dem Habicht auf dem Arm in den Sattel. Auch wir reiten los, von den Hunden begleitet. Etwa eine Meile von der Ranch entfernt liegt eine große Weidefläche, wo es ganze Erdhörnchen-Kolonien gibt. Am Waldrand halten wir an, denn die Tiere sind sehr scheu. Sie können eine Gefahr schon aus einer Entfernung von etwa zweihundert Metern erkennen und verschwinden dann in ihren Löchern.
In der Ferne sehen wir einige Erdhörnchen. Auch der Habicht hat sie bereits entdeckt. Er wird unruhig und trippelt aufgeregt von einem Fuß auf den anderen.
»Laß ihn fliegen!« drängt Morag. »Ich bin gespannt, wie gut du ihn dressiert hast.«
Jay hebt seinen Arm, löst den Riemen, und schon fliegt unser Jäger davon. Blitzschnell stürzt er sich auf eines der Tiere und packt es mit seinen scharfen Krallen. Dann tötet er seine Beute mit ein paar kräftigen Schnabelhieben.
Wir sind begeistert. Weder Morag noch ich haben jemals einen Habicht jagen sehen. Wir reiten dem Raubvogel nach, und Jay läßt ihn wieder auf seinen Arm steigen. Das Erdhörnchen wirft er Sundance vor, der es genüßlich verspeist. Die Collies schauen neidisch zu.
»Ihr bekommt auch gleich welche«, tröstet Jay sie.
Die Weide ist einige Meilen lang, der Habicht erbeutet mehr als ein Dutzend Erdhörnchen, und unsere vierbeinigen Kameraden kommen mit dicken Bäuchen heim. Bevor Jay den Raubvogel wieder einsperrt, füttert er ihn zur Belohnung mit dem Rest des Rindfleisches.
Nach der Jagd helfen wir Jay im Garten. Radieschen, Rettiche, Salat und Spinat können schon geerntet werden. In einem Teil des Gartens hat Jay Marihuana gesät. Manche Pflanzen sind schon über zwei Meter hoch.
»Schaut, hier sind schon die ersten Spitzen reif«, stellt Clay erfreut fest. »Bald können wir die neue Ernte ausprobieren!«

Jay pflückt einige weibliche Pflanzen. Er hat so viel Marihuana gepflanzt, daß ihn die großen Blätter gar nicht interessieren, nur die Spitzen, die am besten wirken. Er streift die kleinen wuscheligen Spitzenblättchen ab und breitet sie auf einem Zeitungspapier aus, um sie in der Sonne zu trocknen.
»Heute abend können wir schon rauchen. Diesmal habe ich den ›Columbian-High-Speed‹ gesät. Der soll sehr stark sein. Ich bin gespannt, ob es stimmt.«
In diesem Moment kommt Judy aus einem der Wirtschaftsgebäude. Das Rehkitz trottet hinter ihr her. Sie hat ihm den spanischen Namen Chica gegeben, das heißt ›Die Kleine‹. Sundance kommt angerannt und will mit Chica spielen. Doch er ist viel zu stürmisch und wirft das Tierchen um. Judy nimmt ihren Liebling auf den Arm, um ihn zu trösten. Dann schaut sie sich das ›Gras‹ an. »Ich muß wohl aufpassen, daß Chica euren Spaß nicht auffrißt. Nicht wahr?« Und sie bringt ihr Rehkitz in den Hundezwinger. Dort ist auch Gigi, die Collie-Hündin mit ihren sieben Jungen, die genauso wie die Mutter schwarz-weiß gefärbt sind.

Den ganzen Nachmittag verbringen wir im Korral, wo Jay zwei seiner neuen Mustangs zureitet. Er hat sie im Herbst in Nevada selbst gefangen und will sie später verkaufen. Es sind wunderschöne Pferde, von denen noch Hunderte in den Bergen von Nevada in freier Wildbahn leben. Jay kommt ganz schön ins Schwitzen, denn es ist eine schwere und vor allem langwierige Arbeit, ein Pferd zuzureiten. Viel Geduld gehört dazu und große Erfahrung.
»Das ›Gras‹ ist trocken«, verkündet Jay nach dem Abendessen. »Jetzt wollen wir mal schauen, wie es wirkt. Kommt ihr mit?«
Selbstverständlich sind wir alle neugierig, Jays ›kolumbianisches Gras‹ zu probieren. Als ich gerade das Haus betreten will, nimmt Clay mich beiseite.
»Leosch«, beginnt er zögernd, »ich muß dich etwas fragen.«
Er macht mich neugierig: »Leg los!«

»Ich habe mich in Morag verliebt und möchte sie heiraten. Glaubst du, daß sie für immer auf dem Land wohnen will?«
Ich kann vor lauter Staunen nicht gleich antworten.
»Ich weiß nicht«, entgegne ich endlich unsicher. Dabei denke ich an Morags Heimatstadt, an das Milieu, in dem sie groß geworden ist, an ihr Studium. Und gleichzeitig blicke ich in Clays liebes, ein wenig naives Gesicht. Er ist nett, gutherzig, fleißig und sieht recht gut aus. Aber er kommt aus einer völlig anderen Gesellschaftsschicht als Morag. Für Morag sind das hier Ferien. Hier kann sie sich austoben. Und sie genießt diese Zeit, das weiß ich. Aber daß sie ihr Studium aufgeben und in die Berge ziehen würde, das glaube ich nicht. Doch ich will Clay die Hoffnung nicht nehmen, ihn nicht verletzen.
»Ich denke, du solltest sie selber fragen.« Mehr fällt mir in diesem Augenblick nicht ein.
Zusammen gehen wir hinein. Das Feuer verströmt eine angenehme Wärme. Im Haus riecht es nach frischem Kiefernholz und brennendem Harz. Wir setzen uns vor den offenen Kamin.
Jay dreht einen dicken ›Joint‹ nach dem anderen. Als er den ersten anzündet und in der Runde kreisen läßt, ziehe ich den Rauch tief in die Lungen ein. Das Zeug ist ungeheuer stark, und außerdem bin ich es nicht gewöhnt. Jedenfalls wird mir so schwindelig, daß sich der ganze Raum zu drehen scheint. Aber meine Neugier siegt über die Vernunft. Ich will wissen, wie Jays Marihuana wirkt und nehme noch einige kräftige Züge, bis meine Glieder schwer wie Blei werden. Wie ein Betrunkener fühle ich mich. Ich lege mich auf die Felle und schaue hoch. Auf einmal kommt die Decke auf mich zu, als ob sie mich erdrücken wolle. Ich kriege Angstzustände und will ins Freie. Wie im Traum wanke ich auf die Veranda hinaus. Dort liegt Sundance. Ich rede zu ihm wie zu einem Menschen. Dann wird mir plötzlich kalt. Ich friere jämmerlich und zittere am ganzen Körper, obwohl die Nacht sehr mild ist. Ich gehe wieder ins Haus und setze mich ans Feuer. Ganz allmählich läßt die Wirkung des Rauschgifts nach.
Ich erinnere mich an Clays Worte, und es interessiert mich, ob er Morag bereits sein Herz ausgeschüttet hat. Die beiden unterhal-

ten sich. Obwohl ich ihrem Gespräch aufmerksam folge, kann ich nicht feststellen, ob er seinem Ziel nähergekommen ist. Ich nehme schon an, daß er den Mut verloren hat, da höre ich ihn plötzlich sagen: »Morag, möchtest du, daß ich dir die Berge aus der Nähe zeige? Wir könnten morgen losreiten, nur du und ich.« Und als Morag überrascht aufblickt, fährt er hastig fort: »Weißt du, ich muß dir auch noch etwas sagen. Aber ich will nicht, daß uns jemand dabei zuhört.«

Morag zögert eine Weile mit der Antwort. »Ja, warum eigentlich nicht«, sagt sie dann. »Ich reite sehr gern. In welche Richtung soll es gehen?«

Clays Gesicht strahlt wie ein Vollmond. »Nach Süden. Dort sind die Berge am höchsten. Von oben werden wir einen sehr schönen Ausblick haben.«

»Wann reiten wir los?« will sie noch wissen.

»Gleich nach dem Frühstück«, sagt Clay rasch, so als wolle er verhindern, daß sie sich's noch anders überlegt.

Inzwischen hat Jay bemerkt, daß ich den kreisenden ›Joint‹ weitergehen lasse und möchte mich von neuem zum Rauchen animieren. Aber ich will von Marihuana nichts mehr wissen, und Jay wundert sich.

»Es ist jammerschade, einen so guten Stoff nicht zu rauchen«, meint er kopfschüttelnd und schaut mich verständnislos an. Aber das stört mich nicht, ich bin nur müde und schlafe auf dem Fell des Polarfuchses ein, das ich vor zwei Jahren Jay zum Geschenk gemacht habe.

Erst gegen Mittag komme ich zu mir. Das Haus ist leer. Etwas schwerfällig erhebe ich mich von meinem Lager und gehe hinüber ins Hauptgebäude. Dort treffe ich nur Nancy an. Sie ist gerade beim Kochen.

»Wo sind denn die anderen?«

»John, Jay und Roy sind zur Westgrenze geritten, um die Mexikaner zu kontrollieren. Außerdem wollen sie noch nach nicht abgefressenen Weideflächen Ausschau halten. Judy ist am Stausee beim Fischen, und Clay ist mit Morag allein ausgeritten«, entgegnet Nancy und mustert mich neugierig. »Wie geht es dir übrigens? Du warst gestern ganz schön ›high‹, nicht wahr?«

»Ja, so wie noch nie«, erwidere ich. »Nie wieder werde ich das Zeug anrühren. Aber jetzt würde ich gern Kaffee trinken.«
Nach dem Kaffeetrinken helfe ich Nancy noch beim Kartoffelschälen, dann sattle ich Jerry und pfeife Sundance, denn ich möchte noch ein wenig ausreiten.
Wir folgen einem kleinen Bach, der in Kaskaden von den Bergen stürzt und überall kristallklare kleine Pools bildet. Das Tal verengt sich, die Hänge sind übersät mit gelb-orangefarbigem kalifornischem Goldmohn, blauen Lupinen und rötlich schimmernden Anemonen. Das Bachbett wird immer schmaler, der Weg immer steiler. Als wir die Quelle erreichen, sehen wir gerade noch, wie ein Reh mit seinem Kitz eiligst im Wald verschwindet. Wir steigen höher. Das Gelände ist jetzt so unwegsam, daß ich absteigen und Jerry am Zügel führen muß. Die Landschaft ist atemberaubend schön: unter mir grüne Weideflächen, bewaldete Täler und Hänge, über mir zackige Felsengipfel. Kein Laut durchbricht die Stille. Schwer vorstellbar, daß keine hundert Meilen von hier entfernt San Francisco liegt. Nur der Kondensstreifen eines Düsenflugzeugs erinnert an die Zivilisation.
Seit Wochen hat es nicht geregnet. Es dauert nicht mehr lange, bis die Wasserläufe austrocknen werden und das Gras sich gelb und braun färbt unter der sengenden Sonne. Erst gegen Weihnachten, wenn die Trockenzeit zu Ende geht, überzieht neues, frisches Grün das Land.
Ich führe Jerry am Zaumzeug, und nur mit Mühe erreichen wir den Gipfelkamm. Die Nachmittagssonne brennt vom wolkenlosen Himmel. Mir läuft der Schweiß in Strömen herunter, auch das Fell des Pferdes ist völlig naß, und Sundance hechelt mit weit heraushängender Zunge. Plötzlich springt Jerry erschrocken zur Seite. Ich bleibe stehen und entdecke im selben Augenblick die Gefahr: Keine Pferdelänge von uns entfernt liegt eine metergroße Klapperschlange in Angriffsstellung. Ihr Schwanzende vibriert und rasselt, ein Zeichen großer Erregung. Ich muß sofort handeln. Wenn sie Jerry beißt, ist er verloren. Ohne zu überlegen, ziehe ich den Revolver und schieße so lange, bis sich die Schlange nicht mehr bewegt. Dann muß ich Jerry einfangen. Er hat sich in panischer Angst losgerissen und ist weggelaufen.

Erst spät abends kehre ich zurück. Im ›Bankhaus‹ sitzt Clay auf seinem Bett und starrt vor sich hin. Er sieht aus, als wäre die Welt für ihn zusammengebrochen.
»Was hast du?« frage ich, obwohl ich mir den Grund seiner Traurigkeit natürlich denken kann.
»Sie will nicht!« antwortet er tonlos. »Sie sagt, daß sie einen Freund hat und schon in wenigen Wochen zurück nach Vancouver will und weiterstudieren. Sie meint, ich soll mir eine Frau aus der Gegend suchen, denn nur mit der könne ich glücklich werden. Aber ich suche schon seit Jahren und finde keine. So ein Glück wie Jay und John habe ich nicht.«
»Schau, mich mag sie auch nicht«, versuche ich ihn zu trösten. »Sie hat nur meinen Freund im Kopf und will keinen anderen. Du kannst ihr aber ein guter Kamerad sein, so wie ich.«
»Das geht nicht«, jammert er. »Ich liebe sie zu sehr.«
»Zum Teufel, dann mußt du eben einen Bogen um sie machen! Dieses ganze Getue ist doch albern.«
Clay antwortet nicht mehr. Er stiert vor sich hin. Ich halte es für das Beste, ihn allein zu lassen und gehe hinüber ins Haus. Am Eßtisch sitzt Morag und schaut in ihr Whiskyglas, als wolle sie daraus die Zukunft lesen. Doch ich habe in diesem Augenblick keine Lust, über Probleme zu diskutieren und verschwinde schnell wieder. Im Garten leiste ich lieber Nancy und Judy Gesellschaft.
Unsere letzten drei Wochen auf der Gill Ranch vergehen wie im Flug, denn die Arbeit geht nie aus. Ehe wir unseren Freunden endgültig Lebewohl sagen, helfen wir noch mit, die Jungrinder zur Südgrenze zu treiben. Dort werden sie mit großen Sattelschlepper-Lastwagen abgeholt und nach Nordnevada gebracht, weil das Gras in den Diablo Range-Bergen während der Trokkenzeit für die vielen Tiere nicht mehr ausreicht. Für die zurückgebliebenen Rinder gibt es keine neuen Weideflächen mehr. Ihnen bleibt nur der Weg ins Schlachthaus – nach zwei Jahren fast unbegrenzter Freiheit.
Ich habe einen verrückten Plan. Ich will nach Feuerland trampen. Halb Amerika habe ich bereits per Anhalter durchreist. Warum sollte ich nicht auf die gleiche Weise bis an die Südspitze

kommen? Zeit habe ich genug, und Geld brauche ich nicht viel. Eine Schlafstelle finde ich immer, und verhungern werde ich auch nicht. Ich kann tüchtig mit anpacken, wenn Not am Mann ist. Mein Paß ist noch zwei Jahre gültig, und diese Zeit müßte eigentlich reichen, um nach Feuerland zu gelangen. Leider spreche ich nur ganz miserabel Spanisch. Aber das ist kein Problem. Ich werde es schon lernen.

Als ich Morag frage, ob sie mitkommen will, lehnt sie ab. Sie möchte das Sommersemester nicht auch noch versäumen. Zudem hat sie Bedenken, durch Mexiko und Südamerika per Anhalter zu reisen. Sie faselt etwas von Dieben und Banditen, doch ich lache sie aus. Wer wird sich schon an meinem zerlumpten Rucksack vergreifen? Und wer mich mit meinen geflickten Jeans anschaut, der wird kaum glauben, daß ich viel Geld in der Tasche habe. Auf meine Kamera werde ich aufpassen, alles andere ist wertlos. Meinen Revolver würde ich gerne mitnehmen, aber ich habe Angst vor den südamerikanischen Zöllnern. So lasse ich ihn mit dem größten Teil meiner Sachen auf der Ranch zurück. Ich werde ja wiederkommen.

Den Abend vor unserer Abreise verbringen Morag und ich zusammen mit unseren Freunden in der Bell-Station Bar, um auf ein baldiges Wiedersehen anzustoßen. Das Trinkgelage dauert bis tief in die Nacht. Wir verlassen die Kneipe, breiten unsere Schlafsäcke unter einer großen Eiche aus und schlafen so lange, bis uns die Hupe eines Lasters weckt. Clay soll die Rinder nach Nevada bringen und uns bis zur Autobahn.

»Macht's gut!« Jay, John und Roy winken uns noch ein letztes Mal zu, ehe sie ihren Pferden die Sporen geben und davongaloppieren.

Der ›Truck‹ rattert über die Berge in Richtung Pan American Highway. Diese Straße beginnt in Fairbanks in Alaska und endet in Usuaia auf Feuerland. Clay hält vor der Autobahnbrücke an. Morag und ich steigen aus und verabschieden uns. Als er Morag die Hand gibt, kann er seine Tränen kaum zurückhalten. Clay fährt nach Osten, Morag will nach Norden, ich nach Süden.

Morag überquert die Brücke. Sie steht an der Nordauffahrt. Ich bleibe auf der gegenüberliegenden Seite. Wir müssen beide lange warten. Auf der Landstraße ist wenig Verkehr, und die Autos auf der Autobahn können nicht anhalten. Durch Zurufe muntern wir uns gegenseitig auf, bis Morag Glück hat. Ein Motorradfahrer hält an und nimmt sie mit. Ein Winken, ein letzter Gruß . . . Ich ahnte nicht, daß es ein Abschied für immer war. Von Morags Eltern erfuhr ich ein Jahr später, daß sie nach dem Sommersemester wieder zurück in den Norden gegangen war und am Makkenzie River einen Job auf einem Schiff annahm. In Hay River, am Großen Sklavensee, wurde sie im Hafen aufgefunden – ertrunken.

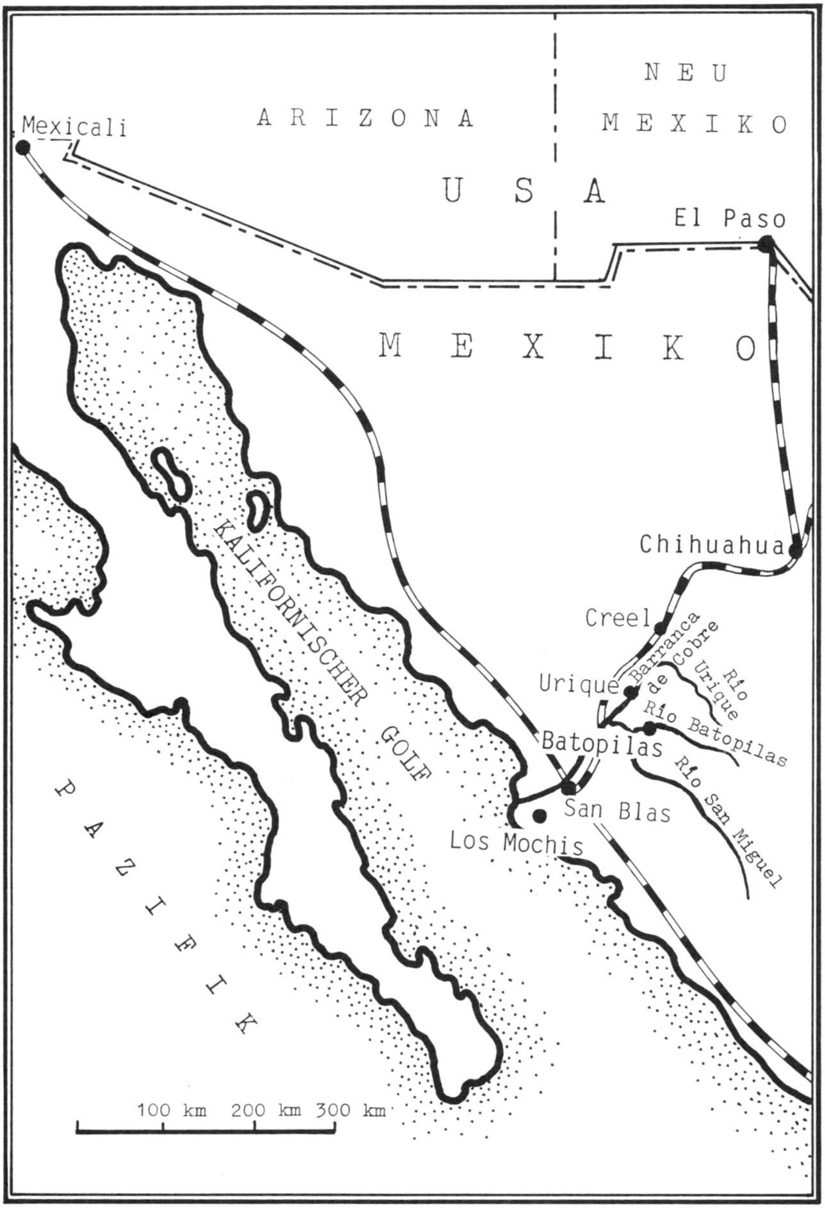

NEU MEXIKO
ARIZONA
Mexicali
USA
El Paso
MEXIKO
Chihuahua
KALIFORNISCHER GOLF
Creel
Barranca de Cobre
Urique
Río Urique
Río Batopilas
Batopilas
Río San Miguel
San Blas
Los Mochis
PAZIFIK
100 km 200 km 300 km

3. Kapitel

Von der Zivilisation unberührt
– Tarahumara-Indianer in den Sierra Madre-Bergen –

Mein grüner Reisepaß wirkt Wunder. Der sonst mürrische, mexikanische Zollbeamte lächelt mich an, donnert seinen Stempel auf eine leere Seite und sagt: »Bien viaje, amigo!« Die Grenzgänger mit den blauen Pässen mustert er dagegen mit finsterem Blick und schnüffelt in ihren Rucksäcken herum.
Ich verabschiede mich, wie es unter Freunden üblich ist: »Adiós amigo!«
Ich denke an Morags Warnungen und überlege, wie ich dieses ›Land der Banditen‹ am sichersten bereisen kann. Mit Zug oder Bus wäre es zweifellos am ungefährlichsten. Aber das kostet Geld, und ich habe nicht viel. So werde ich wohl auch weiterhin auf die Gunst der Autofahrer angewiesen sein.
Es ist Mittag, und die Sonne brennt unbarmherzig vom wolkenlosen Himmel. Ich laufe durch die schmutzigen Gassen der Grenzstadt Mexicali in Richtung Süden. Dort muß irgendwo die Autostraße nach Mexico-City beginnen. Als ich am Güterbahnhof vorbeikomme, sehe ich, daß bei einigen Zügen die Lok schon vorgespannt ist. Ohne zu zögern klettere ich über den Zaun, um sie mir von der Nähe anzuschauen. Wie angenehm wäre es jetzt, sich in einem der Waggons einzuquartieren und als Hobo – so werden hier die blinden Passagiere genannt – nach Mexico-City zu reisen. Aber wer weiß, wohin die Züge fahren.
Da entdecke ich einen Lokführer, der gelangweilt aus dem Fenster seines Führerhauses schaut. Sein schwarz verschmiertes Gesicht sieht nicht sehr freundlich aus. Ich habe Angst, daß er gleich losschimpft, weil ich hier hinter dem Zaun eigentlich nichts verloren habe, und versuche, seinem Zornausbruch zuvorzukommen.
»Guten Tag! Eine Zigarette?« frage ich auf spanisch, ziehe eine Packung aus der Tasche und halte sie ihm vor die Nase. Der Lokführer strahlt und nimmt gleich zwei, dann fragt er mich etwas.

Ich vermute, daß er wissen will, woher ich komme und sage: »Aus Deutschland.«
Er scheint jedoch mit meiner Antwort nichts anfangen zu können und stellt seine Frage noch einmal. Jetzt blicke ich durch und antworte: »Nach Süden, nach Mexico-City.«
»Ich auch«, erwidert er und deutet mit dem Zeigefinger auf seine Brust. »Ich fahre bald los, soll ich dich mitnehmen?«
Ich freue mich riesig und sage schnell: »Ja, ja!«
Mein neuer Freund steigt aus seiner Lok und fordert mich auf, ihn zu einem flachen Waggon zu begleiten, auf dem ein Lastwagenanhänger steht, der mit Seilen festgebunden ist. Dann gibt er mir zu verstehen, daß ich einsteigen soll. Doch bevor ich hochklettere, hält er mich am Arm fest: »Noch mehr Zigaretten!«
Ich gebe ihm die ganze Schachtel. Er freut sich sehr und ruft mir noch im Gehen zu: »Alles wird gutgehen, in ein paar Tagen bist du in Mexico!« Diesmal habe ich ihn gut verstanden und bin sehr froh, daß ich nicht per Anhalter fahren muß und doch, ohne einen Pfennig zu bezahlen, meinem Ziel näherkomme. Ich breite

meinen Schlafsack im Schatten des Anhängers aus, lege meinen Rucksack unter den Kopf und schlafe erst einmal eine Weile.
Das Pfeifen der Lokomotive weckt mich. Der Zug fährt los. Nach Süden! Ich will die Zeit nutzen, um mein Spanisch wieder auf Vordermann zu bringen. Deshalb krame ich meinen Langenscheidt aus dem Rucksack und fange gleich an.
Wir fahren einen Tag und eine Nacht. In San Blas halten wir zum erstenmal an. Der Lokführer besucht mich und redet furchtbar schnell. Ich verstehe zwar nur ganz wenig, aber ich nicke verständnisvoll und sage hin und wieder: »Ja, ja.« Er ist zufrieden und kehrt in seinen Führerstand zurück. Unser Zug wird hin und her geschoben, einige Waggons werden abgehängt. Die Weichensteller grüßen mich freundlich; es hat sich wohl herumgesprochen, daß ich amerikanische Zigaretten habe. Aber ich bin jetzt sparsamer und verschenke sie nur noch einzeln.
Eine Gruppe Mexikaner erregt meine Aufmerksamkeit. Sie verhandeln lange mit dem Lokführer, ehe sie sich auf dem nächsten Waggon niederlassen.
»Wie heißt du denn, Kumpel?« spricht mich einer an.
»Leosch«, antworte ich.
Sie wiederholen den Namen und brechen sich dabei fast die Zunge ab. Ich muß lachen, und sie fragen noch viel mehr, und ich erkläre immer wieder, daß ich sie ziemlich schlecht verstehe.
Die ›Hobos‹ haben zweifellos eine lange Reise vor sich, denn sie richten sich häuslich ein. Einer hat offenbar seine Tochter dabei. Sobald einer der Jungens mit ihr flirten will, wird er vom Vater weggejagt. Und dann traue ich meinen Augen nicht: Mitten zwischen den Landwirtschaftsmaschinen, mit denen der Waggon beladen ist, fängt der Mann an, eine Hütte zu errichten. Er sucht Bretter und Pappdeckel zusammen, hämmert und zimmert. Nach einer Stunde ist er mit seiner Arbeit fertig. Die Tochter muß ins ›Haus‹. Eigenhändig zieht der Vater hinter ihr den Rollladen aus Pappkarton herunter. Und die Jungens haben das Nachsehen. Er hat ihnen den Spaß gründlich verdorben.
Nachdem das Mädchen verschwunden ist, haben die jungen Burschen jegliches Interesse verloren und machen es sich auf dem nächsten Waggon bequem.

Mein Nachbar, der strenge Vater, läßt daraufhin die Hütte einige Zeit unbewacht. Als er zurückkommt, rollt er ein Eisenrohr vor sich her, das er hochkant auf die Waggonplatte stellt. Er wirft zuerst Steine, dann Holz hinein und zündet im Rohr ein Feuer an. Anschließend holt er aus einem Sack einen Topf hervor und füllt ihn mit Wasser aus dem nahen Hydranten. Aus einem anderen Sack zieht er ein lebendes Huhn heraus. Erst jetzt ruft er seine Tochter, die das Huhn schlachten und kochen soll. Bald verbreitet sich ein angenehmer Geruch, der auch hungrig macht. Ich krame eine Dose Frühstücksfleisch aus meinem Rucksack, begebe mich zu dem Nachbarn und versuche ihm klarzumachen, daß ich nur wegen des Feuers hergekommen bin. Niemand scheint daran zu zweifeln.
Das Mädchen macht die Dose auf und wirft den Inhalt zu dem kochenden Huhn in den Topf. Als das Essen fertig ist, teilt sie

Huhn und Fleisch in drei gleiche Portionen und reicht mir noch ein paar Tortillas, gebackene Fladen aus Mehl und Wasser. Wir drei sind zufrieden und verstehen uns glänzend.
Am nächsten Tag fahren wir endlich weiter. Ich mache es mir unter meinem Anhänger bequem, lerne ein wenig und lasse die Landschaft an mir vorüberziehen, fest davon überzeugt, auf dem kürzesten Weg nach Mexico-City zu gelangen. Doch irgendwann fange ich an, unruhig zu werden. Das Land wird immer hügeliger, der Zug steigt immer höher in die Berge. Und plötzlich ist mir klar: Ich fahre in die falsche Richtung!
Ich reiße die Karte aus dem Rucksack. Sie bestätigt es: Ich fahre wieder der amerikanischen Grenze entgegen, dieses Mal zu dem östlichen Grenzübergang am Río Grande. Nur eine Eisenbahnlinie überquert die Berge und die führt zur Stadt Chihuahua. Und jetzt erinnere ich mich auch: Der Lokführer hat doch irgendwas von Chihuahua erzählt, bestimmt hat er gesagt, daß mein Waggon nach Osten fährt, und gefragt, ob ich dorthin möchte. Und ich hab ihm fröhlich mit ›ja, ja‹ geantwortet! Warum habe ich ihm nicht gesagt, daß er langsamer reden soll? Ich bin selbst schuld! Aber nicht verzweifeln! ›Viele Wege führen nach Rom‹, sagt das Sprichwort. Nun werde ich eben auf Umwegen mein Ziel erreichen. Wir fahren durch die Sierra Madre, überqueren hohe Brücken über tiefen Schluchten. Ich studiere die Karte. Bald müssen wir den legendären Barranca del Cobre, die ›Kupfer Schlucht‹ erreichen, den Grand Canyon von Mexico. Dort leben die Tarahumara-Indianer.
In Creel, dem kleinen Ort auf einem Hochplateau, zweitausenddreihundert Meter hoch, hält der Zug. Ich steige aus und gehe zum Lokführer. Er ist mir fremd. Mein alter Freund fährt wahrscheinlich längst in Richtung Süden. Ich versuche herauszufinden, wie lange unser Aufenthalt hier dauert. Der Lokführer sagt: »Vielleicht einige Stunden, vielleicht die ganze Nacht.«
Ich möchte die Zeit nützen und mir das Städtchen anschauen. Mit dem Rucksack auf dem Rücken schlendere ich durch die staubigen Gäßchen. Die Leute sind freundlich, lächeln und sprechen mich immer wieder an. Von einem Mädchen auf der Straße kaufe ich mir Tortillas. Es verlangt nur wenige Pesos dafür.

Dann entdecke ich ein Geschäft, das für die wenigen Touristen, die sich hierher verirren, Handarbeiten der Tarahumara-Indianer anbietet: Körbe, Stoffe, gewebte Gürtel, Handtaschen und lederne Lassos. Gerne würde ich mir eine Kleinigkeit kaufen. Aber alle diese hübschen Dinge sind zu teuer für mich.
Was für ein Leben auf den Straßen! Überall zwischen den kleinen Häusern spielen Kinder, Männer stehen heftig gestikulierend in Gruppen beisammen. Schwerbeladene Esel und Maultiere traben mit hängenden Köpfen vorüber, angetrieben von halbnackten, braunhäutigen Knirpsen. Buntgekleidete Frauen tragen ihre Wäsche zum nahen Bach. Ja, so habe ich mir Mexico vorgestellt ...
Plötzlich höre ich die Lokomotive pfeifen. Ich keuche zum Bahnhof. Als ich schweißgebadet ankomme, ist der Zug bereits in voller Fahrt. Ich versuche noch, auf den letzten Waggon zu springen. Vergebens. Die ›Hobos‹ winken und lachen.
Bald wird es dunkel. Auf Bahnhöfen habe ich schon öfters übernachtet, also quartiere ich mich hier im Warteraum ein. Das ganze Personal besteht aus einem Bahnhofsmeister, der längst Feierabend hat. Weit und breit ist kein Mensch zu sehen. Was für eine Ruhe! Im Warteraum schalte ich das Licht ein und wundere mich, daß es brennt. Ich lerne die halbe Nacht Vokabeln, denn ich will die Leute hier unbedingt besser verstehen.
In der Frühe frage ich den Bahnbeamten, wann der nächste Zug kommt. Er zuckt die Schultern: »Morgen, vielleicht in ein paar Tagen, wer kann es wissen!« Nun, eines ist jedenfalls gewiß: Ich habe viel Zeit.
Heute ist Markttag. Schon seit Sonnenaufgang strömen die Menschen aus allen Richtungen herbei. Auf den von Pferden, Maultieren und Eseln gezogenen Karren türmen sich Blumen, Obst und alle Sorten von Gemüse. Ich kaufe mir ein Bündel Radieschen und bei einer alten Frau eine Schale mit ›frijoles con carne‹, Bohnen mit Hackfleisch. Auf ihrem Gaskocher steht ein riesiger Topf, in dem sie ständig rührt, während sie ihre Speise in den höchsten Tönen anpreist. Für wenige Pesos gibt sie mir zwei große Kellen voll und schüttet noch etwas Chilisoße darüber. Mir laufen die Tränen herunter, so scharf ist die Soße. Aber weil

ich großen Hunger habe, esse ich alles auf. Die alte Frau freut sich, daß es mir so gut geschmeckt hat. Sie nimmt mit einem mir unverständlichen Wortschwall meine Schale entgegen, taucht sie kurz in einen Eimer mit Wasser, füllt sie wieder und reicht sie dem nächsten.

Auf dem Markt gefällt es mir so gut, daß ich den ganzen Vormittag hier verbringe. Wie temperamentvoll die Händler ihre Waren feilbieten! Ich beobachte, wie ein Mann Eier verkauft. Aber vor allem haben es mir seine beiden Pferde angetan, die er neben den Körben festgebunden hat. Ich hole mir bei einem Gemüseverkäufer ein paar Kohlblätter, füttere die Tiere und streichle sie.

»Du magst Pferde, nicht wahr? Wo kommst du her?« spricht mich ihr Besitzer an, zum Glück spricht er deutlich und langsam, so verstehe ich ihn recht gut.

»Aus Europa. Ich bin unterwegs nach Mexico-City.«

»Was suchst du dann hier? Über Creel nach Mexico-City, das habe ich noch nie gehört!« wundert sich der Eiermann.

»Ich auch nicht!« gebe ich zu. »Leider habe ich den falschen Zug erwischt. Und selbst der ist mir gestern vor der Nase weggefahren. Jetzt sitze ich da und warte auf den nächsten«, entgegne ich in einem Spanisch, das jedem Einheimischen kalte Schauer über den Rücken jagen muß. Aber irgendwie bringen wir dann doch eine richtige Unterhaltung in Gang, wenn sie auch nicht ganz so ›perfekt‹ abgelaufen ist, wie ich es hier wiedergebe.

»Und wo kommst du her?« frage ich ihn.

»Aus Batopilas. Das liegt zwei Tagesreisen von hier entfernt, etwa hundertfünfzig Kilometer. Wenn ich meine Eier bald verkauft habe, schaffe ich es vielleicht, bis morgen abend wieder zu Hause zu sein. Dort erwartet mich viel Arbeit. Ich besitze eine Goldmine, verstehst du? Leider verdiene ich bis jetzt sehr wenig daran, keinen ganzen Dollar am Tag! Zum Glück sind meine Hühner fleißig. Von dem Erlös der Eier kann meine Familie leben.«

»Hast du viele Kinder?«

»Nur sechs. Aber ich bin noch jung, und meine Frau ist schon wieder schwanger.«

»Warum helfen dir deine Kinder nicht auf dem Markt?«

»Meine Jungens können noch nicht so gut reiten. Zudem gibt es auf dem Feld genug Arbeit für sie.«
»Und wie groß ist Batopilas?«
»Es gibt dort nur an die sechshundert Seelen. Aber schön ist unser Dorf, das kannst du mir glauben. Es liegt in einem tiefen Canyon direkt am Fluß. Palmen wachsen dort auf der Plaza. Wenn du Lust hast, komm doch einfach mit! Kannst du reiten?«
»Ja. Ich komme gerade aus Kalifornien. Dort bin ich sehr viel geritten. Weißt du was, ich helfe dir beim Verkaufen, dann können wir um so schneller nach Batopilas reiten.«
Am frühen Nachmittag sind alle Eier verkauft, und wir können starten.
»Bevor wir aufbrechen, möchte ich dich zum Bier einladen. Du hast mir sehr geholfen«, sagt José. So heißt mein neuer Freund.
»Aber nein! Spar dein Geld lieber für deine Kinder«, entgegne ich.
»Hör zu, bei uns darf man nicht ›nein‹ sagen«, beharrt er, und ich willige ein.
Jeder von uns trinkt zwei Bier, die zweite Runde bezahle ich. Dann machen wir uns auf den Weg. Wir reiten über eine weite Hochebene und durch dichte Kiefernwälder. Die schmale Schotterstraße fällt immer mehr ab, schlängelt sich in Serpentinen den steilen Hang zum Río Batopilas hinunter, der sich sein Flußbett durch einen etwa achthundert Meter tiefen Canyon gegraben hat. Ich bin begeistert. Die Landschaft ist in ihrer Unberührtheit überwältigend schön. Als wir zum Fluß kommen, ist es schon dunkel.
»Hier bleiben wir über Nacht«, sagt José und deutet auf eine kleine Wiese. Er holt aus seiner Satteltasche dicke Scheiben geräuchertes Schweinefleisch, das wir über dem rasch entzündeten Feuer braten. Die Verständigung klappt immer besser. Und ich versuche, so gut es geht, von meinem Leben in Europa und Kanada zu erzählen. José hört aufmerksam zu. Die Nacht ist mild. Ich bin sehr müde und schlafe bald wie ein Murmeltier.
Mit Sonnenaufgang weckt mich José: »Aufstehen, wir haben noch einen langen Ritt vor uns!«
Der holprige, steinige Weg führt am Fluß entlang. Es ist Früh-

ling. Knallrote und gelbe Blüten hängen in dicken Trauben an den hohen, stacheligen Sträuchern. Auf den westindischen Inseln heißen sie ›Pride of Barbados‹ und gehören zu der Familie der Schmetterlingsblütler. Diese Zierpflanze bringt auch in langen Trockenzeiten ständig schöne Blüten hervor. Je höher die Sonne steigt, desto heißer wird es. Sicher haben wir bereits fünfunddreißig Grad im Schatten.

José scheint unter der Hitze kaum zu leiden. »Im Sommer steigt die Temperatur bis auf fünfzig Grad, und der Fluß trocknet fast aus«, sagt er. »Ich finde es jetzt richtig angenehm warm.«

Ich wische mir den Schweiß von der Stirn und antworte wie immer, wenn mir nichts Besseres einfällt, »Ja, ja«, und denke voller Sehnsucht an die Sommertemperaturen von Alaska.

Die Straße ist menschenleer. Nur ein einziger Tarahumara-Indianer begegnet uns. Er will nach Creel. Aber er reitet nicht. Leichtfüßig läuft er hinter seinem schwerbeladenen Maultier her. Sie nennen sich selbst Rarámuri, das heißt Schnelläufer.

Am Abend erreichen wir das Dorf Batopilas. Weißgestrichene Häuser gruppieren sich um eine alte Kirche. Wir reiten durch enge, mit Pflastersteinen belegte Gassen, Josés Haus liegt am Ende des Dorfes. Niemand ist zu Hause. Seine Frau Anna finden wir beim Wäschewaschen am Fluß. Ein kleines Mädchen, Josés jüngste Tochter, sitzt daneben und spielt im Sand. »Hast du alle Eier verkauft?« fragt Anna, sobald sie uns erblickt.

»Ja. Ich hätte noch viel mehr verkaufen können«, erwidert José gutgelaunt. »Ich bringe viel Geld mit.« Er hat etwa zehn Dollar verdient, nicht mehr. Aber das ist für ihn schon viel. Er deutet auf mich.

»Und hier, der Gringo heißt Leosch, er will eine Weile hierbleiben und mir beim Goldwaschen helfen. Richte für ihn das vordere Zimmer her!«

Das Haus macht einen sauberen, freundlichen Eindruck. Die Wände sind mit Weinlaub bewachsen, die Aprikosenbäumchen am Eingang stehen in voller Blüte. Ein paar Kaninchen hoppeln über den Hof, und oben im Taubenschlag drängt ein halbes Dutzend der gefiederten Bewohner mit lautem Gurren ins Freie.

Ich werde in die Stube geführt, und Anna bewirtet mich mit

Tortillas, kaltem Braten und Wein, den sie mit Wasser verdünnt. Sie spricht viel und ungeheuer schnell, und ich habe große Mühe, wenigstens ein paar Worte zu verstehen.
Alles, was die Familie zum Lebensunterhalt braucht, baut sie selbst an: Mais, Bohnen, und Gemüse. Sie besitzt zudem Schweine, Ziegen und zwei Kühe. Dazu kommen etwa fünfzehn Hühner. Nur Zucker und Salz werden gekauft.
Es wird dunkel. Anna zündet das Öllämpchen an. Es käme zu teuer, elektrische Leitungen legen zu lassen. Die Kinder sitzen hungrig am Tisch und warten auf das Abendessen. Ihre Kleider sind abgetragen und an mehreren Stellen geflickt, aber sehr sauber. Zum Essen gibt es Bohnen und Tortillas. Fleisch gibt es nur am Sonntag. Für den Vater gilt das jedoch nicht. Er bestimmt selbst, was er essen möchte. Er ist das Oberhaupt der Familie, und er verdient das Geld. Alle haben Respekt vor ihm.
Am nächsten Morgen weckt mich Anna.
»Steh auf, Gringito! Das Frühstück steht auf dem Tisch!«
Wenn die Sonne aufgeht, ist hier jeder munter. José hat schon seine Werkzeuge vorbereitet. Gleich nach dem Frühstück gehen wir, begleitet von Josés ältestem Sohn Francisco, zur Goldmine. Die beiden Pferde tragen Seitentaschen, die vollgepackt sind mit Schaufeln, Brechstangen, Pickeln, einem Vorschlaghammer und Jutesäcken. Die Mine liegt hoch oben im Berg. José bindet die Pferde fest und zündet zwei Fackeln an, ehe wir uns nacheinander in gebückter Haltung in den Stollen begeben. An seinem Ende stehen zwei hölzerne Schubkarren, die wir mit goldhaltigem Schotter von einem großen Haufen, den José letzte Woche vorbereitet hat, volladen. Wir fahren den Schotter nach draußen und füllen die Jutesäcke damit. José bleibt im Stollen. Mit der Brechstange löst er weitere Gesteinsbrocken ab und zerschlägt sie mit dem großen Hammer zu feinem Schotter. Es ist eine schwere Arbeit, aber José beklagt sich nicht. Er hofft auf das große Glück, eines Tages auf eine Goldader zu stoßen.
Francisco und ich führen die Pferde auf dem schmalen Pfad hinunter zum Fluß. Hier hat José kürzlich eine Schottermühle gebaut. Sie zermahlt den Schotter in feinste Teilchen. Diese werden später in der ›Sluice Box‹ ausgewaschen.

Die ›Sluice Box‹ ist eine aus Brettern hergestellte Rinne. Der Boden wird mit dicken Kokosmatten ausgelegt und mit einem Stahlgitter zugedeckt. Dann schaufelt man das goldhaltige Material in die Rinne und spült es mit Wasser tüchtig durch. Das schwere Gold bleibt in den Matten hängen. Abends werden die Matten in einen Waschtrog getaucht, das Wasser wird abgelassen und das goldhaltige Material vom Boden des Troges sorgfältig mit der Pfanne ausgewaschen. Leider bleibt bis jetzt für José immer nur ganz wenig von dem kostbaren gelben Staub in der Goldpfanne. ›Sluice Boxen‹ habe ich auch in Kanada gesehen, von dort kommt der Name. Eine Schottermühle, wie sie José gebaut hat, noch nie.

»Francisco, erklär mir, wie sie funktioniert!«

»Das ist ganz einfach«, versichert der Junge. »Wir schütten den Schotter in dieses runde Becken und geben zwei Eimer Wasser dazu. Die Steine dort«, er zeigt auf zwei große Felsbrocken, »drehen sich in dem Becken und zermahlen ihn sehr fein. Zuvor müssen wir bloß das Wasserrad in Gang setzen.«

»Sehr gut. Und wie lange habt ihr an der Mühle gebaut?«
»Etwa eine Woche. Das ist eine Erfindung meines Vaters«, sagt Francisco stolz.
Francisco und ich transportieren den Schotter zum Fluß. José ist im Stollen beschäftigt. Wir arbeiten bis zum Sonnenuntergang. In der kurzen Mittagspause bringt Anna einen Korb mit Tortillas, Fleisch und einer Flasche Wein und für Francisco Milch.
»Ich würde mich freuen, wenn du länger hierbleiben könntest«, sagt José beim Abendessen. »Wir haben heute sehr gut zusammen gearbeitet.«
Ich zögere mit der Antwort. Trotz der schweren Arbeit fühle ich mich hier wohl. Das Goldwaschen macht mir Spaß, und die Leute sind freundlich. Andererseits möchte ich auch noch das Leben der Tarahumara-Indianer kennenlernen. Ich erzähle José von meinen Plänen. Er bedauert, daß ich weiterziehen will. Doch schließlich sagt er: »Der Indianer, dem wir gestern begegnet sind, wohnt nicht weit von hier, sein Dorf heißt Satebó und liegt etwa sieben Kilometer von hier entfernt. Ich kenne ihn gut. Wenn er aus Creel zurückkommt, nimmt er dich bestimmt mit.«
»Wie lange wird er wohl in der Stadt bleiben?«
»Ich denke, höchstens zwei Tage. Bis zum Wochenende wird er wieder hier sein. Ich lasse ihm ausrichten, er soll bei uns vorbeikommen.«
Den ganzen nächsten Tag schaufeln wir das zermahlene Material vom Vortag in die ›Sluice Box‹. Interessant wird die Arbeit erst wieder am Abend, als José den feinen goldhaltigen Sand aus den Matten ausgewaschen hat und mit kreisenden Bewegungen über den Rand der Pfanne spült. Ob diesmal mehr von dem gelben Staub übriggeblieben ist?
»Na, wie sieht's aus?« frage ich ungeduldig.
»Nicht schlecht. Ich bin sicher, daß meine Mine eines Tages doch noch Geld einbringen wird.«
Der Erlös der zweitägigen Arbeit beträgt etwa fünf Dollar. Für José ist das schon ein Erfolg . . .
Der Indianer aus Satebó läßt auf sich warten. Jetzt arbeiten wir schon fünf Tage zusammen. Oft sind wir nur zu zweit, weil Francisco in die Schule muß.

José ist hier nicht der einzige, der sein Geld mit Goldsuchen verdient. Einige Dorfbewohner versuchen ihr Glück direkt im Flußbett. Doch davon hält mein Freund nichts. Er meint, die Sucherei sei dort viel zu mühsam und bringe nichts ein. Außerdem müsse man den ganzen Tag im Wasser stehen.
Ich beobachte einen Mann bei der Arbeit. Zeitweise schaut nur noch sein Kopf aus dem Wasser. Ihm ist kalt, seine Zähne klappern. Aber er buddelt unermüdlich und findet zwischendurch noch Zeit, mir zuzulächeln.
Josés Kinder freuen sich, daß ich hier bin. Anna schlachtet jeden Tag ein Huhn, eine Ente oder Tauben, denn sie möchte mich gut bewirten. Natürlich fällt dabei auch etwas für die Kleinen ab. Als Anna hört, daß ich schon als Kind gerne Kühe gemolken habe, überläßt sie mir mit Freuden dieses Geschäft. Zum Dank serviert sie mir jeden Morgen eine große Tasse mit noch warmer Milch.

Die Tage vergehen wie im Flug. Und eines Morgens überrascht mich José mit der Nachricht, daß Alfonso, der Tarahumara-Indianer aus dem Nachbardorf, angekommen ist. Wenig später tritt ein kleiner, dunkelhäutiger Mann in die Stube. Er legt seinen Sombrero ab und grüßt höflich. Sein pechschwarzes Haar ist kurzgeschnitten. Hemd und Hose sind sauber, wenn auch an mehreren Stellen geflickt. An den Füßen trägt er Sandalen, deren Sohlen aus alten Autoreifen hergestellt sind. José stellt mich vor und erklärt ihm, halb auf spanisch, halb auf ›uto‹ – die Tarahumara-Indianer sprechen die Azteken-Sprache – daß ich mitkommen möchte. Und er lobt, wie gut ich arbeiten könne und wie stark und geschickt ich sei. Mir scheint es ratsam, Josés Wortschwall ein wenig zu bremsen, denn ich befürchte, daß Alfonso mich sonst überschätzt. Der Indianer mustert mich neugierig und versichert, er freue sich auf meinen Besuch.
Wieder einmal packe ich meinen Rucksack. Anna gibt mir für Alfonsos Frau zwei lebende Hühner mit.
»Gott mit dir, Gringito!« sagt sie beim Abschied, und José be-

dankt sich noch einmal für meine Hilfe. »Am liebsten wäre es mir, wenn du für immer bei mir bleiben würdest«, sagt er, als er mir die Hand reicht.
Alfonso hat inzwischen meinen Rucksack auf sein Maultier gebunden. Wir können losziehen.
Es ist sehr heiß. Mein Hut schützt mich nur wenig vor der sengenden Sonne. Auf einem schmalen, steinigen Pfad folgen wir dem Fluß stromabwärts.
Das Gras an den Hängen ist von der Sonne verdorrt. Nur die zum Teil mannshohen Kakteen sind grün und mit gelben Blüten übersät. Überall wachsen sie, auch die Hänge sind voll davon.
Es ist schon spät am Abend, als wir Alfonsos Haus erreichen. Rebeca, seine Frau, kommt uns entgegen, von einer Schar Kinder begleitet. Die neunköpfige Familie haust auf sehr engem Raum. Das Haus ist aus Steinen gebaut, das Dach mit Stroh gedeckt.

Von einer überdachten Terrasse geht man direkt in die Küche mit der offenen Feuerstelle. Neben dem Wohnhaus gibt es noch eine Scheune und eine kleine Hütte, in der ich wohnen soll. Das ganze Dorf besteht aus einem Dutzend Häuser, und in der Mitte dominiert eine große, über dreihundertfünfzig Jahre alte Kirche. Rebecca freut sich sehr über mein Gastgeschenk. Es dauert ein Weilchen, bis ich begriffen habe, daß ein Marder ihr erst kürzlich fast alle Hühner weggefressen hat. Sie trägt ein weißes Kleid, die üppigen Haare hat sie mit einem Tuch zusammengebunden. Und sie geht barfuß, wie die Kinder.
Die Leute sind hier genauso freundlich wie in Batopilas. Untereinander sprechen sie die ›Uto‹-Sprache, die für mich völlig unverständlich ist. Vergeblich versuche ich, eine Ähnlichkeit mit der Sprache der nordkanadischen Indianer herauszufinden. Nur im Klang gibt es gewisse Gemeinsamkeiten. Auch die Gesichts-

züge sind verschieden, nur die schrägstehenden Augen erinnern an die gemeinsamen Vorfahren, die aus Asien zugewandert sind. Fast eine Woche verbringe ich bei Alfonsos Familie. Ich hüte Ziegen in den Bergen, besuche ab und zu die Nachbarn und versuche, ihre Sprache zu lernen. Ich erfahre, daß einige Tagesmärsche von hier – in Richtung Süden, hoch oben in den Bergen – noch viele andere Tarahumara leben, die mit der Außenwelt kaum Kontakt haben und auch nicht Spanisch sprechen. Doch keiner der Dorfbewohner kann mir den Weg zu ihnen beschreiben. So entschließe ich mich, diesen von der Zivilisation kaum berührten Indianerstamm zu suchen. In den Bergen gibt es nur selten Wasserquellen. Deshalb überlege ich, ob ich mir von Alfonso ein Maultier ausleihen soll, um es mit einigen Kanistern Wasser zu beladen. Aber da ich nicht weiß, wie lange ich weg bin und ob ich überhaupt wieder zurückkomme, entscheide ich mich, Trinkwasser in Flaschen mitzunehmen. Doch mehr als sechs Literflaschen kann ich beim besten Willen nicht auftreiben; damit muß ich auskommen. Rebecca packt mir eine Menge Tortillas, gekochte Eier und ein großes Stück gedörrtes Ziegenfleisch ein. Davon kann ich notfalls eine Woche leben.
Am frühen Morgen verabschiede ich mich von meinen Gastgebern und mache mich auf den Weg in Richtung Süden. Die Sierra Madre-Berge sind kahl und zerklüftet, kaum ein Baum, kaum ein Strauch, nur die Kakteen finden genug Nahrung in dem kargen Boden. Manche sind rund und klein, andere sehen aus wie riesige Hände mit gespreizten Fingern. Immer wieder trete ich auf eine runde Kakteenart mit lila Blüten, deren harte Stacheln sogar durch das Leder meiner Wanderstiefel dringen.
Gegen Mittag wird die Hitze unerträglich. Ich schätze, es sind über fünfundvierzig Grad im Schatten. Und mein Rucksack ist schwer. Er wiegt fast dreißig Kilogramm. Aber ich bin froh, daß ich so viele Wasserflaschen dabeihabe, denn nirgends ist eine Quelle oder ein Bach zu entdecken. Der Schweiß läuft mir in Strömen herunter, aber ich gönne mir keine Pause.
Ich sehe keinen Vogel, kein Kaninchen, nur Schlangen gibt es hier viele. An das Geräusch der Klapperschlangen habe ich mich schon gewöhnt. Sie sind sehr scheu, und ich versuche, beim Ge-

hen möglichst viel Lärm zu machen. Im Notfall könnte ich auch meinen Spazierstock als Waffe benützen. Trotzdem lasse ich mich von einer großen, weit über einen Meter langen Kreuzotter erschrecken. Ich habe vor Schlangen zwar keine Angst, aber doch einen gewissen Respekt, obwohl ich weiß, daß sie nie ohne Grund angreifen. Viel gefährlicher sind die kleinen Skorpione. Ihretwegen habe ich extra eine Hängematte bei mir, in der ich zwar nicht bequem, dafür aber um so sicherer schlafe. Sogar meine Schuhe nehme ich nachts mit in die Hängematte. Sonst könnte sich zu leicht ein Skorpion darin einnisten.
Ich bin jetzt schon den dritten Tag unterwegs. Mein Wasservorrat ist fast aufgebraucht, und nirgends entdecke ich auch nur eine Spur von menschlichen Ansiedlungen. Ein ungutes Gefühl beschleicht mich. Vielleicht gehe ich in die falsche Richtung? Aber zurück kann ich auch nicht mehr. Ohne Wasser schaffe ich das nie! Mühsam klettere ich auf den nächsten Bergkamm, weiß Gott, der wievielte es schon ist. Doch diesmal erblicke ich auf dem gegenüberliegenden Hang eine helle Fläche. Es scheint, als wären dort Felder von Menschenhand bestellt worden. Und als ich näher herankomme, erkenne ich sogar zwei Häuser. Ich atme auf. Schon seit Stunden habe ich nichts mehr getrunken, um meine letzten Tropfen Wasser als eiserne Reserve aufzusparen. Nun aber setze ich mich erst einmal hin und leere den Rest der Flasche in einem Zug, und gleich fühle ich mich besser. Nur eines beunruhigt mich: Ich sehe keinen Menschen, nichts bewegt sich weit und breit. Vielleicht sind die Bewohner beim Abendessen. Aber kein Rauch steigt zum Himmel.
Nur noch eine kurze Strecke habe ich bis zu der Ansiedlung zurückzulegen. Schon kann ich die Veranda-Stützen und die einzelnen Lehmziegel, aus denen die Häuser gebaut sind, unterscheiden, schon entdecke ich ein Aprikosenbäumchen mit grünen Blättern. Aber alles bleibt still und wirkt wie ausgestorben. Ich rufe. Keine Antwort. Ich trete näher.
Wenige Meter von mir entfernt liegt ein Hund. Mit letzter Kraft steht er auf und kommt mir entgegen. Jämmerlich sieht er aus, abgemagert bis auf die Knochen. Ein Skelett mit Fell überzogen. Was ist hier geschehen? Ich betrete eines der Häuser. Es ist leer,

die Asche in der Feuerstelle alt. Was für Menschen haben hier gelebt? Sind sie fortgegangen oder gestorben? Überall stehen Tongefäße mit Mais und Bohnen, Kleidungsstücke liegen herum, und an der Wand hängt eine selbstgebaute Geige. Ich spanne die Saiten und versuche zu spielen. Was für ein seltsamer Klang! Bei genauerem Hinsehen stellt sich heraus, daß die F-Löcher verkehrt ins Holz hineingeschnitten sind. Sie haben die Form eines Fragezeichens.

Ich gehe hinüber ins andere Haus, das offenbar als Schlafstätte diente. Strohmatten bedecken den Lehmboden. Neben der Feuerstelle steht ein großer Mahlstein, auf dem der Mais gemahlen wird.

Der Hund läuft mir hinterher. Ich gebe ihm eine Tortilla. Er verschlingt sie heißhungrig. Und er frißt noch drei weitere. Erst dann scheint sein Hunger etwas gestillt.

Ich bekomme immer mehr Durst. Irgendwo muß es hier doch einen Brunnen geben. Ich bemerke nach einigem Suchen einen ausgetretenen Pfad, der in ein Seitental hinunterführt. Der Hund begleitet mich. Plötzlich fängt er an zu rennen. Er läuft zur tiefsten Stelle eines ausgetrockneten Bachs. Dort zwängt er seinen Kopf in eine Spalte zwischen zwei Felsbrocken. Und ich höre, daß er trinkt. Schnell räume ich die Steine zur Seite. In einer Vertiefung steht ein wenig Wasser. Sehr frisch sieht es nicht aus, aber das ist mir in diesem Augenblick gleichgültig. Ich trinke in vollen Zügen. So wie das Wasser aussieht, so schmeckt es auch. Trotzdem hole ich alle meine Flaschen und fülle sie mit der kostbaren Flüssigkeit. Langsam wird es dunkel. Ich suche den Raum nach Skorpionen ab, breite meinen Schlafsack auf den Matten aus und schlafe sofort ein.

Mitten in der Nacht wache ich wegen fürchterlicher Bauchschmerzen auf. Dazu kommt ein entsetzlicher Durchfall. Und ich habe nicht einmal Kohletabletten dabei! Verzweifelt buddle ich in der Feuerstelle nach verkohlten Holzstücken. Ich würge sie hinunter, obwohl sie scheußlich schmecken. Aber sie helfen. Nach einigen Stunden fühle ich mich besser. Das Wasser in meinen Flaschen koche ich jetzt in einem Tontopf ab. Ich hätte es niemals trinken dürfen.

Auch der Hund, mein neuer Kamerad, hat sich inzwischen erholt. Er bekommt noch ein Stück Ziegenfleisch. Ich befürchte, er würde am liebsten meinen ganzen Vorrat auffressen, so ausgehungert ist er. Ich überlege mir einen Namen für ihn, und mir fällt Moragс Hund ein: Jerry! Ja, das ist der richtige Name. Ich werde ihn Jerry nennen.
Zum Mittagessen gibt es gebratenes Ziegenfleisch. Danach fühle ich mich kräftig genug, um weiterzuwandern. Jerry weicht nicht mehr von meiner Seite.
Mein Weg führt mich immer weiter nach Süden. Erst am nächsten Tag ist es soweit: Ich sehe in der Ferne eine kahlgeschlagene Fläche, dann entdecke ich die ersten Häuser. Aus einem der Häuser steigt Rauch auf. Vor Freude würde ich am liebsten losrennen.
Zuerst begegne ich einer Frau und ihrer Tochter, die Eimer den Hang hinauftragen. Und ich habe nur noch einen Gedanken: Wasser! Ich frage die beiden auf spanisch, ob ich etwas zu trinken haben kann. Sie verstehen mich nicht. Also versuche ich es in der Tarahumara-Sprache: »Wasser, bitte!« Zum Glück habe ich einige Wörter von Alfonso gelernt.
Die ältere Frau lächelt. Sie hat mich verstanden. »Nimm, trink!« sagt sie und reicht mir einen Eimer.
Ich setze mich nieder und lasse das kühle, klare Wasser durch die Kehle rinnen. Noch nie hat mir Wasser so gut geschmeckt. Anschließend trage ich die Eimer ins Haus. Die Frauen fragen mich vieles, aber ich verstehe nur wenig. Ich versuche mit meinen minimalen ›Uto‹-Sprachkenntnissen zu erklären, daß ich gekommen bin, um zu sehen, wie sie leben. Die Ältere scheint zu begreifen und schleppt meinen Rucksack in die Küche. Ich packe alles aus, was ich von Rebecca bekommen habe und schenke es Luschia. Das ist der Name der Frau. Niemand kann hier schreiben, so daß ich gezwungen bin, das Gehörte phonetisch in meinem Wörterbuch festzuhalten.
Luschia verstaut sorgfältig alles Eßbare in einem Topf. Am meisten freut sie sich über meine Seife. Sie behandelt sie wie ein Goldstück. Suschita, Luschias Tochter, der älteste Sohn Pedro sowie die kleinen Kinder der Familie dürfen daran riechen. Zum

Waschen ist sie viel zu schade. Dazu wird die billigste Kernseife benützt, die irgend jemand einmal aus Creel mitgebracht hat. Geld besitzt hier niemand, die wenigen Zivilisationsgüter, die ich finde, werden gegen Naturalien getauscht. Wie ich später erfahre, bin ich der erste Gringo, also der erste Weiße, der hierher gekommen ist.

›Gringo‹ war früher einmal ein lateinamerikanischer Schimpfname für US-Bürger. Heute werden auch Europäer so genannt, aber es ist nicht mehr böse gemeint.

Luschia gibt mir ein Zeichen, sie zu den Nachbarn zu begleiten, wo sie offensichtlich ihren Mann vermutet. Auch deren Haus ist aus Steinen und Lehm gebaut und mit Stroh abgedeckt. Die Nachbarsfrau trägt die gleiche Tracht wie Luschia: einen weiten langen Rock aus weißem Leinen, eine rote Bluse und ein weißes Kopftuch. Auch die jungen Mädchen sind so angezogen. Schuhe hat niemand.

Die Frauen lassen das Haar lang wachsen, den Mädchen und Jungen dagegen wird – wie ich später erfahre – ein Topf auf den Kopf gestülpt, und alle Haare, die darunter hervorschauen, werden einfach mit einem scharfen Messer abgeschnitten. Die Männer tragen ein weißes Hemd und statt einer Hose ein Stoffdreieck, das vorne zusammengebunden ist und mich lebhaft an Babywindeln erinnert.

Carlos, Luschias Mann, und sein Nachbar sitzen vor dem Haus und unterhalten sich. Carlos schnitzt dabei einen Holzlöffel. Beide machen große Augen, als sie mich sehen. Ein Gringo hier in den Bergen? Das gab's noch nie!

Carlos spanischer Wortschatz ist so groß, wie der meine in seiner Sprache. Dennoch gelingt es mir, zu erklären, warum ich gekommen bin. Er freut sich, ja, für ihn scheint es sogar eine Ehre zu sein, daß ein Weißer gerade seine Familie besucht.

Am Abend befiehlt Carlos seiner Frau, den Schlafraum für mich zu räumen. Aber ich lehne ab und deute auf meine Hängematte, in der ich im Freien zwischen zwei Bäumen recht gut schlafen kann. Später kehren auch die Großeltern mit einem Sack Kakteenblätter, von denen sie die Stacheln abgebrochen haben, nach Hause zurück. Die Großmutter ist wie ihre Tochter gekleidet,

doch sie hat eine weiße Bluse an. Ihr Mann trägt eine lange braune Hose und Sandalen, ein Zeichen, daß er schon mit Mexikanern in Berührung gekommen ist. Als ich die restlichen Sachen aus meinem Rucksack hervorkrame, entdeckt er, daß ich Zigaretten bei mir habe. Er fragt, ob er eine bekommen kann und ist überglücklich, als ich ihm die ganze Schachtel schenke, die er sogleich mit Carlos teilt. Die Männer rauchen, während Luschia eifrig den Staub von der Terrasse kehrt. Danach kocht sie die Kakteenblätter. Sie schmecken ganz gut, ein bißchen wie Kartoffeln.

Mein Name ist für die ganze Familie ein großes Problem, und es dauert Tage, bis alle ihn aussprechen können, ohne sich die Zunge zu zerbrechen. Carlos zeigt mir stolz seine frisch angelegten Felder und den tiefen Brunnen, der nie austrocknet. Auch seinen Pflug führt er mir vor – ein Modell, das aus der Steinzeit zu stammen scheint. Doch er beackert damit immerhin einige Hektar Land. Ich biete Carlos an, ihm bei der Feldarbeit zu helfen. Er stimmt erfreut zu.

Niemand besitzt hier ein Maultier oder gar ein Pferd. Die Indianer ziehen den Pflug aus Holz selber. Nun spiele ich die Rolle des Zugtiers und schwitze dabei wie ein Pferd. Wir bepflügen etwa einen halben Hektar. Der Riemen reibt so stark auf meiner Haut, daß ich am Abend blutige Schultern habe. So eine Arbeit bin ich nicht gewöhnt. Doch ich zeige meine Wunden nicht, sondern lege am nächsten Tag den Riemen andersherum und benütze meine Socken als Polster. Ich gehe jetzt barfuß, und bald sind meine Fußsohlen so hart, daß ich die spitzen Steine und Dornen kaum noch spüre.

In den nächsten Tagen wechseln wir uns ab. Einmal zieht Carlos den Pflug und ich schiebe, dann machen wir es umgekehrt. Ich weiß nicht, welche Arbeit schwerer ist. Aber da ich eine Weile hierbleiben möchte, will ich mich nützlich machen. Ich mag nicht einfach nur so herumsitzen. Außerdem möchte ich nicht von Leuten, die selbst nicht viel haben, durchgefüttert werden. Doch so hart wie hier, habe ich noch nie für mein Essen gearbeitet. Ich bin fleißig dabei, die ›Uto‹-Sprache zu lernen. Manchmal gelingt mir sogar schon ein kleiner Satz.

»Los, wir gehen Wachteln jagen!« sagt Pedro eines Tages. »Ich habe gestern einige unten im Tal gesehen.«

Natürlich bin ich sofort Feuer und Flamme. Endlich mal was anderes nach der eintönigen Feldarbeit. Zudem bin ich gespannt, was er für eine Waffe hat. Pedro läuft ins Haus und kommt mit einer Schleuder zurück, die ganz aus Leder ist. Er zeigt mir auch gleich, wie man damit umgeht. Leider trifft der Stein eine Ziege. Sie läuft erschrocken davon. Und Pedro handelt sich eine Ohrfeige von seiner Mutter ein, die zufällig Zeuge des Vorfalls geworden ist. Schließlich sind die acht Ziegen der ganze Reichtum der Familie.

Durch das schmale Tal fließt während der Schneeschmelze ein reißender Bach, aber jetzt ist er völlig ausgetrocknet. Die Bäume und Sträucher am Ufer bieten den Wachteln genügend Schutz.

Schon nach kurzer Zeit gelingt es uns, zwei Vögel aufzuscheuchen. Sie fliegen nicht weit weg, sondern setzen sich auf einen Zweig in unserer Nähe. Das wird ihnen zum Verhängnis. Pedro trifft mit absoluter Genauigkeit.
Auf dem Heimweg sammeln wir Brennholz. Die Tarahumara gehen sehr sparsam damit um. Drei Scheite werden sternförmig zusammengelegt. In der Mitte wird das Feuer angezündet. Nachdem der Tontopf aufgesetzt ist, schiebt man die einzelnen Scheite nach und nach zusammen.
Das Essen besteht im allgemeinen aus gekochten Kakteenblättern, Bohnen und geröstetem Mais, der auf einer Steinmühle zermahlen wird. Das Maismehl wird mit Wasser zu einem Brei angerührt, aber nicht gekocht – Pinole wird dieses, nicht besonders schmackhafte Essen genannt. Ich mag Tortillas viel lieber, aber ich traue mich nicht, neue Bräuche einzuführen. Die Indianer

sind schon seit Generationen an diese Mahlzeit gewöhnt. Die Wachteln allerdings bringen etwas Abwechslung in den Speiseplan. Luschia kocht sie, und ich finde, sie schmecken nach dem vielen vegetarischen Essen großartig. Gern hätte ich das Fleisch gesalzen, aber das Salz ist ausgegangen. Jetzt muß man warten, bis irgendwann jemand aus der Stadt neues mitbringt.
Inzwischen kann ich mich mit Carlos immer besser verständigen. Er erzählt mir von Antonio, einem Tarahumara, der Spanisch spricht, aber mit seiner Familie tief in den Bergen lebt. Als meine Gastgeber merken, daß ich diesen Mann gerne kennenlernen möchte, bietet sich Pedro an, mich hinzuführen. Schon am nächsten Tag brechen wir auf. Jerry begleitet uns. Ich nehme vorsichtshalber alle meine Habseligkeiten mit, da ich nicht weiß, ob ich noch einmal zurückkehre.
Zum Abschied schenke ich Luschia meinen Kamm, mit dem sie sich so gern ihre langen Haare kämmt. Ich denke, daß ich ohne ihn auskomme, denn die Läuse, die ich mittlerweile bekommen habe, weil ich meinen Kamm immer wieder ausgeliehen habe, sind sowieso nicht herauszukämmen. Das ist einer der wenigen Gründe, warum ich mich wieder auf die Zivilisation freue. Dort kann ich eine Spraydose mit Insektenkiller kaufen und mühelos meine Läuse vernichten.
Ein Tagesmarsch liegt vor uns. Unser Reiseproviant besteht aus gekochten Kakteenblättern, zwei Kürbis-Behältern mit sehr flüssigem Pinole und sechs Liter Wasser. Unterwegs fragt mich Pedro, ob ich ihn nicht mitnehmen könne nach Creel. Ich versuche, ihm klarzumachen, daß er in den Bergen ein besseres Leben hat als in der Stadt, unter fremden Menschen. Hier ist er zu Hause, hier gibt ihm die Familie Sicherheit und Geborgenheit. Die Indianer arbeiten zwar hart, aber sie strahlen Zufriedenheit aus. Sie haben keinen Streß, keinen Ärger. Ihre Nahrung ist frei von Konservierungsstoffen und anderen Chemikalien. Sie sind gesund und widerstandsfähig und brauchen keinen Arzt.
Wir kommen rasch vorwärts. Am späten Nachmittag ruft Pedro plötzlich: »Schau, dort unten, siehst du die Häuser? Dort wohnt Antonio!«
Antonios Haus steht auf der Spitze eines Bergrückens. Von wei-

tem sieht es aus wie eine Burg. Als wir näherkommen, erkenne ich einen Mann, eine Frau, zwei größere und drei kleinere Kinder, die uns neugierig beobachten.
Antonio kommt uns entgegen und begrüßt uns wie alte Freunde: »Seid willkommen bei uns!« sagt er auf spanisch und fährt, an Pedro gewandt, in seiner Muttersprache fort: »Du hast euren Gringo mitgebracht, gefällt es ihm bei euch nicht mehr?«
Ich verstehe den Sinn seiner Worte und antworte an Pedros Stelle auf spanisch: »Doch, es gefiel mir sehr gut, aber Carlos hat mir von dir erzählt, und nun möchte ich dich und deine Familie auch gerne kennenlernen. Kann ich eine Weile bei euch bleiben?«
»Gerne. Bleib so lange du willst. Ich habe schon gehört, wie fleißig du mit Carlos auf dem Feld gearbeitet hast.«
»Ich werde dir auch helfen, wenn du Hilfe brauchst.«
Antonios Frau Maria spricht nicht Spanisch, so begnüge ich mich

vorerst damit, ihr die Hand zu reichen und ein paar freundliche Begrüßungsworte zu sagen.
Die Kinder starren mich an, als ob ich von einem anderen Stern käme. Und während ich überlege, wie ich ihr Vertrauen gewinnen könnte, fällt mir ein, daß ich in meinem Rucksack noch einige Luftballons habe. Ich hole sie hervor und blase sie auf. Danach fordere ich die Kleinen auf, es selbst zu probieren. So etwas haben sie noch nie gesehen. Aber dann sind sie außer sich vor Freude. Und sie pusten mit aller Kraft, doch zum Schluß vergessen sie den Knoten. Die Luft strömt aus, und der Ballon fliegt mit einem schnarrenden Geräusch davon. Ich hätte nie geglaubt, daß Kinder mit einem so einfachen Spielzeug so viel Spaß haben können.
Wenn man Antonio genauer betrachtet, fällt auf, daß er sich schon in seinem Äußeren von den hiesigen Indianern unterscheidet. Er trägt zwar auch die tarahumarische Tracht, aber um den Hals hat er, wie viele Leute in der Stadt, ein rotes Tuch geschlungen. Die Hosen und Hemden der Söhne unterscheiden

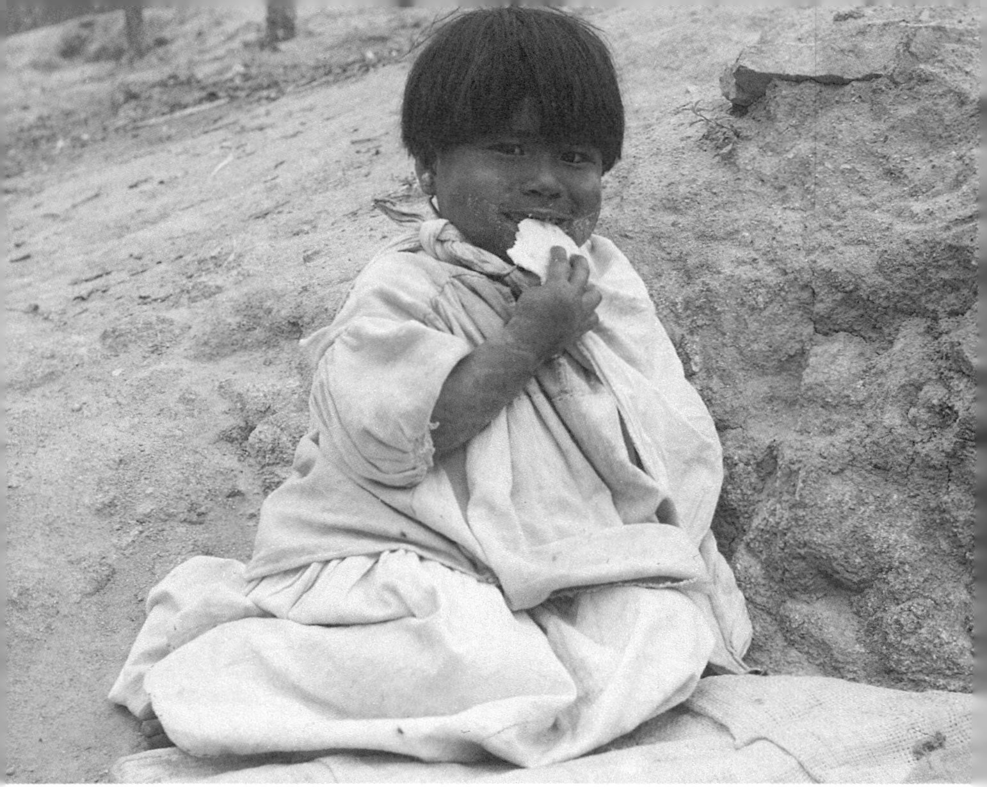

sich in keiner Weise von der Kleidung der Mexikaner. Nur bei Maria und ihren Töchtern ist vom Einfluß der Zivilisation nichts zu bemerken.
Antonio lebte als junger Mann in der Nähe von Creel. Er verdiente sich seinen Unterhalt mit Gelegenheitsarbeiten und lernte dabei Spanisch. Später nahm er sich eine Frau und zog sich wieder in seine heimatlichen Berge zurück. Die Landwirtschaft bringt ihm genug ein, so daß er heute ein recht sorgloses Leben führen kann. Außer Ziegen besitzt er noch ein paar Hühner und einen Hund, in dem Jerry einen willkommenen Spielgefährten findet.
Antonio überredet mich, im Haus zu schlafen. Er will nicht, daß ich draußen in der Hängematte übernachte.
Pedro macht sich am nächsten Morgen wieder auf den Heimweg. Ich verbringe den ganzen Tag mit Antonio auf dem Feld. Doch

Rio Batopilas ▷

wir sammeln nur Steine auf, beim Pflügen hat ihm schon Maria geholfen. Und ich wundere mich, daß eine Frau eine derartig harte Arbeit überhaupt verrichten kann. Als wir nach Hause zurückkehren, erwartet uns ein festliches Abendessen. Maria hat eines ihrer Zicklein geschlachtet und es über dem Feuer gegrillt. Noch bis in die tiefe Nacht hinein sitzen wir beisammen. Antonio erzählt aus seinem Leben, und im Laufe unseres Gesprächs erwähnt er einen Tarahumara-Medizinmann, der ihn vor vielen Jahren in die Kräuter und Pflanzenlehre einführte und ihn auch über die Wirkung der verschiedenen halluzinogenen Pflanzen aufklärte. Ich höre voller Interesse zu. Dabei fallen mir die Peyot-Kakteen ein, über die ich schon so viel gelesen habe. Ich habe diese Rauschpflanze jedoch noch nie ausprobiert.

»Antonio«, beginne ich vorsichtig, »wachsen hier in den Bergen Meskalitos?« So heißen die Zauberkakteen auf spanisch. »Ich habe schon viele kleine Kakteen gefunden, aber ich weiß nicht, wie ein Peyot aussieht.«

»Diese Kakteen wachsen nur in Tälern, wo es schattig und nicht so trocken ist«, erklärt Antonio. »Wenn du willst, zeige ich dir morgen, wo man sie findet.«

»Bist du nie auf die Idee gekommen, sie zu sammeln und in Creel zu verkaufen?« frage ich. »Du weißt doch sicher, was sie wert sind!«

Antonio schaut mich prüfend an. »Meskalitos sind für uns heilig«, antwortet er ein wenig gereizt. »Ich werde sie nie verkaufen. Auch du darfst nur einen einzigen Kaktus pflücken, versprich mir das, sonst zeig ich dir die Stelle nicht.«

Ich versuche, ihn noch über die Wirkung auszufragen. Aber als ich merke, daß er nur ausweichende Antworten gibt, höre ich auf. Doch aufgrund dieser Geheimnistuerei werden die Kakteen für mich immer unheimlicher und aufregender. Ich kann es kaum erwarten, bis wir am nächsten Tag mit der Feldarbeit fertig sind und uns auf den Weg zu den Meskalitos machen können.

In einem engen Tal folgen wir einem fast ausgetrockneten Bachlauf. Das Gras am Ufer ist noch frisch und grün, die Hitze erträglich.

»Wir sind da«, sagt mein Begleiter nach einiger Zeit und setzt

◁ Tarahumara-Frau

sich auf einen Felsbrocken. Ich schaue mich um, sehe aber nirgends Kakteen.

»Wo sind sie?« frage ich deshalb verdutzt.

Antonio lacht. »Du mußt sie suchen! Das hier sind keine Kaktusfelder!«

Ich gehe Schritt für Schritt vorwärts und suche jeden Quadratmeter Boden genau ab. Antonio begleitet mich, ohne mir jedoch beim Suchen zu helfen. Plötzlich entdecke ich einen kleinen, runden, dunkelgrünen Kaktus, den ich noch nie zuvor in den Bergen gesehen habe. Wie ein Pilz sitzt er mitten auf der Wiese. Ich suche weiter und finde noch mehr.

»Welchen soll ich nehmen?« frage ich Antonio.

»Nimm diesen«, sagt er und zeigt auf den kleinsten. »Mehr kannst du nicht essen, sonst wird dir schlecht.«

Ich versuche, den Kaktus sorgfältig mit dem Messer auszubuddeln. Dann säubere ich die Wurzel und stecke ihn in meine Tasche.

Antonio sagt etwas in seiner Sprache, und mir kommt es vor, als spreche er zu den Kakteen. Es hat den Anschein, als wolle er sich für den Raub entschuldigen und sich von ihnen verabschieden.

Auf dem Heimweg spricht keiner ein Wort. Als wir zu Hause ankommen, fordert mich Antonio auf, den Kaktus zu zerschneiden und ihn auf die Südseite des Daches zu legen.

»Morgen abend werden die Scheiben trocken sein, und du kannst sie essen. Es sind fast zu viele, wirf trotzdem nichts davon weg!«

Meine Neugier wächst, allmählich scheinen mir die Meskalitos zum Ritual zu werden. Was steckt dahinter? Antonio tut immer geheimnisvoller. Er will nicht mehr über die Kakteen sprechen. Es ist, als hätte er vor etwas Angst . . .

Wir arbeiten den ganzen nächsten Tag hart. Ich schwitze so sehr, daß ich mein Hemd auswringen kann. Antonio spricht sehr wenig, nur das Notwendigste.

Am Abend nimmt er mich beiseite. »Hol deine Meskalito-Schnitten und geh irgendwohin, wo du dich wohlfühlst«, sagt er beinahe feierlich, »zerkaue sie langsam, obwohl sie nicht gut schmecken. Und entspann dich dabei!«

Ich rufe Jerry, der mir auf Schritt und Tritt folgt, und gehe in das

schmale Tal. Auf der schattigen Wiese, wo wir gestern die Kakteen gefunden haben, setze ich mich nieder, um in aller Ruhe meine Peyot-Schnitten auszuprobieren. Ich breite die ›Mescalbuttons‹ – so nennen sie die Amerikaner – neben mir aus. Dann nehme ich eine der Schnitten in den Mund und zerkaue sie langsam. Es schmeckt scheußlich, gallebitter. Ich muß mich überwinden, sie überhaupt hinunterzuschlucken. Doch ich zwinge mich, eine nach der anderen aufzuessen. Danach bekomme ich einen wahnsinnigen Durst. Zum Glück habe ich mir angewöhnt, wenn ich längere Zeit weggehe, eine Flasche Wasser mitzunehmen. Ich trinke, und in diesem Moment wird mir schlecht. Mein Magen zieht sich wie in einem Krampf zusammen. Ich befürchte, daß ich mich übergeben muß. Doch langsam beruhigt sich mein Magen wieder, und ich fühle mich wohler. Meine Glieder werden schwerer und schwerer. Zuletzt habe ich das Gefühl, daß ich sie

nicht mehr heben kann. Und ich vermag nicht zu begreifen, warum manche Leute für diesen verfluchten Kaktus auch noch so viel Geld bezahlen.
Doch mit einem Schlag vergehen alle unangenehmen Empfindungen. Ich fühle mich so frei und leicht wie noch nie.
Die Sonne versinkt hinter den Bergen, blutig rot. Ich schließe die Augen und sehe einen Bach vorüberfließen. Ich höre deutlich das Rauschen des Wassers. Gleißend helle Lichtstrahlen huschen darüber hin. Die Sonne schleudert Blitze. Und die Wellen des Baches flammen auf, verwandeln sich in stiebende Funken. Ein Strom glühender Lava wälzt sich zu Tal!
Meine Gedanken fliegen zurück in meine Jugendzeit. Ich liebte Gebirgsbäche, ich liebte ihr eintöniges Lied. Ich baute Staudämme aus Grasbüscheln und Steinen und jubelte, wenn das Wasser mit mächtigem Druck die Mauer durchbrach und ins leere Bachbett stürzte. Auch jetzt staut sich der glühende Strom, steigt und steigt, überflutet das ganze Tal. Ich möchte die feurige Masse mit den Händen berühren, doch sie weicht vor mir zurück, löst sich auf, verschwindet im Nichts.
Ich rufe Jerry. Meine Stimme klingt, als spräche ich in einer Kathedrale. Er kommt und legt sich neben mich. Ich streichle ihn. Sein Fell fühlt sich weich wie Angora an.
Mein Blick fällt auf den nahen Hang. Ich habe dort vorher nichts als ein paar niedere Büsche gesehen. Und jetzt bevölkert er sich. Buntgekleidete Menschen strömen aus allen Richtungen herbei. Sie tanzen und singen und kommen immer näher. Die Szene erinnert mich an Bilder von Hieronymus Bosch. Doch diese Gestalten haben nichts Grausames an sich, sie sind heiter, und ihre Gesichter strahlen. Sie schließen einen Kreis um mich, gesellen sich zu mir und beziehen mich ein in ihr fröhliches Spiel. Ich verliere jegliches Zeitgefühl, mir ist, als würde dieses Spektakel niemals enden. Aber es ist nicht wie ein Traum. Ich schlafe nicht, sondern erzähle Jerry von den wundersamen Dingen, die ich sehe. Wenn ich die Augen öffne, verblassen sie ein wenig, schließe ich sie wieder, kehren die Trugbilder sogleich in ihrer schillernden Farbigkeit zurück.
Ich merke, daß mittlerweile die Nacht hereingebrochen ist. Am

Himmel schwimmt ein bleicher Mond. Aber meine Visionen bleiben, und ich möchte, daß sie ewig währen.

Doch irgendwann muß ich wohl eingeschlafen sein. Die Mittagssonne weckt mich. Ich habe Kopfschmerzen, und alle Muskeln tun mir weh. Ich fühle mich, als wäre ich bei einem Zechgelage in eine Schlägerei geraten. Aber an meine Bilder kann ich mich genau erinnern. Ich erhebe mich und trete den Heimweg an. Antonio ist nicht auf dem Feld. Er sitzt am Feuer. Als er mich erblickt, springt er auf und kommt mir entgegen.

»Wo warst du so lange? Ich habe mir schon Sorgen um dich gemacht. Du siehst schlecht aus.«

»Ich fühle mich auch so«, gebe ich ein wenig kleinlaut zu. »Aber es wird für mich trotzdem ein unvergeßliches Erlebnis bleiben. Nur – Meskalitos werde ich nie mehr anrühren. Ich möchte die Visionen der vergangenen Nacht in ihrer ganzen Schönheit in Erinnerung behalten. Vielleicht würde das nächste Mal nur noch ein Abglanz davon übrigbleiben, und ich wäre dann enttäuscht.«

»Ich glaube, daß du einen starken Willen hast und tust, was du sagst«, meint Antonio. »Ich selbst bin an dem Meskalin, dem Wirkstoff dieser Kakteen, einmal fast gestorben, weil ich zuviel davon gegessen hatte. Ich bekam keine Luft mehr und dachte, ich müsse ersticken. Ich weiß nicht, welchem Gott ich danken soll, daß ich überlebte. Es ist schon viele Jahre her. Aber seitdem rühre ich die Peyots nicht mehr an. Um dich habe ich auch Angst gehabt. Ich sah dich ins Tal der Meskalitos gehen und wußte nicht, ob du nicht noch mehr pflücken würdest, denn dieser Ort hat etwas Magisches an sich.«

Das ist das letzte Mal, daß wir über Peyot-Kakteen sprechen. Noch eine ganze Woche verbringe ich bei Antonios Familie, und ich würde gewiß noch länger bleiben, wenn mich die verdammten Läuse nicht so plagen würden. Ich kann den Juckreiz nicht mehr aushalten, mein Kopf ist schon blutig vom Kratzen.

Ich kehre den gleichen Weg, den ich gekommen bin, wieder zurück. In Batopilas mache ich einen Halt bei José und überlasse ihm meinen Jerry. Denn ich will nach Südamerika, und bei meiner Art zu reisen, kann ich schlecht einen Hund mitnehmen.

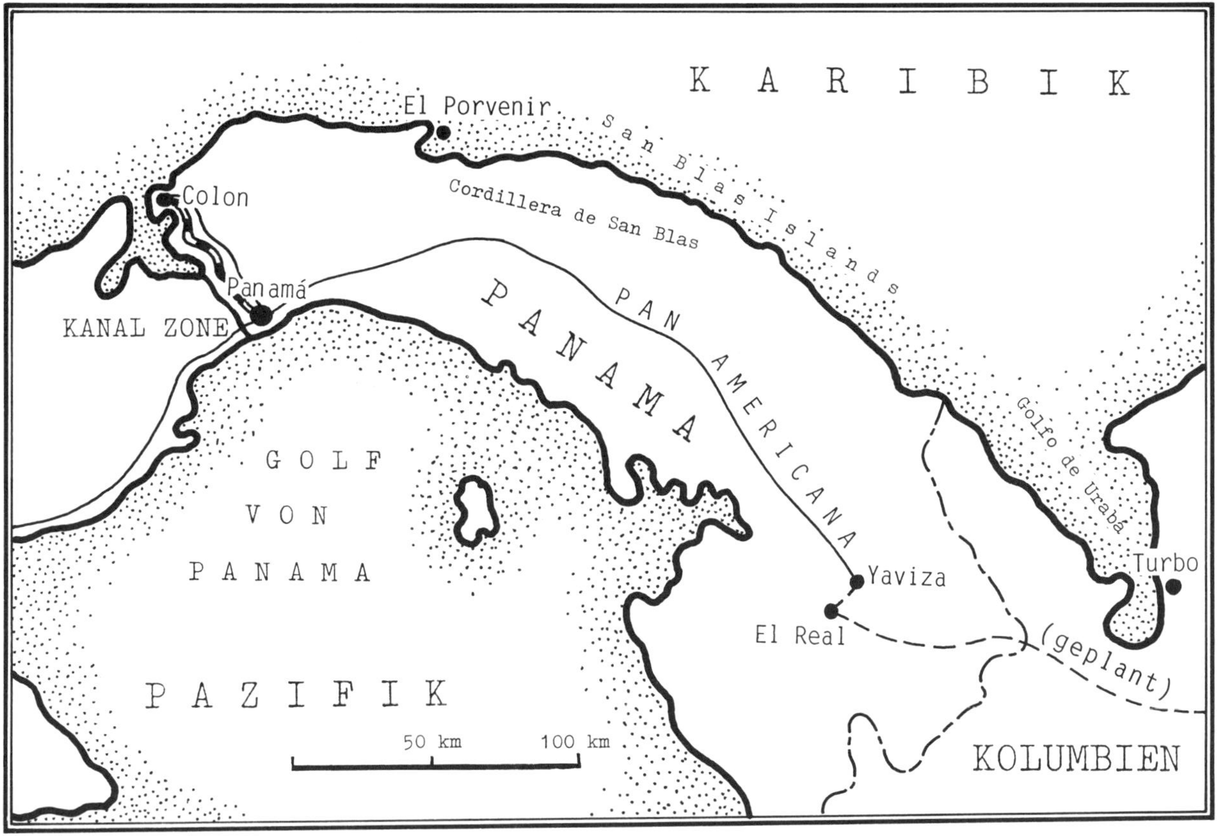
KARIBIK
El Porvenir
San Blas Islands
Cordillera de San Blas
Colon
Panamá
KANAL ZONE
PANAMA
PAN AMERICANA
Golfo de Urabá
Turbo
Yaviza
El Real
(geplant)
GOLF VON PANAMA
PAZIFIK
50 km
100 km
KOLUMBIEN

4. Kapitel

Die vergessene Inselwelt
– Cuna-Indianer auf den San-Blas-Inseln –

So ein Mist! Damit konnte ich nun wirklich nicht rechnen! »You bloody bastard!« rufe ich dem immer kleiner werdenden Schiff nach, obwohl mich der Kapitän auf der Brücke längst nicht mehr hören kann. Ich setze mich auf den Wasserkanister und denke über meine Situation nach. Eigentlich müßte ich mich glücklich schätzen. Ich befinde mich auf einer zauberhaften kleinen Koralleninsel. Die Idylle ist vollkommen: blaues Meer, weiße, unberührte Strände. Eine leichte Brise bewegt die Blätter der Kokospalmen. Doch was für den einen ein Paradies ist, ist für den anderen ein Gefängnis. Ich jedenfalls fühle mich als Gefangener dieses Eilandes, weil ich es nicht freiwillig aufgesucht habe. Es ist eines der etwa dreihundert San-Blas-Inselchen, die vor der Küste Panamas liegen.
Ich habe eine wahre Odyssee hinter mir. Auf meinem Weg über die panamaische Grenze in Richtung des kolumbianischen Hafens Turbo merkte ich sehr bald, daß ich es nicht zu Fuß schaffen konnte. Die Regenzeit hatte eingesetzt. Immer wieder blieb ich im Schlamm stecken, ganz zu schweigen von den Moskitos, die mich schrecklich plagten.
Ich begriff, daß es unmöglich ist, den Kontinent während der Regenzeit ausschließlich auf dem Landweg zu durchqueren, solange die Pan-Americana-Straße, das Verbindungsstück zwischen Panama und Kolumbien, nicht gebaut ist. Aber ich bin sicher, daß dieses Projekt auch nie verwirklicht wird. Die Reedereien boykottieren es.
Als ich endlich nach Panamá, in die Stadt, zurückkehrte, hatte ich wieder einmal Glück. Ein Fahrer nahm mich mit nach Colón. Dort hoffte ich, ein Schiff zu finden, das mich nach Turbo bringen würde. Fast eine Woche verbrachte ich in Colón, einem nicht ganz ungefährlichen Hafen. Ich klapperte alle Schiffe ab, die nach Turbo fuhren, aber auf keinem war man bereit, mich an Bord zu nehmen, obwohl ich für die Überfahrt bezahlen wollte.

Ich begann schon zu resignieren, da traf ich einen Kapitän, der sogar Englisch sprach. Ich verbrachte einen halben Tag mit ihm in der Kneipe, bezahlte einen Whisky nach dem anderen, bis er endlich versprach, mich wenigstens ein Stück weit mitzunehmen. Bis nach Turbo könne ich aus ganz bestimmten Gründen nicht mitfahren, sagte er. Die Gründe wollte er mir aber nicht nennen. Einen Tag waren wir unterwegs. Ich mußte oben an Deck sitzen, zum Inneren des Schiffes hatte ich keinen Zutritt. Wir passierten einige kleine Inseln. Manche waren bewohnt, andere unbewohnt. Als unser Schiff eine von ihnen ansteuerte, wunderte ich mich, aber es wäre mir nie in den Sinn gekommen, daß ich dort abgeladen werden sollte. Erst als man mich aufforderte, in ein Beiboot zu steigen und mir einen 20-Liter-Kanister mit Wasser reichte, wurde mir klar, daß ich diese unfreiwillige Unterbrechung meiner Reise wohl oder übel in Kauf nehmen mußte. Ich ärgerte mich, und die Versicherung des Kapitäns, einer der Einheimischen werde mich sicherlich beim Vorbeifahren entdecken und mich von meinem Robinson-Crusoe-Dasein befreien, machte mich noch wütender.
Und nun sitze ich hier auf dieser gottverlassenen Insel und kann sehen, wie ich weiterkomme. Doch da ich ein ausgesprochener Optimist bin, lasse ich mich, nachdem der erste Zorn verraucht ist, nicht allzusehr aus der Ruhe bringen. Wasser habe ich für zwei Wochen, auch etwas zum Essen, und außerdem wachsen hier genug Kokosnüsse.
Ich mache mir's im Schatten der Palmen bequem und überlege in aller Ruhe, was ich unternehmen kann. Die Küste ist bestimmt nicht mehr als vier Kilometer entfernt. Die üppig grünen Berge der Cordillera de San Blas scheinen ganz nahe. Im Notfall könnte ich sogar meinen Wasserkanister ausleeren, den Rucksack darauf festbinden und ein paarmal hin- und herschwimmen, um alle meine Sachen trocken zum Festland zu bringen. Doch vorläufig werde ich erst einmal abwarten, irgend jemand muß ja vorbeikommen!
Mit der Erforschung meiner Insel, die keinen halben Kilometer Durchmesser hat, bin ich relativ schnell fertig. Nirgends finde ich Spuren von Menschen. Die Palmen hängen voll mit Kokos-

nüssen, und im glasklaren Wasser tummeln sich Schwärme von Fischen. Auch ohne meinen Proviant müßte ich also weder verhungern noch verdursten. Viele Nüsse liegen am Boden. Aber ihr Fleisch ist hart und der Saft nicht so süß wie bei den jungen, frischen Früchten, die hoch oben in den Palmenkronen hängen. Jetzt kommt es mir zugute, daß ich auf Samoa von den Polynesiern das Klettern am Palmenstamm gelernt habe. Leider fehlt mir hier die ›Lava-Lava‹, das ist der Rock der Einheimischen. Ich brauche ein großes Stück Stoff. Kurz entschlossen ziehe ich mein Hemd aus, knote die Ärmel zusammen und lege es in einer Achterschlinge um die Füße. Der Stoff verhindert das Abrutschen an dem glatten Stamm, und so gelange ich rasch in die Krone. Mit dem Messer schneide ich die großen grünen Kokosnüsse ab und werfe sie in den Sand. Das Fruchtwasser und das weiche, süße Fleisch schmecken köstlich. Lange habe ich auf diese Leckerei verzichten müssen. Jetzt esse ich, bis ich fast platze. Dann schlafe ich ein.
Als ich aufwache, ist es schon dunkel. Vergeblich halte ich nach Feuerschein oder Lichtschimmer auf dem Festland Ausschau. Die Küste ist unbewohnt. So bleibt mir fürs erste nichts anderes übrig, als weiterzuschlafen.
Ein neuer Tag beginnt. Blutrot steigt die Sonne aus dem Meer. Ich fühle mich wunderbar ausgeruht und gehe schwimmen. Dabei entdecke ich schöne große Fische und komme zu der Überzeugung, daß ein Fisch am Spieß eine hübsche Abwechslung in meinen Speiseplan bringen würde. Schnur und Haken habe ich im Rucksack. Zuerst versuche ich, mit dem Blinker zu fischen, aber es gibt hier offenbar keine Raubfische, und die anderen wollen nicht anbeißen. Ich nehme einen Schwimmer und habe genausowenig Erfolg. Ich hocke stundenlang, die Fische umkreisen den Köder, als machten sie sich über mich lustig. Ich werde sauer, probiere alle möglichen Köder aus. Vergebens. Kein einziger Fisch beißt an.
Ich muß mir etwas anderes einfallen lassen, das steht fest. Aus meinem Rucksack krame ich den größten Haken hervor, den ich besitze. Dann reiße ich von einem Palmwedel die Blätter ab und binde ihn am oberen Ende fest. Bewaffnet mit dieser ungewöhn-

lichen Harpune, gehe ich schwimmen. Es gelingt mir, so nahe an einen Fisch heranzukommen, daß die Hakenspitze fast seinen Bauch berührt. Ich stoße zu, die Spitze bohrt sich ins Fleisch, die Widerhaken lassen die Beute nicht mehr frei. Mein erster Jagderfolg! Der Fisch wiegt mindestens zwei Kilo und ist wunderschön gefärbt. Ich zünde ein Feuer an und brate ihn. Er schmeckt sehr gut.

Mein Zwangsaufenthalt auf der Insel gefällt mir immer besser. Ich lese, sonne mich, schwimme und trinke den Saft der Kokosnüsse. Es ist wie im Urlaub. Ab und zu hebe ich den Kopf und suche die weite blaue Wasserfläche nach einem Boot ab. Mein Hemd habe ich an einem langen Palmwedel am Strand festgebunden, zum Zeichen, daß jemand auf der Insel wartet.

Die Tage gehen dahin. Solange ich genügend Trinkwasser habe, mache ich mir keine Sorgen, und mein Kanister ist noch halbvoll. Mein Proviant ist zwar fast aufgebraucht, aber ich fange jeden Tag einen Fisch, so daß ich bestimmt keine Not leiden muß. Allerdings habe ich manchmal Angst, an einen giftigen zu geraten. Das Leben unter Wasser ist hier von einer faszinierenden Buntheit und Vielfalt, und ich kann nur hoffen, daß es mir gelingt, mit der Kamera etwas von dieser Schönheit festzuhalten.

Am neunten Tag erblicke ich endlich ein Schiff am Horizont. Ich beobachte gespannt, ob es Kurs auf meine Insel nimmt. Ja, es kommt tatsächlich näher. Ich laufe zum Strand, schwenke meine Flagge und hüpfe wie ein Verrückter über den Sand. Kein Zweifel, der Steuermann hat mich entdeckt. Das Schiff verlangsamt seine Fahrt, der Anker wird ausgeworfen und ein Beiboot ins Wasser gelassen. Zwei Männer kommen zu mir herübergerudert.

»Hallo, Gringo! Was machst denn du hier?« ruft einer schon von weitem.

»Auf euch warten!« rufe ich zurück.

Sie ziehen das Ruderboot auf den Strand. Ich erkläre ihnen meine Situation und werde an Bord genommen. Der Kapitän verspricht mir, mich zur nächsten bewohnten Insel zu bringen. Meine Frage, ob er nach Turbo fahre, verneint er. Aber das klingt nicht sehr überzeugend. Vielleicht hat er auch ›bestimmte Gründe‹, warum ich nicht mitfahren darf. Aber jetzt bin ich erst

mal froh, wieder unter Menschen zu sein, obwohl es mir auf der Insel an nichts gefehlt hat.
Nach ein paar Stunden Fahrt legen wir am Landesteg einer kleinen Insel an. Mir scheint, das ganze Dorf ist zu unserer Begrüßung herbeigeeilt.
Das Schiff bleibt nicht lange im Hafen. Gleich werden die Leinen wieder gelöst, und Kapitän und Mannschaft winken mir zum Abschied zu. Sie scheinen es sehr eilig zu haben. Immerhin habe ich jetzt aber die Hälfte der Strecke nach Turbo hinter mich gebracht.
Ich stehe ein wenig verloren an der Mole, den schweren Rucksack auf dem Rücken, den Wasserkanister in der Hand. Da spricht mich ein Mann auf spanisch an: »Zu wem willst du, Gringito?«
»Zu niemandem, ich will nach Turbo!«

»Warum bist du dann nicht auf dem Schiff geblieben? Es fährt doch dort hin.«
»Der Kapitän wollte mich nicht weiter mitnehmen.«
»Aha, ich verstehe. Er will wohl nicht, daß du siehst, was sie alles nach Kolumbien schmuggeln. Aber das macht nichts. Du kannst bei uns bleiben. Irgendwann kommst du schon weiter. Ich heiße Ricardo, dort steht meine Frau Ofelia. Wie heißt du?«
»Leosch«, antworte ich.
»Lösch«, wiederholt er und freut sich, was für einen lustigen Namen ich habe.
Die Insel ist im Gegensatz zu meinem Inselchen völlig übervölkert. Jeder Quadratmeter ist bebaut, manche Häuser stehen sogar auf Stelzen über dem Wasser. Die Wände der Häuser bestehen aus Zuckerrohrstengeln, die Dächer sind mit Palmblättern abgedeckt.

Am Landesteg liegt ein halbes Dutzend Einbäume. Riesige Bäume müssen das gewesen sein, aus denen diese Boote geschnitzt worden sind. Auffällig ist ihre Bemalung. Rot, Lila, Gelb und Orange scheinen die Indianer besonders zu lieben. Genauso farbenfroh wie die Boote sind auch die Gewänder der Frauen. Für die Blusen werden bunte Stoffe in mehreren Schichten übereinandergenäht, dabei entstehen eigenwillige Muster. Vögel, Fische und andere Tiere gehören zu den bevorzugten Motiven. Nie sah ich Indianer mit so viel Goldschmuck behängt.
In den einheimischen Schmieden werden aus Goldblech kunstvolle Halsketten und Ohrringe hergestellt. Manche Frauen haben sogar einen massiven goldenen Ring in der Nase. Das Vermögen der Familie wird von den Frauen am Körper getragen!
Schon in frühester Jugend bekommen die Mädchen lange Glasperlenketten, die sie um Unterarme und Waden schlingen und im Laufe ihres Lebens nie mehr ablegen. Wenn sie dicker werden, schneiden die Bänder tief ins Fleisch. Auch die Tätowierung im Gesicht gehört zum Schönheitsideal der Frau. Es ist ein Strich,

der von der Stirn über die Nasenspitze fast bis zur Oberlippe reicht. Die verheirateten Frauen bedecken das kurzgeschnittene Haar mit einem bunten Kopftuch, die jungen Mädchen tragen es lang und offen.
Die Männer dagegen scheinen weniger Wert auf ihr Äußeres zu legen. Sie tragen Hemd und Hose aus irgendeinem Geschäft in Colón.
Ricardo und seine Frau führen mich zu ihrem Haus. Mindestens ein Dutzend Nachbarn und eine große Kinderschar begleiten uns. Ich bekomme ein Zimmer, das mit Matten ausgelegt ist, die aus Streifen von Palmblättern geflochten sind. Ein paar hölzerne Sitzschemel und eine Hängematte sind das ganze Mobiliar.
Zum Glück finde ich in meinem Rucksack noch eine Dose Corned beef, denn Konserven sind für die Einheimischen ein besonderer Genuß. Ofelia strahlt, als ich ihr mein Gastgeschenk überreiche. Für Ricardo habe ich noch ein Päckchen Zigaretten und für die Kinder eine Tüte mit Karamelbonbons. Das ist nicht viel, aber die Leute hier erwarten gar keinen Dank für ihre Gastfreundschaft.
Ricardo fordert mich auf, ihn durch das Dorf zu begleiten. Er stellt mir alle möglichen Leute vor, zuletzt sogar den Häuptling, der das Amt des Bürgermeisters ausübt. Touristen seien bei ihnen eine Seltenheit, meint er. Aber er bedauert es nicht, denn auf der Nachbarinsel El Porvenir hat sich der Einfluß der Fremden offenbar ungünstig auf die Bewohner ausgewirkt. Dort haben viele Männer ihre Frauen verlassen und sind nach Colón oder Panamá gegangen. »Daran sind nur die Touristen schuld«, behauptet der Häuptling. Er ist ein kluger Mann, spricht recht gut Spanisch und achtet darauf, daß alle Kinder im Dorf in die Schule gehen und ebenfalls Spanisch lernen. Er ließ sogar einen Volleyballplatz anlegen.
Ricardo zeigt mir voller Stolz seinen Einbaum, mit dem er Wasser vom Festland holt. Meinen Kanister kann er gut gebrauchen, denn je mehr Behälter er hat, desto weniger muß er hin- und herfahren. Auf der Insel selbst gibt es kein Trinkwasser.
»Ich habe vor, ein neues Kanu zu bauen«, erzählt mir Ricardo. »Schau, da drüben auf dem Hügel steht ein Baum, der hat fast

zwei Meter Durchmesser. Der ist wie geschaffen für ein Boot.« Er streckt seinen Finger in Richtung Küstenberge.
Ich bin begeistert. Schon als ich die Boote zum erstenmal sah, wollte ich lernen, wie man sie baut.
»Wenn du willst, werde ich dir dabei helfen«, antworte ich. »Ich habe es nicht besonders eilig, nach Turbo zu kommen.«
»Ja, wenn das so ist«, sagt Ricardo. »Kannst du denn mit der Axt umgehen?«
»Ja sicher, ich habe schon oft als Holzfäller gearbeitet. Wann fangen wir an?«
»Gleich morgen, wenn du willst.«
Ich bin froh, daß ich mich mit Ricardo so gut verständigen kann. Nicht alle Leute auf der Insel sprechen Spanisch. Die Einheimischen unterhalten sich untereinander ohnehin nur in der Chibcha-Sprache.

Ofelia hat mir erlaubt, mich in der Küche ein wenig umzusehen. Und mit Verwunderung stelle ich fest, daß sie nicht nur die üblichen Knollenfrüchte wie Maniok, Süßkartoffeln und Yams kocht, sondern auch große grüne Bananen, die sie hier Plátanos nennen. Sie schmecken sehr gut, fast wie Pellkartoffeln. An Fisch und Schweinefleisch herrscht ebenfalls kein Mangel. Die Schweine werden in einem Stall gehalten, der neben der Toilette auf Stelzen über dem Wasser gebaut wurde. Der Kot fällt sofort ins Wasser. Also gibt es auf der Insel keinerlei Kanalisationsprobleme.

Am nächsten Morgen packen wir zwei große Äxte und ein Seil ins Boot und paddeln hinüber zur Küste. Es ist fast windstill, das Meer ist ruhig, und wir kommen rasch ans Ziel.

Mit vereinten Kräften ziehen wir das Kanu aus dem Wasser, nehmen die Äxte und kämpfen uns durch das dichte Gestrüpp des Urwalds Meter für Meter vorwärts. Ich bin froh, daß ich ein Fläschchen ›Muskol‹ – das Antimoskitomittel – eingesteckt habe, denn die kleinen Plagegeister überfallen uns in Schwärmen.

»Dort steht er«, ruft Ricardo plötzlich und deutet auf einen wahren Riesen von einem Baum.
Wenn ich uns beide so anschaue, habe ich das Gefühl, als ob zwei Ameisen einen Elefanten bezwingen wollten. Jetzt verstehe ich, warum Ricardo gesagt hat, daß uns viel Arbeit erwartet. An meine Weiterreise ist wohl so bald nicht zu denken. Schon die Vorbereitungsarbeiten sind mühsam. Wir schlagen zuerst eine große Fläche frei, schaffen dann die abgehackten Bäume und Büsche beiseite und legen in kurzen Abständen dickere Baumstämme quer über den Kahlschlag. Erst gegen Abend sind wir mit unserer Arbeit fertig. Den großen Baum heben wir uns für den nächsten Tag auf. Immerhin hat er eine Höhe von bestimmt fünfundzwanzig Meter, einen Durchmesser von eineinhalb Meter, und er wiegt mehr als fünfundzwanzig Tonnen.
»Beim Herausziehen des Baumstammes werden alle Männer aus dem Dorf helfen«, versichert Ricardo. »Und wenn der Stamm dann auf meinem Grund und Boden liegt, wird gefeiert, viel Chicha getrunken und gesungen. Ich mag diese Feste nach wochenlanger Arbeit.« Chicha ist ein alkoholisches Getränk, das aus vorgekautem Mais hergestellt wird, den man wenige Tage gären läßt.
»Ich glaube, du bekommst das größte Boot im Dorf«, sage ich.
»Stimmt, an diesen Baum hat sich noch niemand gewagt.«
Bald hat es sich im ganzen Dorf herumgesprochen, daß Ricardo zusammen mit mir, dem Gringo, den großen Baum drüben auf dem Festland fällen wird. Die Leute sind sehr skeptisch. Sie glauben nicht, daß der Baum in Richtung Meer fallen wird, andere wollen sogar mit Ricardo wetten, daß unser Unternehmen scheitert. Ich selbst habe zwar nur mit Nadelbäumen Erfahrung, aber ich versuche dennoch, meinen Freund zu ermutigen.
»Das schaffen wir schon, und wenn wir doch Pech haben sollten und der Baum in die falsche Richtung fällt, dann drehen wir ihn einfach um. Das ist bloß ein bißchen mehr Arbeit, weiter nichts.«
»Mir gefällt dein Optimismus. Also lassen wir uns nicht unterkriegen«, stimmt Ricardo zu.
Ich bin froh, daß ich in den vergangenen Monaten so viel gear-

beitet habe, so daß mir die körperliche Anstrengung jetzt wenig ausmacht. Nur meine Handflächen sollten etwas härter sein. Schon zeigen sich die ersten Blasen, und ich nehme an, bis wir den Baum gefällt haben, hängt die Haut in Fetzen herunter.
Mariel und Silvia, die beiden ältesten Töchter Ricardos, und sein Sohn Mario wollen alles über mich erfahren. Sie fragen mich nach Vater, Mutter und Geschwistern aus, sie möchten wissen, ob ich verheiratet bin oder eine Freundin habe, ob ich reich bin und ob ich auch eine Schule besucht habe. Ich antworte bereitwillig, und sie staunen, wie lange ich in die Schule gegangen bin, und wundern sich, daß ich arm bin. Nach ihren Vorstellungen müssen alle Gringos reich sein.
Nach dem Abendessen – es gibt gebratene Plátanos und Schildkrötensteaks – bleiben Ricardo und ich noch eine Weile auf unseren Hockern am rohgezimmerten Tisch sitzen, unterhalten uns und trinken Chicha. Dabei muß ich unwillkürlich an die Zubereitung des Maisbiers denken. Mir wird ein wenig komisch, aber dann verscheuche ich diese Gedanken, und der Trank schmeckt mir mit jedem Schluck besser.
Mariel gesellt sich zu uns. Ich bewundere ihr schönes langes, pechschwarzes Haar, und sie merkt es.
»Dir gefallen meine Haare, nicht wahr? In ein paar Tagen sind sie aber nicht mehr so lang«, sagt sie lächelnd.
»Was? Du willst sie abschneiden?«
»Ich nicht. Das tut mein Vater. Ich werde nämlich bald heiraten.«
Schon bei meiner Ankunft ist es mir aufgefallen. Alle Frauen tragen kurzes Haar. Es wird bei der ›Reifeweihe‹ des jungen Mädchens abgeschnitten.
Ricardo mischt sich ein: »Du bist auch zu dem Fest eingeladen.« Ich bin natürlich sehr gespannt auf die Feier und möchte gern mehr darüber erfahren. Aber Ricardo verrät nichts. Er redet statt dessen über den Fischfang und die Arbeit auf den Feldern, doch unser Hauptthema ist der Baum. Der Gedanke, daß er das größte Boot im Dorf besitzen wird, läßt Ricardo einfach nicht mehr los.
»Unsere Urgroßväter bauten Rieseneinbäume mit Besegelung«, erzählt er. »Sie sind damit weit übers Meer gefahren zum Fischen

und zum Schildkrötenfang. Sie waren richtige Seeleute. Heute gibt es keine so gigantischen Bäume mehr, und die alten Boote sind längst verrottet.«

Allmählich spüre ich die Wirkung des Chichas. Ich bin ziemlich beschwipst und versuche, möglichst elegant und unauffällig in mein Zimmer zu kommen. Als ich in der Hängematte liege, dreht sich alles.

Ich hätte gern ausgeschlafen, aber ausgerechnet an diesem Morgen weckt mich schon in aller Frühe ein Hahn. Er kräht so laut und beharrlich, bis ich aufspringe.

Ofelia steht am Feuer und röstet Kaffee. Die Bohnen zerdrückt sie mit einem Steinmörser. Ob Kaffee, Kakao, Tabak, Pfeffer oder Zuckerrohr, die Einheimischen pflanzen alles selbst an.

»Na, an Chicha mußt du dich wohl erst noch gewöhnen«, lacht sie. »Bist du noch müde?«

»Ein bißchen«, gebe ich zu, »aber dein Kaffee wird mich sicher wach machen.«

Heute ist schulfrei, und die ganze Familie will mit aufs Festland. Aber nur Mario soll beim Fällen des Baumes helfen. Er macht große Augen, als er den Riesen sieht.

Mit einer Motorsäge wären wir in ein paar Stunden mit unserer Arbeit fertig, aber ich spreche den Gedanken nicht aus, sondern haue noch kräftiger ins harte Holz. Plötzlich saust ein kleiner Affe an einer Liane herunter. Er ist bildschön. Sein Fell ist schwarz und über der Stirn, um die Ohren und an den Schultern schneeweiß. Er hat einen kräftigen Greifschwanz und ein vollkommen haarloses Gesicht, das einem Menschengesicht verblüffend ähnlich sieht. Die Kopfhaare haben die Form einer Haube. Später erfahre ich seinen Namen: Weißschulter-Kapuziner. Auch Ricardo und Mario lassen die Axt für ein paar Minuten ruhen und beobachten den Affen, der uns aufmerksam und ohne Scheu betrachtet, ehe er im Gebüsch verschwindet. Ich bin froh, daß meine Freunde nicht ans Jagen denken. Es wäre jammerschade gewesen, wenn so ein hübsches Tier in der Bratpfanne landen würde.

Ofelia hat uns reichlich mit Proviant versorgt. Zum Mittagessen

gibt es gekochte Yams, das sind stärkehaltige Knollen, Fleisch und ungegorene Chicha.
Es ist heiß. Wir wischen uns ununterbrochen den Schweiß von der Stirn und schützen uns mit ›Muskol‹ vor den stechwütigen Moskitos, aber Ricardo will sich und uns kaum eine Pause gönnen.
»An die Arbeit!« treibt er uns an. Unser Baum sieht aus, als hätten ihn Biber angeknabbert. »Wenn Mario weiter mitmacht, werden wir schon morgen den großen Krach erleben.«
Auf dem Heimweg begegnen wir einem Coati, auch Weißrüssel-Nasenbär genannt, mit seinen Jungen. Dieses hübsche Tier hat einen langen Schwanz, ein dickes braunes Fell, kurze Beine und ist etwa so groß wie ein Dackel. Sein Gesicht ähnelt jedoch eher einem Husky. Die Jungtiere bleiben – wie bei einem richtigen Bär – zwei Jahre bei der Mutter. Coatis sind Allesfresser. Sie leben von Insekten, Raupen, Spinnen und Früchten. Beim Klettern klammern sie sich mit ihrem kräftigen Schwanz am Stamm fest, beim Abrutschen benützen sie ihn als Bremse. Sie gehören zu den interessantesten und liebenswertesten Tieren des Urwalds.
Unterwegs treffen wir Ricardos Frau und vier seiner Kinder. Sie beladen unser Boot mit Wasserkanistern, Feuerholz, Körben und Säcken mit Maniok, Yamsknollen, Kakaofrüchten und einem Bündel Tabakblätter. Und ich staune, wie sie das alles unterbringen.
Am Abend suchen Ricardo und ich zusammen Marios Lehrerin auf. Ricardo erklärt ihr, daß der Junge morgen nicht in die Schule kommen kann, weil er beim Holzfällen helfen muß.
Die Lehrerin stimmt sofort zu. Sie weiß genau, daß sie nur anstandshalber benachrichtigt wird.
Die Schule ist eines der wenigen gemauerten Gebäude im Dorf. Die Fensteröffnungen sind unverglast, wie fast überall in den Tropen. Die Lehrerin, ebenfalls eine Cuna-Indianerin, hat die höhere Schule in Colón besucht. Sie unterscheidet sich in ihrem äußeren Erscheinungsbild von den übrigen Frauen der Insel, denn sie trägt keine Tracht.
Abends helfe ich Ofelia beim Rösten und Zermahlen der Kakaobohnen, die sie dann mit Zuckerrohrmelasse zu einem köstlichen

Getränk kocht. Dabei passe ich auf, daß niemand meine zerschundenen Handflächen sieht. Ich schäme mich, weil meine Hände die Arbeit mit der Axt nicht vertragen. Die Blasen sind aufgerissen, und jede Berührung der frischen Haut tut weh. Nach Handschuhen zu fragen, wage ich nicht. Wahrscheinlich würde ich mich lächerlich machen. Denn wer in den Tropen besitzt schon Handschuhe!

Ricardo weckt mich im Morgengrauen. Er will versuchen, den Baum schon heute zu fällen. Am Nachmittag haben wir bereits einen großen Keil in Fallrichtung herausgehackt. Der Wind weht leider aus der falschen Richtung. Er kommt vom Meer.
»Wir müssen den Baum sichern«, meint Ricardo und wendet sich an seinen Sohn: »Mario, klettere mit dem Seil in die Krone und binde es, so hoch du kannst, um den Stamm. Dann knüpfe dir das andere Ende um die Hüfte und lasse dich am Seil wieder herunter.«
Wie ein Affe klettert der Junge gute zwanzig Meter hoch. Es macht ihm nicht nur Spaß, er möchte auch mir, dem Gringo zeigen, was er kann.
»Du kletterst gut, viel besser als ich«, lobe ich ihn, als er wieder auf festem Boden steht. Mario strahlt.
Lange brauchen wir, um das Seil in der Fallrichtung zu spannen. Ständig bleibt es an den Ästen hängen. Aber wenn der Baum in die falsche Richtung fällt, wird es so sein, als wollten wir einen wilden Bullen mit einem Schnürsenkel halten.
Der Abend naht. Unsere Axthiebe hallen durch den Urwald. Der Baum sieht jetzt aus wie ein überdimensionaler Bleistift, der auf der Spitze steht. Es ist etwa sieben Uhr, bald wird es dunkel. Aber jetzt wäre es unklug, unsere Arbeit zu unterbrechen, der Wind hat sich gelegt. Und wer weiß, ob er morgen nicht wieder vom Meer zum Land weht und unser Vorhaben gefährdet.
Nun muß der Baum jeden Augenblick umfallen. Das Holz am Einschnitt ist schon ganz dünn.
»Zieht ihr am Seil!« rufe ich Ricardo und Mario zu. »Ich werde noch ein wenig weiterhauen.«
Die beiden stehen bereits am Ende unseres Kahlschlags, binden

das Seilende los und halten es stramm. Das Holz splittert unter meinen Axthieben. Plötzlich höre ich ein lautes Knacken. Der Baum bricht, neigt sich und kippt. In Richtung Meer! Ich springe rasch zur Seite. Es folgt ein ohrenbetäubendes Getöse, abgebrochene Äste wirbeln durch die Luft, der Boden erzittert.
»Ricardo, Mario! Wir haben gewonnen!« rufe ich voller Freude.
Ich habe einige Mühe, mich in der Dunkelheit durch den Wirrwarr von Holz und Blättern zu meinen Freunden vorzukämpfen, als ich Ricardos aufgeregte Stimme höre: »Leosch! Komm schnell! Mario liegt eingeklemmt unter den Ästen!«
Der Baum ist offenbar noch größer, als wir dachten. Unser Seil war zu kurz, und die Baumspitze hat die beiden gestreift. Als ich sie erreiche, hat Ricardo seinen Sohn schon befreit. Langsam kommt der Junge wieder zu sich.
»Tut dir etwas weh?« frage ich.
»Ja, mein Kopf.«
Ich taste seine Glieder ab und untersuche, ob er sich etwas gebrochen hat. Es scheint nicht so. Nur am Schädel blutet er.
»Ich habe ein Feuerzeug, ich werde dir leuchten, schau seinen Kopf an«, sage ich zu Ricardo.
»Ja, hier hat er eine Platzwunde, aber sie scheint nicht so groß zu sein, daß sie genäht werden muß«, meint er. Trotzdem ist er sehr aufgeregt. »Wie geht es dir, mein Junge?« fragt er besorgt.
»Schon besser, Vater. Nur mein Kopf tut so weh.«
Wir tragen Mario zum Boot. Unterwegs wird ihm schlecht. Vermutlich hat er eine Gehirnerschütterung. Zu Hause helfen wir dem Jungen, der jetzt auch unter Gleichgewichtsstörungen leidet, in die Hängematte. Und Ofelia holt den Medizinmann. Der untersucht ihn und meint, daß es ihm bald wieder besser gehen wird. Einige Nachbarn kommen vorbei, trösten den kleinen Patienten und gratulieren uns zu unserem Erfolg. Wir sind die Helden des Tages, wir haben den Baum geschafft, an den sich niemand gewagt hat. Aber der arme Mario wird wohl noch einige Tage schulfrei haben. Er muß ruhig in seiner Hängematte liegen.
Am nächsten Morgen begleiten uns ein paar von Ricardos Freunden zum Festland. Diesmal nehmen wir auch noch eine Handsäge mit.

Wir arbeiten den ganzen Tag. Abends liegt der Stamm ohne Äste auf dem Kahlschlag. Und Ricardo sieht sein neues Boot schon vor sich. Acht Meter soll es lang werden. Meine Hände tun mir immer noch weh, aber ich hoffe, daß sich auch bei mir, wie bei meinem Freund, mit der Zeit eine Hornhaut bildet.
Auf dem Heimweg entdeckt Ricardo die Fußabdrücke eines Tapirs.
»Den möchte ich erwischen!« sagt er. »Morgen nehmen wir Gewehre mit. Vielleicht haben wir Glück. So ein Tier kann bis zu drei Zentner wiegen, und das Fleisch schmeckt ausgezeichnet.«
Als wir nach Hause kommen, geht es Mario schon wieder besser. Ofelia ist mit den Vorbereitungen für das Fest, die Reifeweihe der Tochter, beschäftigt. Die Mädchen hat sie zum Schildkrötenfang mit dem Boot losgeschickt. Leider kehren sie mit leeren Händen zurück. Als Ofelia erfährt, daß wir Tapirspuren gesehen haben, freut sie sich sehr.
»Das wäre ein schöner Festbraten«, meint sie, »wir brauchten dann kein Schwein zu schlachten.«

Eigentlich bin ich froh, daß ich nicht auf direktem Weg nach Turbo gelangt bin. Die Leute sind hier sehr freundlich zu mir, ich sehe viel Neues, und mit der Axt arbeite ich gerne. Schon als Kind habe ich das ganze Feuerholz für meine Mutter gehackt.
Wenn Silvia abends ihre Freundinnen besucht, nimmt sie mich mit. Sie ist stolz, mit mir ausgehen zu dürfen. Und mir macht es Spaß, sie zu begleiten. Sie möchte immer dort sein, wo ich bin. Sie wollte sogar schon mit uns in den Wald gehen und war traurig, weil ihre Mutter sie zum Schildkrötenfang schickte.
Heute hat sie sich ihre schönste Bluse, ihren neuen Rock und die neuen Schuhe angezogen. Sonst läuft sie nur in Gummilatschen herum. Bei unserem Spaziergang durchs Dorf treffen wir drei ihrer Freundinnen, und ich stelle fest, daß Silvia die hübscheste ist.
»Weißt du, daß alle meine Freundinnen in dich verliebt sind?« beginnt Silvia das Gespräch, als wir wieder zu Hause sind. »Sie möchten dich alle heiraten.«
»Da habe ich aber Glück gehabt, daß ich noch einmal davongekommen bin«, entgegne ich scherzend. Und als Silvia mich ver-

ständnislos anschaut, füge ich hinzu: »Weißt du, ich denke gar nicht ans Heiraten. Dazu bin ich noch viel zu jung!«

»Das stimmt nicht!« winkt das Mädchen ab. »Ich weiß, wie alt du bist! Alle unsere Männer sind in deinem Alter längst verheiratet, und manche haben schon viele Kinder. Willst du denn keine Kinder haben?«

»Doch schon, aber jetzt noch nicht. Ich möchte noch ein wenig reisen und die Welt kennenlernen.«

»Hm«, macht sie und sieht mich mit großen Augen an. Offenbar kann sie mit meinen Worten nicht viel anfangen. Diese Insel ist ihre Welt, und sie vermag nicht zu begreifen, was es darüber hinaus noch zu entdecken geben soll.

Am nächsten Tag will Ricardo eine Arbeitspause einlegen und mit mir auf die Jagd gehen. Als ich die Gewehre sehe, muß ich lachen. Es sind alte britische 303 aus dem ersten Weltkrieg. Ich wüßte gerne, auf welchem abenteuerlichen Weg sie hierher gelangt sind. Ricardo stopft die Magazine so voll, als müßten wir einen Krieg führen, und steckt zu allem Überfluß noch eine weitere Patronenschachtel in die Tasche.

Wir fahren zum Festland. Es ist nicht schwer, den Tapirspuren zu folgen. Nach einer Weile gelangen wir zu einem kleinen Fluß. Und die Fußabdrücke werden immer häufiger. Ich bin neugierig, denn ich habe noch nie einen Tapir gesehen. Plötzlich entdecke ich das Tier und hätte beinahe laut aufgelacht. Was für einen Spaß hat sich die Natur mit diesem harmlosen Pflanzenfresser erlaubt!

Braun ist er und fast unbehaart. Seine Schnauze ähnelt einem Rüssel, Ohren hat er wie eine Mickymaus, einen kleinen verkümmerten Schwanz wie ein Schwein, Hüften wie ein Pferd und Beine wie ein Dackel. Der Tapir ist nicht ängstlich, er schaut uns eher neugierig an.

Ricardo reißt das Gewehr von der Schulter, und die Kugeln pfeifen dem Tier um die Ohren. Jetzt verstehe ich, warum Ricardo so viele Patronen mitgenommen hat. Die vierte Kugel trifft endlich. Der Tapir macht noch einen letzten Satz und landet dann im Fluß.

»Schnell rein ins Wasser«, schreit Ricardo, »sonst säuft er ab!« Angezogen springen wir in die braunen Fluten, packen das tote Tier und versuchen es ans Ufer zu ziehen. Es ist schwer. Sicher wiegt es über hundert Kilo. Während wir uns bemühen, auf dem schlammigen Grund festen Fuß zu fassen, überlege ich, wie schnell die Kaimane wohl sind. Ein Biß in den Hintern wäre mir sehr unangenehm. Doch wir gelangen unbehelligt an Land. Jetzt sehen wir wie Wildschweine aus, besudelt mit Schlamm und Dreck. Aber unsere Beute liegt immerhin auf dem Trockenen.

Wir nehmen das Tier aus und zerteilen es in zwei Hälften. Die Innereien stopfen wir in einen Jutesack. Schwer beladen – jeder trägt eine Tapirhälfte über der Schulter – machen wir uns auf den Weg zum Boot. An unseren Händen und Kleidern klebt jetzt außer dem Schmutz auch noch Blut. Wenn uns jemand begegnen würde, müßte er uns für Kannibalen halten, die gerade von einem Beutezug heimkehren.

Im Dorf spricht es sich rasch herum, daß Ricardo einen Tapir geschossen hat. So etwas kommt nicht alle Tage vor.
Ofelia enthäutet und zerlegt das Tier.
»Hast du Essig?« frage ich.
»Ja, warum?«
»Wenn du willst, koche ich für das morgige Fest der Reifeweihe ein böhmisches Gericht.«
»Was ist ein böhmisches Gericht?«
»Sauerbraten mit Sahnesoße und Knödel. Das ist ein Nationalgericht aus Böhmen. Dort bin ich geboren.«
»Ich dachte, du bist Kanadier oder Deutscher.«
»Ich bin Tscheche und habe noch die deutsche Staatsbürgerschaft. In Kanada habe ich lange gelebt, und irgendwann möchte ich auch Kanadier werden.«
»Dann bist du also international.«
»Wenn du es so nennen willst, ja«, antworte ich lachend. »Jedenfalls bin ich kein Nationalist, denn ich bin dort zu Hause, wo ich mich wohl fühle.«
»Könntest du auch bei uns zu Hause sein?«
Ich merke, daß Ofelia diese Frage bewußt gestellt hat. Silvia ist auch in der Küche.
»Ja, vielleicht«, erwidere ich zögernd, »aber ich möchte noch nach Feuerland. Möglicherweise komme ich irgendwann einmal wieder hierher zurück, um euch zu besuchen.«
Ofelia scheint mit meiner Antwort zufrieden und wendet sich wieder den praktischen Dingen des Lebens zu.
»Was brauchst du alles für dein böhmisches Gericht?« Ich zähle ihr alle Zutaten auf, obwohl ich weiß, daß in ihrem Haushalt einiges fehlt.
»Ich benötige das Fleisch vom Rücken«, erkläre ich und lege gleich zwei große Stücke beiseite. »Dann brauche ich ein paar Kilo Mehl. Ihr habt nur Maismehl, aber das schadet nichts. Und an Eiern besteht auch kein Mangel. Statt Sahne werde ich Milch aus Kokosfleisch nehmen und statt Hefe Backpulver. Dann noch Gemüse und Essig.«
Ofelia und Silvia freuen sich, daß ich kochen will, und reichen mir voller Eifer alles, was ich verlange.

Nachdem ich Fleisch und Gemüse in Tunke eingelegt habe, fange ich an, Kokosmilch herzustellen. Das ist viel Arbeit, denn ich brauche einen Liter für die Knödel und genausoviel für den Sauerbraten. Zuerst muß ich die äußere Bastschale der Kokosnuß abreißen und dann mit dem Messer ein Loch in die Spitze bohren. Sobald ich das Fruchtwasser abgeschüttet habe, schlage ich mit der stumpfen Seite des Messers so lange rundherum auf die Mitte der Nuß, bis sie in zwei Hälften bricht.
»Hast du etwas zum Reiben?« frage ich Ofelia.
Sie bringt ein Brett, an dem ein Eisenschaber befestigt ist.
Ich setze mich auf einen Hocker, klemme mir das Brett unter den Hintern, stelle eine Schüssel zwischen die Füße unterhalb des Schabers und reibe das Fruchtfleisch so fein wie nur möglich. Nachdem die Schüssel voll ist, reiße ich Fäden aus der Außenschale der Nuß, lege das feuchte Fruchtfleisch dazwischen und presse es aus. Die Milch fließt zwischen meinen Fingern heraus.
»Du machst das genausogut wie ich«, meint Silvia bewundernd. »Wo hast du es gelernt?«
»Im Südpazifik. Dort stellen die Leute auch Kokosmilch her.«
Mein Menü ist jedenfalls vorbereitet. Die Zubereitung ist morgen kein Problem mehr.
Abends rollt Ricardo Tabakblätter zu langen ›Hualsuit‹-Zigarren, die für das morgige Fest bestimmt sind. Statt zu rauchen, probiere ich lieber die neue Chicha. Leider ist sie noch nicht stark genug, obwohl die Frauen viel Mais vorgekaut haben. Der Gärprozeß dauert mindestens drei oder vier Tage.
Am nächsten Morgen kann ich einmal so richtig ausschlafen. Da ich mich bei Ofelia über das Geschrei des Hahns beklagt habe, hat sie den Krachmacher kurzerhand über Nacht in die dunkle Scheune gesperrt und verhindert, daß er die aufgehende Sonne mit seinem nervtötenden Kikeriki begrüßt.
Als ich zum Frühstück komme, ist Mariel schon festlich angezogen. Als Schmuck trägt sie eine doppelreihige Halskette aus großen runden Goldblechplatten.
Am Nachmittag beginnt die Reifeweihezeremonie. Mariel setzt sich in einer Grube auf den Boden. In einem Räucherbecken aus Ton werden Kakaobohnen gebrannt. Ricardo hält eine lange

Rede in der Chibcha-Sprache. Die Gäste, etwa zehn sind es zusammen, rauchen ›Hualsuit‹-Zigarren und trinken viel Chicha. Dann schneidet Ricardo Mariels Haare ab. Sie nimmt sie vorsichtig in Empfang und verstaut sie in einer Schachtel, in der sie sie ihr ganzes Leben lang aufbewahrt. Anschließend wird gesungen. Zum Essen ist natürlich auch Mariels Bräutigam eingeladen. Immer mehr Besucher kommen dazu. Mein Tapirsauerbraten und die Maismehlknödel finden so viel Anklang, daß für die Nachzügler unter den Gästen nichts mehr übrigbleibt. Dennoch braucht niemand zu hungern. Die Hinterkeulen unserer Jagdbeute werden am Spieß gebraten, außerdem gibt es Tapir- und Schildkrötensteaks, gebratene Hühner und Fisch, dazu Yams, Süßkartoffeln, Maisfladen und Gemüse. Zum Nachtisch werden Bananenpudding und Gebäck serviert. Und der Vorrat an Maisbier scheint unerschöpflich zu sein. Mein Becher – eine Kokosnußschale – wird immer wieder gefüllt, und irgendwann merke ich, daß ich mit dem Trinken aufhören muß. Unauffällig entziehe ich mich der fröhlichen Gesellschaft und habe die größten Probleme, in meine Hängematte zu steigen.
Bis zum Mittag des nächsten Tages herrscht Ruhe im Haus und in der ganzen näheren Umgebung. Meine Freunde und ihre Nachbarn schlafen ihren Rausch gründlich aus.

Nach dem Festwochenende erwartet uns im Wald wieder eine harte Arbeit. Wir müssen eine fast zwei Kilometer lange schnurgerade Schneise bis zum Meer schlagen und alle fünf Meter einen geschälten Stamm quer legen. Mit dem Bau der ›Straße‹ sind wir eine ganze Woche lang beschäftigt. Vom Unterteil unseres Baumstammes hacken wir dann ein acht Meter langes Stück ab, schälen die Rinde, damit er besser rutscht. Meine Handflächen gleichen inzwischen denen von Ricardo. Sie sind mit einer dicken Hornhaut überzogen. Mario hilft uns, wenn er schulfrei hat, und auch Silvia versucht sich nützlich zu machen. Am liebsten arbeitet sie mit mir zusammen. Sie räumt kleinere Bäume, Äste und Büsche zur Seite, greift auch manchmal zur Handsäge, die sie früher nie angerührt hätte. Und sie verrichtet ihre Arbeit mit einer außergewöhnlichen Begeisterung.

»Jetzt brauchen wir einen Regentag«, meint Ricardo, nachdem alles fertiggestellt ist.
»Damit der Stamm besser rutscht?« rate ich.
»Richtig!« sagt er.
Während wir auf den Regen warten, gehen wir zum Fischen und Schildkrötenfangen oder arbeiten auf dem Feld. Nach ein paar Tagen stauen sich dunkle Wolken vor dem Bergkamm des Festlandes, und es fängt tatsächlich an zu regnen.
Ricardo trommelt das halbe Dorf zusammen. Mit Seilen bepackt, fährt eine ganze Einbaumflotte zu unserer Schneise. Wir arbeiten im strömenden Regen. Er erleichtert uns nicht nur den Transport unseres Baumes, er hat auch noch einen anderen Vorteil: Die Moskitos bleiben in ihren Verstecken und plagen uns nicht wie sonst.
Mehr als dreißig Männer helfen mit, den Koloß über die glitschigen Querbalken zum Meer zu ziehen. Am Abend ist es endlich soweit: Unser Baum schwimmt. Doch damit ist die Aufgabe noch nicht erfüllt. Sechs Boote müssen den Stamm bis zu unserer Insel in Schlepp nehmen.
Es ist schon dunkel, als wir den Strand erreichen. Aber Ricardo will auch den letzten Akt noch hinter sich bringen. Der Baumstamm muß aus dem Wasser. Mit vereinten Kräften ziehen wir ihn über Holzrollen aufs Trockene.
Danach haben wir allen Grund zum Feiern. Es wird viel gegessen und noch mehr getrunken. Chicha fließt in Strömen. Jemand spielt Gitarre. Und ein paar junge Burschen trommeln die ganze Nacht hindurch.
Ich möchte nun gerne wissen, was Ricardo mit dem Baumstamm weiter vorhat.
»Morgen hacken wir den ›Deckel‹ ab«, sagt er, und als ich ihn verständnislos anschaue, ist er bereit, mir den Bau des Einbaums genauer zu erklären: »Der ›Deckel‹, das ist etwa ein Viertel des Stammes in der Längsrichtung. Sobald wir ihn entfernt haben, höhlen wir den Stamm aus. Unsere Großväter haben ihn noch ausgebrannt, aber das ist nur möglich, wenn man den Baum lange gelagert hat. Doch ich will zügig vorankommen, deshalb werden wir das Holz mit der Axt und später mit Beil und Hohl-

dexel heraushauen. Für die feinen Arbeiten nehmen wir das Stemmeisen und den Holzhammer.«
»Wie lange werden wir wohl brauchen?« frage ich.
»Wenn wir jeden Tag arbeiten, etwa zwei Wochen«, erwidert Ricardo.
Er möchte von mir wissen, wieviel Tonnen so ein Boot wohl laden kann. Ich rechne schnell den Auftrieb aus.
»Wenn das Holz trocken ist und die Außenschale leichter wird, dann bestimmt sechs.«
»Wunderbar«, freut sich mein Freund. »Das beste Boot in unserem Dorf kann nur vier Tonnen laden.«
Silvia, die unserem Gespräch zugehört hat, schaut uns bewundernd an. Ich glaube, sie betrachtet uns als Helden.

Die Tage vergehen. Wir hauen, hacken und stechen. Und Ofelia verwöhnt uns mit einer Menge schmackhafter Gerichte. Aber am liebsten möchte sie, daß ich wieder einmal böhmisch koche, doch dazu ist jetzt keine Zeit. Im Moment haben wir nur unser Boot im Kopf. Wir wollen es sobald wie möglich schwimmen sehen.
Eines Tages kehrt Mariel verstört nach Hause zurück. Sie hat ihre Großmutter besucht.
»Wir müssen den Medizinmann holen«, sagt sie aufgeregt, »Großmutter geht es sehr schlecht!«
Die ganze Familie eilt zum anderen Dorfende, wo Ofelias Mutter wohnt. Silvia rennt zum Medizinmann. Er kommt mit einem Topf voller ›Nuchus‹, das sind kleine, menschenähnliche, aus Holz geschnitzte Figuren, die Schutzgeister der Kranken. Sie sollen ihnen im Kampf gegen böse Geister, die ›Ponis‹, beistehen. Der Medizinmann stellt den Topf mit den ›Nuchu‹-Figuren unter die Hängematte, in der die Großmutter liegt. Dann verbrennt er Kakaobohnen, Tabak und Pfeffer, damit die darin wohnenden guten und mächtigen Geister frei werden und die bösen Geister besiegen. Der Medizinmann singt, während er die ›Nuchus‹ mit den ›Ponis‹ kämpfen läßt, bis er überzeugt davon ist, daß die Guten die Bösen eingefangen und weggebracht haben.
Diese Zeremonie dauert lange, und am Ende steht fest: Die Großmutter wird genesen und die Patientin glaubt, daß der Me-

dizinmann ein mächtiger Mann ist. Der läßt sich seine Dienste – wie üblich – reichlich mit Naturalien vergüten. Kein Wunder, daß er nie selbst auf dem Feld zu arbeiten braucht.

Unser Baum erhält immer mehr die Form eines Kanus. Und immer mehr Bewunderer kommen zu unserer ›Werft‹, um das Boot anzuschauen. Zweieinhalb Wochen brauchen wir, das Werk zu vollenden. Feierlich wird das Boot ins Wasser gelassen, und danach wird ein großes Fest gefeiert.

Jetzt kann ich langsam an meine Weiterreise denken. Mehr als einen Monat bin ich nun im Dorf, und schon zwei Schiffe, die nach Turbo gefahren sind, haben hier angelegt. Mittlerweile weiß ich auch, warum die beiden Kapitäne mich damals nicht mitnehmen wollten. Fast alle Schiffe, die zwischen Turbo und Colón verkehren, sind Schmugglerboote. Aus Panama bringen sie Industrieprodukte nach Kolumbien und kehren vorwiegend mit Marihuana beladen zurück. Die Zöllner wissen offiziell von nichts. Die Korruption blüht in Südamerika!

Je näher meine Abreise rückt, desto trauriger wird Silvia. Und eines Tages fragt sie mich rundheraus: »Warum nimmst du mich nicht mit nach Feuerland? Ich mag nicht warten, bis du wiederkommst. Ich möchte immer bei dir sein.«

Ich bin überrascht. Das habe ich nicht erwartet, obwohl ich weiß, daß sie mich gern hat. Aber ich will allein weiterreisen. Außerdem sind die Strapazen sehr groß. Doch ich möchte Silvia nicht vor den Kopf stoßen.

»Das geht nicht«, beginne ich vorsichtig, »du hast keinen Reisepaß, und ohne Paß kommst du nicht über die Grenze. Die Zöllner wollen ihn sehen.«

Sie läßt sich aber nicht so schnell abwimmeln: »Wir brauchen ja nicht auf der Straße zu bleiben. Wir können quer durchs Land gehen, dort begegnen wir keinem Zöllner. Aus unserem Dorf waren schon einige Männer in Kolumbien, und keiner besitzt einen Paß.«

»Hier ist die Grenze nicht so bewacht«, versuche ich mich herauszureden. »Anderswo aber wimmelt es von Grenzwächtern. Die lassen niemanden durch.«

Unbewohnte San Blas Insel ▷

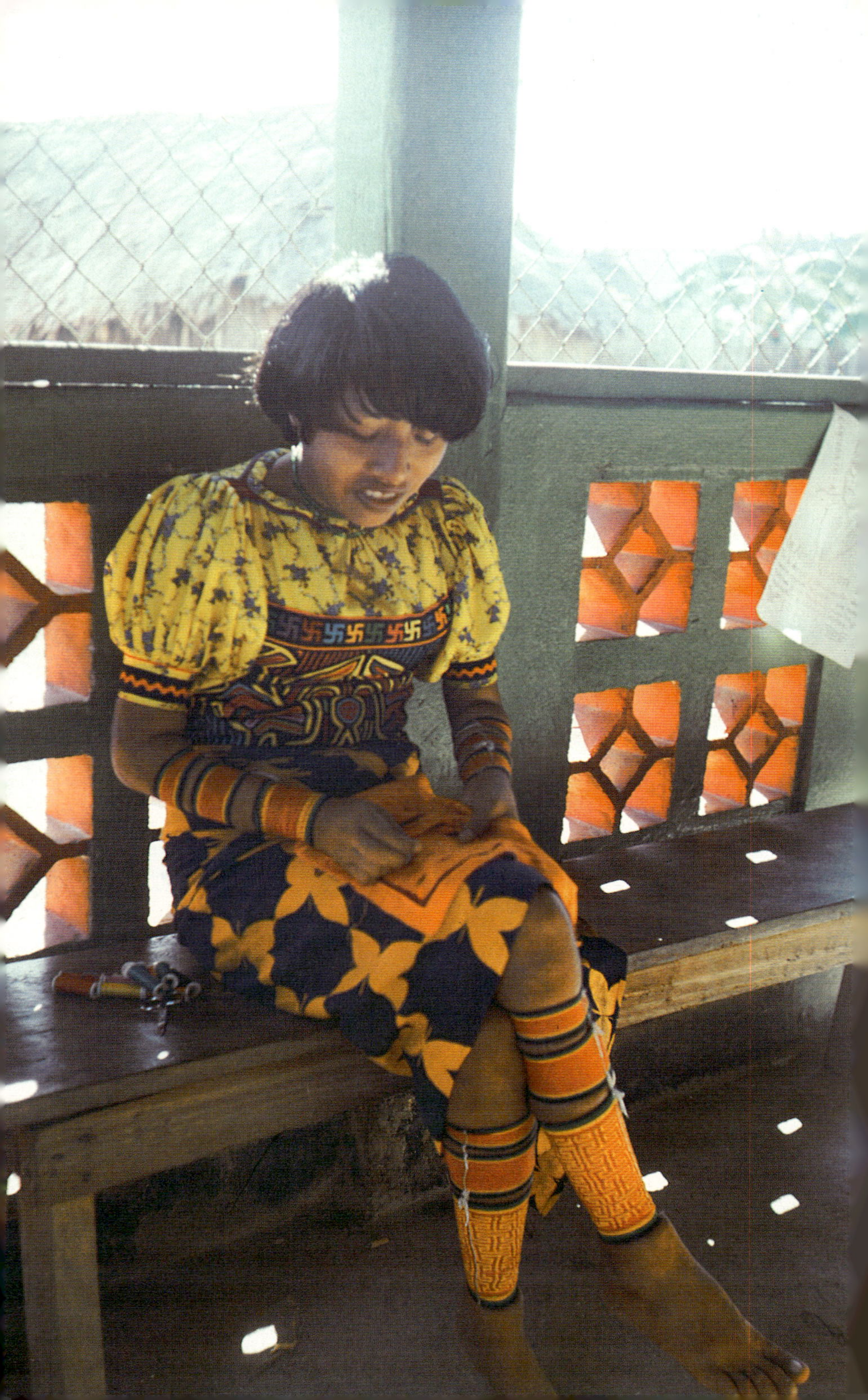

Es fällt dem Mädchen sichtlich schwer, das einzusehen. Aber schließlich gibt sie auf.
Endlich kommt ein Boot vorbei. Es ist recht klein, keine zwanzig Meter lang. Ein paar Cunas, die in Colón leben, steigen aus. Ricardo kennt den Kapitän und lädt ihn nach Hause ein. Dort stellt er mich vor.
»Das ist mein Gringo. Er ist ein guter Mann. Was er nicht sehen darf, sieht er nicht. Und kochen kann er auch sehr gut. Wie ich dich kenne, hast du bestimmt keinen Koch an Bord.«
Der Kapitän schaut mich zuerst mißtrauisch, dann neugierig an. Er überlegt eine Weile und entscheidet: »Gut, ich nehme dich mit, aber eine Flasche Rum kostet es dich!«
Zum Abschied steht das ganze Dorf an der Mole. Silvia kullern Tränen aus den Augen. Und ich bin plötzlich hin- und hergerissen. Soll ich nicht doch hierbleiben? Was soll ich in Feuerland? Aber da legt das Schiff ab. Und langsam schrumpfen die Menschen auf dem Kai zu kleinen bunten Punkten zusammen.

◁ Cuna-Frau

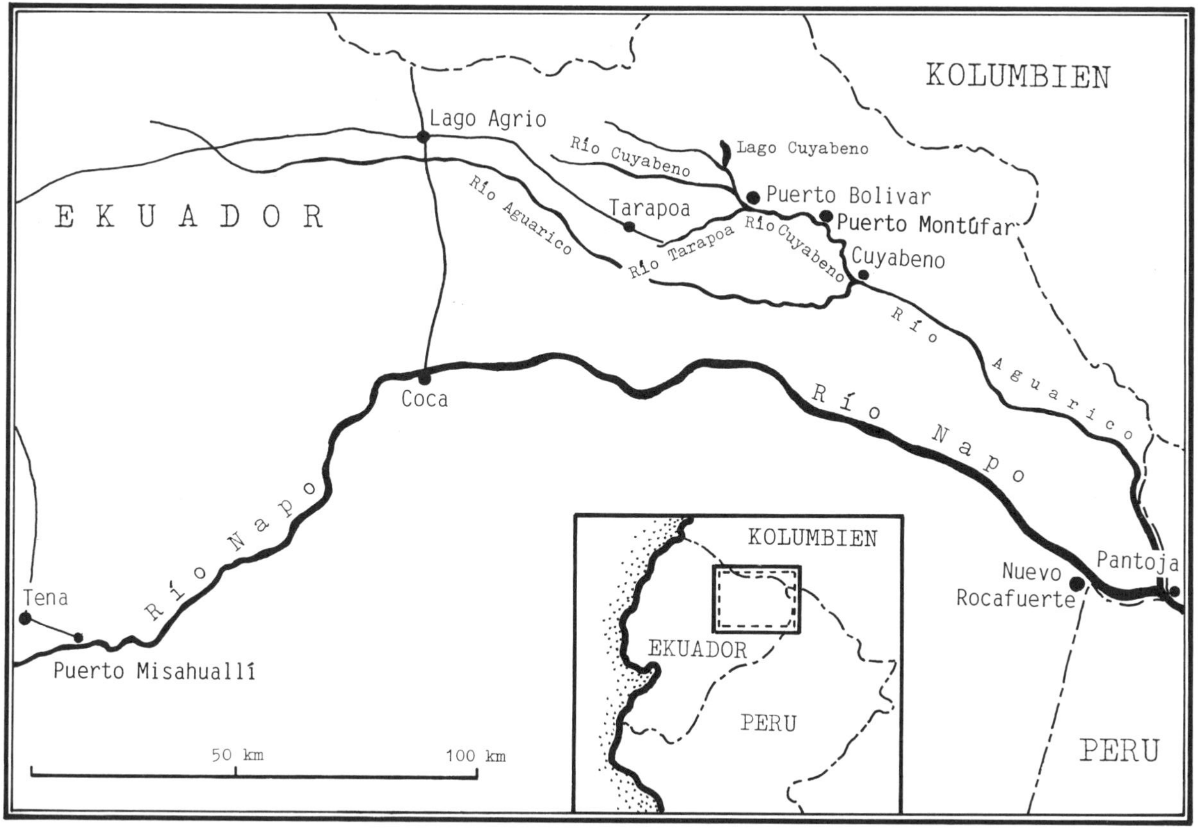
KOLUMBIEN
EKUADOR
PERU
Lago Agrio
Río Cuyabeno
Lago Cuyabeno
Puerto Bolivar
Puerto Montúfar
Tarapoa
Río Aguarico
Río Tarapoa
Río Cuyabeno
Cuyabeno
Río Aguarico
Coca
Río Napo
Río Napo
Tena
Puerto Misahuallí
Nuevo Rocafuerte
Pantoja
50 km
100 km
KOLUMBIEN
EKUADOR
PERU

5. Kapitel

Land der Schlangen, Piranhas und Kaimane
– Siona-Indianer im Amazonasdschungel –

»Das muß der Río Tarapoa sein, Perico!« sage ich zu meinem Weggenossen, einem kleinen grünen Amazonenpapagei, der mal auf meiner linken, mal auf meiner rechten Schulter sitzt.
Hier geht der Pfad nicht weiter. Hier soll ich warten, haben die Bewohner von Lago Agrio, einem kleinen Nest im ekuadorianischen Tiefland gesagt. Hier kämen die Leute aus Puerto Bolivar vorbei, um Früchte zum Markt zu bringen. Mit ihnen könnte ich zum Lago Cuyabeno, einem See im Amazonasbecken, gelangen, wo Süßwasserdelphine noch in freier Wildbahn leben.
Am Flußufer liegt ein Einbaum halb im Wasser. Er ist nur mit einer Liane festgebunden. Ich setze mich auf einen umgestürzten Baumstamm. Nach dem langen Fußmarsch bin ich froh, endlich einmal ausruhen zu können.
Die Stille ringsum tut wohl. Das dunkelgrüne Wasser fließt träge im schmalen Flußbett. Wild wucherndes Gestrüpp und mächtige knorrige Bäume bilden eine undurchdringliche Wand zu beiden Seiten des Ufers. Nicht weit von mir entfernt gleitet ein junger Kaiman ins Wasser. Und Schmetterlinge gaukeln leuchtend blauen Wimpeln gleich zwischen den Stämmen. Ich bin wie verzaubert. So schön habe ich mir den Dschungel nicht vorgestellt. Nicht einmal Moskitos stören mich in meiner Ruhe.
Ich schiebe mir den Rucksack unter den Kopf und schaue in den blauen Himmel. Ja, ich bin froh, daß ich endlich in Ekuador bin. Die Reise durch Kolumbien war anstrengend, obwohl ich viel Glück hatte. Daß alles so gut geklappt hat, habe ich Carlos zu verdanken. Er sprach mich in einem Café in Turbo an, wo ich als einziger Gringo wohl aufgefallen sein muß.
Carlos ist Wirtschaftsberater und war auf einer Dienstreise. Er wohnt in Medellin, und als er erfuhr, daß ich die Pan Americana in Richtung Süden bereisen will, bot er mir an, mich in seinem Auto mitzunehmen. Er wollte nur Englisch mit mir reden, weil er bisher so wenig Gelegenheit hatte, seine Sprachkenntnisse zu

verwerten. Unterwegs besuchten wir zwei kleine Bergwerke, die noch wie im Mittelalter Kohle abbauen. Die Arbeiter kriechen auf dem Bauch an die Kohlenschichten heran und hauen die Kohle mit einer Hacke aus der Gesteinsmasse. Danach wird sie auf hölzerne Karren geladen und aus dem Stollen herausgefahren. Die Bergwerke bringen kaum Gewinn, obwohl sich die Arbeiter für einen Hungerlohn abschuften. Ich habe schon viel Armut kennengelernt, aber diese Leute hier haben nicht einmal das Nötigste, was sie zum Leben brauchen.

Nirgends habe ich einen so großen Unterschied gesehen zwischen arm und reich wie in Kolumbien. Kein Wunder, daß hier Diebstähle und Raubüberfälle an der Tagesordnung sind. Leider herrscht unter den Kolumbianern die irrige Meinung vor, daß ein weißer Mann auch ein reicher Mann ist. Auch ich mußte diese Erfahrung machen. Immer wieder versuchte man, meinen Rucksack zu klauen oder wenigstens etwas von seinem Inhalt zu stehlen. Doch Carlos gab mir einen Tip, wie man den Dieben ein Schnippchen schlagen kann. Er ging mit mir zu einem Klempner und ließ für meinen Rucksack eine dünne Blechkiste anfertigen, die den Langfingern einiges Kopfzerbrechen bereiten sollte.

In Cali wurde ich einmal Zeuge ihrer Geschicklichkeit. Im Menschengedränge schnitten sie einem Gringo blitzschnell den Rucksack mit einer Rasierklinge auf und zogen die Sachen so vorsichtig heraus, daß er nichts bemerkte. Mir blieb keine Zeit einzugreifen, da das Ganze höchstens ein paar Sekunden dauerte.

Die Methoden der Diebe sind oft recht brutal. Einmal sah ich, wie ein Mann einer Frau die Ohrringe abriß und sie rasch an seine Helfer weitergab. Mit leeren Händen grinste er sein Opfer an. Die Ohren der Frau bluteten.

Selbst Carlos ging einem Dieb auf den Leim, als dieser einen Korb mit Gemüse direkt vor seinem Auto fallen ließ. Carlos bremste und kurbelte die Scheibe herunter, um den Mann auszuschimpfen. Aber darauf hatte der Gauner nur gewartet. Er riß Carlos die Uhr mit solcher Gewalt vom Handgelenk, daß das Stahlband tief ins Fleisch schnitt. Die Uhr verschwand sofort, und der Mann sammelte in aller Ruhe sein Gemüse ein. Er stritt gegenüber dem herbeigerufenen Polizisten, der nichts bei ihm finden konnte, alles ab. Carlos mußte seine Wunde im Krankenhaus nähen lassen.

Den neuesten Trick der kolumbianischen Ganoven habe ich erst kürzlich erfahren. Da bot ein Fahrgast einem Weißen im Omnibus Kekse aus einer Tüte an, aus der er selbst aß. Der Tourist griff eifrig zu und staunte, als ihn der Busfahrer an der Endstation weckte. Paß, Geld, Uhr und Fotoapparat waren zusammen mit seiner Handtasche verschwunden. Womit die Kekse präpariert waren, hat er nie erfahren. Dieser Trick stammt sicherlich aus der ›Diebesschule‹ in Bogotá, wo die ›Herren‹ sozusagen den letzten Schliff bekommen.

Ich bin natürlich sehr vorsichtig geworden. Meine kleine Kamera habe ich stets unter dem Hemd versteckt, meine Travellerschecks und meinen Reisepaß bewahre ich in einem Ledertäschchen auf, das ich an einem Hüftriemen unter der Unterhose trage. Wenn es jemand klauen wollte, müßte er mir zuerst die Hose ausziehen. Und dazu hatte bis jetzt noch keiner den Mut. Mein bißchen Bargeld ist in der engen Jeanshosentasche ziemlich sicher.

Nur einmal wollten mir ›Robaros‹ meinen Rucksack mit Gewalt abnehmen. Das war in Cali, nach Bogotá wohl die gefährlichste Stadt in Kolumbien. Ich hatte mich verlaufen und landete in einer slumähnlichen Gegend. Plötzlich war ich von sechs jungen Männern umringt. Aber zum Glück hatte ich mir auf Carlos' Rat in Medellin eine Machete gekauft, vor der die Diebe Respekt zu haben schienen. Zufällig stand ich mit dem Rücken zu einer Wand. Ich fuhr mit dem Finger über die Schneide und warnte: »Seid vorsichtig, Jungs, sie ist scharf. Und ich kann sehr gut damit umgehen.« Offenbar wußten die Angreifer, was für verheerende Wunden so ein Buschmesser reißen kann, denn so schnell sie gekommen waren, so schnell waren sie auch wieder verschwunden.

Das waren die häßlichen Seiten Kolumbiens, aber die Zeit bei Carlos war schön. Sein Englisch wurde immer besser, und ich wurde von seiner Frau regelrecht verwöhnt. Sie kochte nicht nur ausgezeichnet, sie wusch auch meine Kleider und stopfte die Löcher. Immer wieder wurden wir von Freunden und Bekannten eingeladen. Auf diese Weise lernte ich auch die gehobene kolumbianische Klasse kennen. Ihre schönen Häuser gleichen nicht selten kleinen Festungen. Fenster und Türen sind vergittert. Die einen haben komplizierte Warnanlagen auf ihren Grundstücken installiert, die anderen halten sich scharfe Schäferhunde aus Angst vor den ›Robaros‹.

Nach ein paar Tagen brachte mich Carlos zu seinen Eltern aufs Land. Sie besitzen zwischen Medellin und Cali in den Bergen eine Finca. Das ist Farm und Ranch in einem. Dort gefiel es mir so gut, daß ich fast zwei Monate blieb. Oft war ich mit Jesus, Carlos' jüngerem Bruder, zusammen. Er bewirtschaftet mit den Eltern die großen Kaffee- und Bananenplantagen und kümmert sich um die Rinderzucht. Riesige Weiden mit saftigem Gras ziehen sich bis in die Berge hinauf. Früher war dieses Land mit dichtem Urwald bewachsen, aber die Siedler legten Waldbrände, um Weideflächen zu gewinnen. Das Wohnhaus liegt direkt am Fluß in einem üppig grünen Tal. Daneben stehen die Ställe für die Milchkühe, Schweine und Hühner. Der Korral für die Arbeitspferde schließt sich an.

Carlos' Vater beschäftigt ein paar Kolumbianer als Cowboys und eine Menge Indianer auf den Plantagen. Ich verbrachte die meiste Zeit mit den Cowboys. Wir hüteten die Rinder in den entferntesten Regionen der Finca. Dort war das Bewachen des Viehs am wichtigsten, denn viele Rinder wurden schon von den Nachbarn gestohlen. Noch mehr Ärger gab es aber mit einem Indianerstamm.

Carlos' Familie konnte sich lange Zeit die hohe Viehsterblichkeit nicht erklären. Anfangs wunderte sich auch niemand, daß jedes Mal, wenn eines der Tiere verendete, die Buschindianer auftauchten und fragten, ob sie den Kadaver bekommen könnten. Die Cowboys hatten nichts dagegen, und die Indianer schleppten ihn zu ihren Behausungen. Das ging so lange, bis sie eines Tages auf frischer Tat ertappt wurden. Mit Blasrohren und vergifteten Pfeilen erlegten sie das Rind. Dazu benützten sie das gefürchtete Curaregift, das atemlähmend wirkt.

Daraufhin wurde den Indianern der ›Krieg‹ erklärt. Beide Seiten waren gut bewaffnet. Obwohl in Kolumbien Handfeuerwaffen verboten sind, hält sich niemand daran. In den Bergen hat jeder einen Revolver am Gürtel stecken und einen Karabiner am Sattel. Die Waffen der Indianer sind jedoch gefährlicher. Ihre vergifteten Pfeile töten lautlos. Die Verluste in beiden Lagern waren etwa gleich groß. Auch ich erhielt eine richtige ›Handkanone‹, einen 45er Colt mit einem Laufdurchmesser von dreizehn Millimetern. Zum Glück mußte ich nie Gebrauch davon machen.

Das energische Picken des Papageis auf meiner Hand ruft mich in die Gegenwart zurück. Was wird mich hier im Dschungel erwarten? Ich habe schon viel über die Waorani-Indianer gehört, die Aukas, wie sie von den Siona-Indianern genannt werden. Vor diesen wilden Nackten fürchten sich hier alle. Und ich bin jetzt an der Grenze ihres Gebiets. Sie jagen mit curarevergifteten Pfeilen, und es wird behauptet, daß sie aus vierzig Metern Entfernung einen kleinen Vogel treffen können. Wie viele Missionare und Ölsucher haben sie wohl schon mit ihren mit Federn geschmückten Speeren umgebracht? Erst vor kurzem hörte ich, daß sie einen Koch von einem Ölsuchercamp mit sechsundzwanzig Speeren durchbohrten, als ob einer nicht gereicht hätte!
Soll ich so ein Risiko eingehen, nur um ein paar Süßwasserdelphine zu sehen? Vielleicht haben sich die Aukas ja auch wieder in ihr Revier auf der Südseite des Río Napo zurückgezogen. Aber niemand weiß etwas Genaues. Und wie steht's mit Giftschlangen, Giftrochen und Jaguaren? Selbst die Aukas, die hier beheimatet sind, sterben selten an Altersschwäche. Aber noch kann ich ja umkehren. Wenn ich wenigstens etwas mehr über die Sionas erfahren hätte, mit denen ich angeblich ›beruhigt‹ zum Río Cuyabeno gehen kann. Mir ist nur bekannt, daß sie friedlich sind und außer Quechua noch etwas Spanisch sprechen. Ich entschließe mich, abzuwarten und mit ihnen zu reden, ehe ich mich endgültig entscheide.
Es wird dunkel. Zum erstenmal seit Beginn meiner Südamerikareise wäre ich jetzt an einem Zelt froh. Der Gedanke, daß heute nacht alles mögliche Ungeziefer auf mir herumkrabbelt, ist mir doch sehr unangenehm. Vor Schlangen habe ich keine Angst, sie greifen nicht ohne Grund an, aber vor Spinnen fürchte ich mich. Bis jetzt habe ich Vogelspinnen und Schwarze Witwen nur in

zoologischen Sammlungen gesehen und hoffe sehr, daß mir die unmittelbare Begegnung mit ihnen erspart bleibt. Ich befestige meine Hängematte zwischen zwei Bäumen und spanne meinen Poncho als Dach darüber, denn es regnet häufig hier in ›Oriente‹. So nennen die Ekuadorianer die Gegend hinter dem Cordillera-Gebirge. Und die Regengüsse sind oft ganz schön heftig.
Es ist meine erste Nacht im Dschungel. Tagsüber war es ruhig am Fluß, doch die Nacht ist von tausend Geräuschen und Lauten erfüllt. Und ich kann die Vogelschreie von den Rufen anderer Tiere kaum unterscheiden. Von Müdigkeit übermannt, schlafe ich dennoch bald ein und wache erst auf, als die Sonne schon hoch am Himmel steht. In der Nacht hat es nicht geregnet, so daß ich ein Feuer leicht anzünden kann, um mein Frühstück zu kochen. Es gibt Reis mit Corned-Beef und Kaffee. Später möchte ich meine Konserven bei den Einheimischen gegen frische Nahrungsmittel eintauschen.
Von den Besitzern des Kanus fehlt noch jede Spur. Ich kann mir also ruhig ein wenig meine Umgebung anschauen. Der Regenwald ist sehr dicht. Die größten Bäume sind sicher über dreißig Meter hoch. Ihre Wurzeln haben die Erde gesprengt, als wollten sie der Sonne entgegenwachsen. Und aus den mächtigen Kronen hängen Schlingpflanzen wie zerzauste Bärte zum Boden herab. Im Schatten der alten Baumriesen drängt eine Vielzahl von Palmen und schlanker junger Gewächse zum Licht. Inmitten der grünen Fülle entdecke ich die stachelige Chonta-Palme mit ihren leuchtend roten und grünen Früchten, die in rohem Zustand ungenießbar sind, gekocht aber sehr gut schmecken. Mir gelingt es, auf einen benachbarten Baum zu klettern und mit dem Messer einige der Früchte abzuschneiden.
Gleich darauf finde ich Spuren von Wildschweinen. Das wäre etwas: Gebratenes Ferkel mit Chonta-Früchten! Doch leider werde ich auf diese Delikatesse verzichten müssen, weil sich die Schweine tagsüber versteckt halten und ich außerdem keine Waffe habe, um sie zu schießen. Auf dem Rückweg beobachte ich einige Kolibris, die wie große, bunte Insekten Blüte um Blüte umschwirren.
Plötzlich erschrecke ich. Ein halbes Dutzend kleiner Brüllaffen

springt von einem Baum mit glatter, silberner Rinde. Sie haben ganz offensichtlich von den Beeren gefressen, die wie blaue Trauben zwischen den großen Blättern hängen. Die Früchte sehen verlockend aus, und ich finde, was den Affen schmeckt, kann mir nicht schaden. Leider ist der Stamm verdammt glatt. Ich könnte mein Hemd ausziehen und es als Hilfsmittel beim Klettern benützen, aber ich möchte nicht mit nacktem Oberkörper auf den Baum steigen. Da fällt mein Blick auf die vielen dünnen Schlingpflanzen. Ich schneide einige davon ab, binde sie zu einem Ring zusammen und nehme ihn zwischen die Füße. Es klappt. Die ›Trauben‹ schmecken wunderbar. Ich nehme ein ganzes Bündel davon mit in mein Camp. Jetzt fehlt mir nur noch das Fleisch. Ich habe gehört, daß Kaimane recht schmackhaft sein sollen. Vielleicht erwische ich einen kleinen. Aus dem Rucksack hole ich den größten Fischhaken, die dickste Leine und den Stahlvorspann. Damit habe ich in Kanada meterlange Hechte gefischt. Als Köder benütze ich die Hälfte eines Frosches.
Schon nach wenigen Sekunden spüre ich einen Ruck. Ja, ich habe etwas gefangen. Doch bei einem Kaiman müßte der Widerstand größer sein. Als ich meine Beute aus dem dunklen Wasser ziehe, muß ich zu meiner Enttäuschung feststellen, daß ein Fisch an der Angel zappelt. Aber was für einer! Es ist ein etwa dreißig Zentimeter großer Piranha. Ich töte ihn rasch mit der Machete und untersuche ihn. Diesen Horror-Raubfisch habe ich bisher nur im Aquarium gesehen. Sein Maul ist gespickt mit rasiermesserscharfen Zähnen. Das nächste Mal nehme ich ein Stückchen Fisch als Köder, aber ich fange leider wieder einen Piranha. Auch alle weiteren Versuche, einen Kaiman zu erwischen, scheitern. So bleibt mir nichts anderes übrig, als mein Menü zu ändern. Statt Fleisch gibt es Fisch mit gekochten Chonta-Früchten. Und ich bin überrascht, wie gut die Piranhas schmecken.
Der Tag vergeht schnell. Als die Dunkelheit hereinbricht, werfe ich ein paar dicke Holzscheite ins Feuer und lausche auf die nächtlichen Geräusche. Heute faszinieren sie mich. Meine Angst ist verflogen. Ich könnte diesem Lied des Dschungels stundenlang zuhören.
Leider fängt es an zu regnen. Das Feuer verlöscht. Ich finde

Schutz in meiner Hängematte unter dem Überdach, an dem auch Perico jetzt recht froh ist. Er hat sich tüchtig vollgefressen. Die frischen Früchte mag er viel lieber als Reis. Am liebsten hat er Bananen. Gerne hätte ich mir wieder einen Hund angeschafft, aber ich möchte ihn nicht, wie Jerry in Mexiko, bei fremden Leuten zurücklassen, wenn ich per Anhalter reisen will. Mit einem Papagei gibt es da weniger Probleme. Die Autofahrer haben gegen meinen kleinen Begleiter gewöhnlich nichts einzuwenden.

Am nächsten Morgen werde ich von menschlichen Stimmen geweckt. Mit einem Satz springe ich aus meinem Schaukelbett und eile zum Ufer, wo eine indianische Familie gerade dabei ist, eine Menge großer Säcke in ihrem Kanu zu verstauen. Die Frau mag etwa vierzig Jahre alt sein. Lange pechschwarze Haare umrahmen ihr braunes Gesicht und bilden einen scharfen Kontrast zu dem bunten Baumwollkleid. Sie ist barfuß. Ihr wohl gleichaltriger Mann hat kurzgeschnittenes Haar, er trägt eine lange Hose und Turnschuhe. Der ungefähr zwölfjährige Sohn ist dagegen nur mit einer kurzen Hose bekleidet.

Obwohl ich sehe, daß die Ladung für das Kanu eigentlich viel zu schwer ist, frage ich auf spanisch, ob sie mich mitnehmen. Der Mann versteht mich sofort, schaut jedoch ein wenig hilflos auf das viele Gepäck.

»Du kannst gerne mitkommen, wenn uns das Boot alle trägt«, sagt er schließlich. »Hol deine Sachen, wir wollen es ausprobieren.«

Ich packe schnell Hängematte und Poncho zusammen, setze Perico auf die Schulter und kehre eiligst zum Boot zurück.

»Leg deinen Sack in die Mitte«, befiehlt der Mann und fragt gleich: »Kannst du paddeln?«

»Ja.«

»Dann setz dich hinten hin und steuere das Kanu. Wir werden vorne bleiben. So wird das Gewicht am besten verteilt.« Ich muß gestehen, mir ist nicht sehr wohl zumute. Der Gedanke an die Stories von den gefräßigen Piranhas wirkt keineswegs beruhigend. Sie sollen eine Kuh innerhalb einer Viertelstunde bis aufs Skelett abknabbern können.

Ich steige als letzter ins Boot. Es schaukelt bedenklich. Doch noch sind wir nahe am Ufer, und ich kann mich jederzeit ans Land retten. Die obere Kante des Kanus schaut kaum noch fünf Zentimeter aus dem Wasser. Es kommt mir jetzt zugute, daß ich in meiner Jugend viel mit Rennkanus gefahren bin. Die Rolle des Steuermanns fällt mir nicht allzu schwer.
»Wie heißt du?« fragt der Kanubesitzer.
»Leosch, und du?«
»Juan. Meine Frau heißt Aurora und mein Sohn Roberto.«
Obwohl wir vorsichtig paddeln, schwappen kleine Wellen über die Bootsränder. Wir müssen anhalten und Wasser schöpfen.
»Wie weit ist es nach Puerto Bolivar?« frage ich.
»Morgen könnten wir dort sein, wenn alles gut geht.«
»Und wie lange braucht man zum Lago Cuyabeno?«
»Ein bis zwei Tage. Was willst du dort?«
»Die Delphine möchte ich sehen. Gibt es da überhaupt welche?«
»Ja, und auch Seekühe. Hast du sie schon gesehen?«
»Delphine nur im Meer und Seekühe nur auf Bildern.«
»Wir jagen sie. Aber nicht oft, denn sie sind zu weit weg. Bei uns in der Nähe gibt es genug Wildschweine, Tapire, Affen und Capivaras.«
»Wie sehen denn die Capivaras aus? Ich habe noch nie etwas von ihnen gehört.«
»Wie riesige Meerschweinchen. Sie fressen Gras und können bis zu fünfzig Kilo schwer werden. Wir nennen sie auch Wasserschweine, weil sie ausgezeichnet schwimmen. Wir jagen sie mit Speeren. Ihr Fleisch ist nicht schlecht, aber Wildschweine schmecken besser.«
Der Río Tarapoa ist ein tückischer Fluß. Viele Baumstämme liegen im Wasser, und ich muß beim Steuern höllisch aufpassen, daß ich nicht dagegenstoße. Unser überladenes Boot würde sofort umkippen. Trotzdem wollen mir die Piranhas nicht aus dem Kopf. Ich möchte noch mehr über sie wissen.
»Juan, sag, habt ihr keine Angst vor den Piranhas?« frage ich möglichst gleichmütig, um meine Furcht nicht zu verraten.
»Nein«, entgegnet er. »Wenn du keine offene Wunde hast, greifen sie dich nicht an. Mich hat noch nie einer gebissen.«

»Es sind also nur Gerüchte, daß sie in wenigen Minuten ein großes Tier bis zum Skelett abnagen?«
»Keineswegs! Aber das Tier muß verletzt sein.«
Juans Antwort beruhigt mich. Aber meine Neugier ist noch nicht befriedigt.
»Hat dich schon einmal eine Giftschlange oder eine Spinne gebissen, Juan?«
»Noch nie. Man muß eben aufpassen!«
»Noch etwas. Sind die Aukas in der Nähe?«
»Nein. Bis zu uns sind sie noch nicht vorgedrungen. Sie halten sich südlich vom Río Napo und am Río Cononaco auf. Dort sind noch die ganz wilden, die Ur-Aukas, die nackt herumlaufen. Die zivilisierten leben an den Quellflüssen des Río Curaray im Tiwaeno-Protektorat. Sie wurden von Amerikanern missioniert. Mehr weiß ich auch nicht. Du brauchst jedenfalls keine Angst zu haben. Hier schießt dir niemand einen Giftpfeil in den Hintern.«
Der Fluß schlängelt sich durch die ›grüne Hölle‹, die mir gar nicht mehr so furchterregend vorkommt. Die Leute, mit denen ich unterwegs bin, sind sehr nett. In der Mittagspause hole ich eine Konserve aus meinem Rucksack, und Aurora bereitet das Fleisch mit gekochten Plátanos zu. Das Menü sieht zwar am Ende undefinierbar aus, schmeckt aber gar nicht schlecht.
Unsere Flußfahrt verläuft ohne Zwischenfälle, bis Roberto plötzlich aufschreit: »Ein Kaiman! Dort am Ufer!« Er greift zu seinem Speer und schleudert ihn durch die Luft. Das Tier ist getroffen. Juan feuert zur Vorsicht noch einen Schuß aus seinem Gewehr ab. Der Kaiman zuckt einige Male und bleibt dann tot liegen.
Unsere Beute ist über einen Meter lang. Wir nehmen das Tier gleich an Ort und Stelle aus und verstauen es im Boot. Viel können wir jetzt nicht mehr laden, sonst gehen wir wirklich unter. Ich schaue mir Juans Waffe an. Es ist ein geradezu vorsintflutliches einschüssiges Gewehr. Wer mit dem nicht beim erstenmal trifft, verliert seine Beute mit Sicherheit. Das Nachladen würde viel zu lange dauern.
Kurz bevor es dunkel wird, legen wir an. Der Wald ist hier gero-

det, an seiner Stelle dehnen sich große Bananen- und Maniokfelder aus. Hier wohnen Juans Nachbarn. Sie empfangen uns sehr freundlich. Ihr Haus haben sie auf einem Hügel errichtet, damit es vor Überschwemmungen sicher ist. Es ist aus Rundbalken und Bambusstangen gebaut, mit Palmwedeln bedeckt und steht auf Stelzen. Ins Innere gelangt man über eine Leiter, die abends weggenommen wird, damit die Hühner die Bewohner nicht beim Schlafen stören.
Kurz nach unserer Ankunft verschwinden Mutter und Tochter und kommen gleich darauf in ihren besten Kleidern zurück. Sogar Schuhe haben sie sich angezogen. Besucher sind hier selten, und einen Weißen haben sie noch nie zu Gast gehabt.
Meine Geschenke sind immer die gleichen: eine Konserve für die Mutter und eine Handvoll Karamelbonbons für die Kinder. Die Freude ist auf beiden Seiten gleich groß. Die ganze Familie

schaut zu, als die Mutter das Corned-Beef aufmacht. Alle dürfen riechen, aber keiner darf probieren. Ich dagegen möchte zu gerne wissen, wie gebratener Kaiman schmeckt, aber Juan will seine Beute mit nach Hause nehmen.

Nicht nur die Kinder, auch die Erwachsenen unterhalten sich miteinander ausschließlich in der Sprache der Eingeborenen. Nur mit mir sprechen sie Spanisch. Eine Schule gibt es hier natürlich nicht. Lesen und schreiben kann niemand. Für die Indianer ist es wichtiger, jagen zu lernen und auf dem Feld zu arbeiten.

Als Willkommenstrunk wird mir eine Kürbisschale mit ungegorener Chicha angeboten. Sie wird hier aus gekochten und zerstampften Yukkaknollen gemacht. Diese werden mit Wasser vermischt, und das Getränk schmeckt wie Buttermilch. Aber ich trinke erst, nachdem ich mich vergewissert habe, daß das Wasser abgekocht ist.

Während Juan und Aurora sich mit ihren Nachbarn auf quechua unterhalten, spiele ich mit den Kindern. Sie besitzen einen kleinen gezähmten Affen, der die tollsten Sprünge macht. Außerdem haben sie noch ein halbes Dutzend Amazonen-Papageien und einen großen bunten Ara mit gestutzten Flügeln. Hühner und halbwilde Schweine laufen frei herum. Die einen schlafen auf dem Baum, die anderen unter dem Haus. Ställe sind hier unbekannt.

Nach dem Abendessen werden wir mit gegorener Chicha bewirtet. Sie ist sehr stark, und bereits nach drei Bechern bin ich recht betrunken.

Ich schlafe im Freien in der Hängematte. Doch schon vor Sonnenaufgang werde ich vom Krähen der Hähne geweckt. Es scheint, als wollten sie sich gegenseitig übertrumpfen. Die Biester machen mich ganz verrückt. Am liebsten würde ich sie alle im Suppentopf sehen.

Wir brechen früh auf. Dennoch erreichen wir Puerto Bolivar erst am Abend. Es ist ein Dorf, in dem nur drei Familien wohnen. Kein Wunder also, daß alle Dorfbewohner auf den Beinen sind, um uns zu empfangen. Die Kinder starren mich an, als käme ich von einem anderen Stern. Zwei Männer begrüßen mich auf spanisch, ihre Frauen halten sich dagegen bescheiden im Hinter-

grund. Eine davon ist noch sehr jung, bestimmt nicht älter als fünfzehn, aber sie hat schon ein Baby im Arm. Später erfahre ich, daß sie Ermelinda heißt und Auroras Tochter ist. Auch ihr Mann ist nicht viel älter, ich schätze ihn auf neunzehn, höchstens zwanzig Jahre.

Offenbar hat Roberto den Kindern schon von meinen Karamelbonbons erzählt, denn sie stehen alle um den Rucksack herum und schauen mich fragend an. Ich packe die Tüte mit den Bonbons aus und gebe sie Aurora zum Verteilen.

Als Schlafstelle bietet Juan mir ein kleines Häuschen an, das innen keine Wände hat. Es ist nur eine Tragkonstruktion für das Dach aus Palmwedeln, wo ich jedoch bequem meine Hängematte aufspannen kann und wo auch mein Rucksack gut aufgehoben ist. Alsdann machen sich Aurora und Ermelinda an die Zubereitung des Abendessens. Sie ziehen die Haut des Kaimans ab und hängen sie zum Trocknen auf. Dann zerteilen sie das Tier und füllen mit dem Fleisch alle vorhandenen Töpfe. Und ich muß tatenlos zusehen, wie sie es kochen statt zu braten. Ich wage nicht, mich einzumischen, weil ich die beiden nicht gleich am ersten Tag vor den Kopf stoßen möchte. Trotzdem finde ich es jammerschade, daß sie aus unserer Beute keinen leckeren Braten, sondern Suppenfleisch machen.

Die Küche ist sehr einfach eingerichtet. Das ganze Mobiliar besteht nur aus einem wackeligen Tisch und ein paar Hockern. Die Feuerstelle ist nichts weiter als ein Steinunterbau, auf dem eine Lehmplatte liegt. Gleich daneben hat Aurora ihr Brennholz gestapelt. Außer ein paar Aluminiumtöpfen entdecke ich noch eine gußeiserne Pfanne, einige Teller und Löffel. Als Tassen dienen Kürbisschalen. Und Hängematten ersetzen die Sofas. Alle Räume des Hauses sind nur durch halbhohe Bambuswände voneinander getrennt.

Nach etwa einer Stunde ist das Abendessen fertig. Jeder bekommt ein großes Stück Fleisch. Dazu gibt es gekochte Yukkaknollen. Das Kaimanfleisch schmeckt hervorragend, trotz der nach meiner Ansicht unsachgemäßen Zubereitung.

Gewöhnlich gehen die Eingeborenen hier mit den Hühnern schlafen. Deshalb brauchen sie weder Lampen noch Kerzen.

Doch heute haben sich alle Nachbarn bei Juan eingefunden. Wir sitzen bis in die Nacht hinein an der Feuerstelle, trinken Chicha, und ich versuche, die vielen neugierigen Fragen zu beantworten. Am nächsten Tag fragt mich Gikita, Ermelindas Mann, ob ich mit ihm zusammen zum Lago Cuyabeno fahren möchte. Ich bin natürlich sehr froh über diesen ortskundigen Begleiter und würde am liebsten sofort aufbrechen.

»Wann fahren wir?«

»Morgen oder übermorgen. Wann du willst«, erwidert Gikita.

»Also gut, morgen. Was für ein Boot nehmen wir?«

»Meines. Es ist klein und sehr leicht, denn wir müssen gegen die Strömung paddeln. Und die ist manchmal sehr stark.«

»Wie lange werden wir unterwegs sein?«

»Zwei oder drei Tage.«

Ich überlege, was ich alles einpacken muß. Poncho, Hängematte und Schlafsack brauche ich auf alle Fälle. Aber auch den Kochtopf möchte ich mitnehmen, um mir unterwegs Wasser abkochen zu können. Die Einheimischen trinken zwar direkt aus dem Fluß, aber sie sind auch an die Bakterien und Amöben gewöhnt. Auch Malaria bekommen sie nur sehr selten. Ich nehme seit Wochen Pillen gegen diese Tropenkrankheit, so daß ich mir in dieser Hinsicht wohl keine Sorgen machen muß.

»Kommst du mit zum Fischen?« fragt mich Roberto, der schon auf dem Weg zum Fluß ist. Ich bin einverstanden und hole meine Angel, die ihm besonders gut gefällt. Ich leihe sie ihm aus und schaue zu, wie er einen Piranha nach dem anderen an Land zieht. Nachdem wir etwa zwanzig Fische gefangen haben, bringen wir sie in die Küche. Ermelinda nimmt sie aus, schneidet sie der Länge nach durch, klappt sie auseinander und hängt sie zum Trocknen auf.

»Jetzt gehen wir Kaimane jagen«, bestimmt Roberto und drückt mir einen Speer in die Hand. Als Junge war ich im Speerwerfen nicht schlecht. Jetzt bin ich gespannt, ob ich's immer noch kann. Auch Robertos um ein Jahr jüngerer Bruder geht mit. In der Kleidung habe ich mich bereits den Einheimischen angepaßt und trage wie sie nur eine kurze Hose.

Das Kanu, mit dem die Jungens fahren wollen, ist viel zu klein

für drei Leute. Aber es ist kein anderes Boot da. Mir ist nicht ganz wohl bei der Sache. Das Kanu schaukelt bedenklich, bei jeder Bewegung schwappt Wasser über den niedrigen Bootsrand, aber es trägt uns. Wir paddeln auf dem Río Cuyabeno stromabwärts, passieren die Mündung vom Río Tarapoa und lassen uns weiter den Fluß hinabtreiben. Von Kaimanen ist weit und breit keine Spur zu entdecken. Aber die Jungens lassen sich nicht aus der Ruhe bringen. Ungeduld kennen sie nicht.
Plötzlich schreit Roberto: »Schau, eine Boa!«
Im Fluß schwimmt eine etwa vier Meter lange Riesenschlange. Roberto schleudert seinen Speer, ich den meinen. Beide fliegen sie an der Schlange knapp vorbei. Leider haben wir uns etwas zu heftig bewegt. Der Einbaum kentert, und wir liegen alle drei im Wasser. Schwimmend ziehen wir das Kanu hinter uns her. Das Ufer ist noch weit, und der Gedanke an die Piranhas ängstigt

mich doch mehr, als ich mir eingestehen möchte. Angeblich sollen sie ja nur angreifen, wenn sie Blut riechen. Aber wer weiß, ob ich nicht irgendwo eine kleine Verletzung habe. Ich fühle schon ihre Bisse, spüre, wie sie ihre rasiermesserscharfen Zähne in meine Haut graben und atme hörbar auf, als wir das Ufer erreicht haben. Doch nichts ist passiert, die Raubfische haben keinerlei Notiz von uns genommen. So kann ich künftig wohl ohne Furcht zum Baden gehen.
Unser Jagdausflug war leider nicht sehr erfolgreich, aber das berührt die Jungens nicht. Morgen werden sie mehr Glück haben, meinen sie.
Als wir zurück zur Anlegestelle kommen, begegnen wir Ermelinda und ihrer jüngeren Schwester Rosa. Sie waschen Wäsche im Fluß. Als Waschbrett benützen sie ein Stück von einem alten Einbaum. Ich schaue Ermelinda bei der Arbeit zu. Nachdem sie fertig ist, zieht sie ihre Bluse aus, taucht sie ebenfalls ins Wasser und zieht sie naß wieder an. Dasselbe wiederholt sie mit Rock und Unterhose. Das eine Mal steht sie mit nacktem Oberkörper,

das andere Mal mit nacktem Unterkörper da. Keine Spur von Scheu oder gar Scham. Meine Gegenwart stört sie nicht im geringsten.
Die Menschen haben sich hier ihre Natürlichkeit bewahrt. Weit und breit gibt es keine Missionsstation, keiner schreibt etwas vor, keiner erläßt Gesetze. Den jetzt zivilisierten Aukas, die früher nackt herumgelaufen sind, hat man Kleider aufgezwungen, und darin kann sich Ungeziefer einnisten. Ihre wetterfeste Haut ist anfällig geworden. Sie bekommen Ekzeme und andere Ausschläge. Früher kletterten sie auf Bäume, um die Früchte zu pflücken. Selbst Dornen vermochten ihnen nichts anzuhaben.
Ihre Füße waren hart und beinahe unverletzbar. Heute tragen sie Gummistiefel und kriegen Schweißfüße. Sie haben zum großen Teil ihre eigene Kultur aufgegeben und Sitten, Gebräuche und Religion der Weißen übernommen. Die Sionas dagegen leben seit Generationen in engem Kontakt mit der Zivilisation, aber sie haben sich freiwillig den Weißen angepaßt, ohne das Erbe ihrer Väter zu verleugnen.

Während ich so mit dem Speer in der Hand dastehe, fällt mir ein neues Spiel für die Kinder ein. Ich benütze ihn als Springstab und lande weit draußen im Wasser. Die Kleinen sind begeistert und versuchen, meinen Sprung nachzumachen. Sie wirbeln wie Gummibälle durch die Luft. Noch größer ist ihre Freude, als ich die Mutigsten auf meine Hände steigen lasse und sie in hohem Bogen ins Wasser schleudere. Nach einer Weile tun mir aber die Arme weh, und ich erkläre das Spiel für beendet, was allgemeines Bedauern auslöst.
Ich schlendere zurück ins Dorf, aber es ist wie ausgestorben. Alle Männer und Frauen arbeiten um diese Zeit auf dem Feld. Sie ernten die noch grünen Bananen, die zum Reifen ins Haus gebracht werden müssen. Ich biete mich als Helfer an. Obwohl ich nicht gerade schwächlich bin, kann ich nicht mehr als eine Staude tragen. Der herausfließende Saft klebt wie Leim auf meinem Oberkörper. Anschließend klettere ich auf einen Papayabaum und pflücke die schönen gelben Baummelonen, die ich so gern esse. Zum Schluß graben wir noch Erdnüsse aus. Am Abend helfe ich Aurora Plátanos schälen, die sie später über der Glut brät. Dazu gibt es gekochtes Schweinefleisch.
Unsere Fahrt zum Lago Cuyabeno müssen wir um einen Tag verschieben, denn über dem Dorf geht ein Wolkenbruch nieder. Nie zuvor habe ich so viel Wasser auf einmal vom Himmel fallen sehen. Erst gegen Mittag hört der Regen auf.
Am Nachmittag arbeiten wir wieder auf dem Feld und schleppen Körbe mit Maniok und Yukka nach Hause. Als wir gerade dabei sind, sie in der Küche auszuleeren, höre ich einen Schuß. Ein Schwarm großer bunter Aras fliegt aufgeregt davon. Ich gehe hinaus. Ein Vogel liegt tot am Boden. Verständnislos schaue ich Gikita an. Er hält eine Schrotflinte in der Hand, und ich nehme an, er hat den Papagei aus Versehen erlegt, bis ich merke, daß sich alle Umstehenden über die Beute freuen.
Später muß ich zugeben, daß das Fleisch des Aras gut schmeckt, ähnlich wie Huhn. Aurora rupft den Vogel und schenkt mir die großen bunten Federn, die kleinen behält sie für sich. Aus den Federchen fertigt sie kleine farbenprächtige Blüten, die sie zusammen mit runden weißen und braunen Bohnenkernen auf

Schnüre reiht. Diese schönen Halsketten werden jedoch nur bei feierlichen Anlässen getragen.

Am nächsten Tag brechen wir auf. Gikita reicht mir Juans Gewehr.
»Kannst du damit umgehen?« fragt er. »Vielleicht gibt es unterwegs etwas zum Jagen.«
»Ich kann zwar schießen, aber so eine Waffe habe ich noch nie gesehen«, entgegne ich. »Vielleicht sollte ich sie ausprobieren.«
»Wenn du willst«, sagt Gikita und wählt als Zielscheibe eine Papayafrucht, die er in einer etwa siebzig Meter entfernten Astgabel befestigt.
»Wie stark ist die Munition?«
»Sehr! Mit diesem Geschoß kannst du das größte Tier umlegen«, lacht Gikita.

Ich drücke ab. Ein Riesenrückschlag. Die Papayafrucht fliegt in tausend Fetzen durch die Luft.
Gikita schaut mich bewundernd an. »Du schießt genausogut wie Juan«, meint er. »Wenn du dabei bist, brauche ich keine Angst vor einem Jaguar zu haben.«
Gikitas Einbaum ist zwar recht leicht, aber wir müssen dennoch kräftig gegen die Strömung paddeln. Der Fluß schlängelt sich kilometerweit durch unberührten Urwald. Schwärme von Amazonen-Papageien fliegen über unsere Köpfe hinweg. Mein Perico sieht sie und hüpft nervös auf meiner Schulter hin und her. Sicher würde er gern mit ihnen ziehen, aber die Menschen haben ihm die Flügel gestutzt. In das Papageigenkrächze mischen sich die seltsamen Laute der Brüllaffen.
Je weiter wir nach Norden kommen, desto größer wird der Tierreichtum. Plötzlich entdecken wir am Ufer eine etwa sechs Meter lange Anakonda, die ein Wasserschwein würgt. Sie umschlingt es mit ihrem Körper, um ihm die Knochen zu brechen, damit es besser in ihren Schlund paßt. Ich hätte gern noch beobachtet, wie die Riesenschlange ihre Beute verschlingt, aber wir müssen weiter, wenn wir unseren Lagerplatz noch vor der Dunkelheit erreichen wollen.
Abends am Feuer erzählt mir Gikita alle möglichen Schauergeschichten. Sehr farbig schildert er, wie ein Jaguar seinen Vetter getötet hat. Sie waren beide noch sehr jung und suchten nach Chonta-Früchten, als ein Jaguar seinen Gefährten aus einem Baum heraus ansprang. Gikita konnte ihm nicht helfen. Er besaß damals noch kein Gewehr. So lief er einfach davon. Von seinem Vetter blieb kein Haar übrig. Seither hat Gikita ungeheure Angst vor Jaguaren.
Doch nicht alle seine Geschichten sind so spannend. Immer wieder schlafe ich im Sitzen ein, ehe ich mich endgültig in meine Hängematte lege. Gikita aber bleibt die ganze Nacht am Feuer sitzen, wahrscheinlich aus Angst vor Jaguaren. Doch das will er nicht zugeben. Am nächsten Morgen behauptet er auch prompt, er habe in der Nacht die Schreie eines Jaguars gehört.
Nach dem Frühstück streifen wir noch ein wenig durch den Wald, um nach einer Chonta-Palme zu suchen. Dabei stoße ich

auf ein sonderbares Tier. Es sieht fast aus wie ein Affe, nur die Hände und Füße sind anders, und der Schwanz fehlt. Es ist nicht größer als ein einjähriges Kind und hat ein braunes, dichtes Fell. Das Tier hält sich mit riesigen, hakenartigen Krallen an einem Ast fest, und es scheint mich anzulächeln. An seinem Bauch klammert sich ein Junges fest.
»Gikita! Komm her! Das Tier mußt du dir anschauen!«
Er kommt sofort und lacht. »Das ist ein Faultier, schau, es hat ein Baby!«
»Warum läuft es nicht weg? Hat es keine Angst vor uns?«
»Ich glaube nicht. Faultiere bewegen sich ohnehin sehr langsam. Bis jetzt habe ich nur einmal eines im Wasser schwimmen sehen, sie hausen vorwiegend auf Bäumen, und sie verschlafen drei Viertel ihres Lebens.«
Schon die ganze Zeit überlege ich, ob ich das junge Faultierchen einmal anfassen kann. Die Mutter sieht so friedlich aus, und vorsichtig strecke ich die Hand aus, um das Kleine zu streicheln.
»Paß auf!« ruft Gikita.
Die Mutter, die sich vorher nur im Zeitlupentempo bewegt hat, schlägt jetzt blitzschnell mit der Pfote zu. Ihre Klauen reißen mir das Hemd auf. Zum Glück hat sie mich nicht richtig erwischt, sonst hätte sie mir sicher eine tiefe Wunde zugefügt.
Nach dieser Begegnung packen wir unsere Sachen zusammen und legen ab. Der Fluß wird schmäler und die Strömung stärker. Meinen Begleiter strengt das Paddeln offensichtlich kein bißchen an, mir dagegen tun schon die Schultern weh. Aber ich beiße die Zähne zusammen und lasse mir nichts anmerken.
Am späten Nachmittag erreichen wir endlich den Lago Cuyabeno. Unser Einbaum gleitet jetzt leicht und schnell auf dem ruhigen Wasser dahin. Kein Laut durchbricht die Stille. Wir sind am Ziel. Hier sollen die Delphine leben. Ich suche aufmerksam den See ab und entdecke ein großes Tier, das dicht unter der Wasseroberfläche schwimmt.
»Da! Ein Delphin!«
Das Tier hebt seinen Kopf ein wenig aus dem Wasser. Der Kopf eines Elefanten! Nur Ohren und Rüssel fehlen. Die kleinen Äuglein schauen uns neugierig an.

»Das ist doch kein Delphin«, lacht Gikita, »das ist eine Seekuh!« Sie ist über drei Meter lang und sicher vierhundert bis fünfhundert Kilo schwer. Noch zwei Artgenossen nähern sich zutraulich unserem Boot.

Die Seekühe haben eine braune, runzelige Haut, ein breites Maul und kurze, flossenähnliche Vorderfüße. Ihr Lebensraum ist das Wasser, und wenn sie das Ufer nach Gräsern und anderem Grünzeug absuchen, stützen sie sich mit dem kräftigen Schwanz am Seegrund ab. Die Bezeichnung ›Seekuh‹ ist jedoch nicht in allen Sprachen gebräuchlich. Das Tier heißt beispielsweise auf spanisch ›Vaca del aqua‹ – Wasserkuh, auf englisch ›Sirenia‹ – Meerjungfrau, auf russisch ›Morskaja korowa‹ – Meerkuh, in der Aruak-Indianersprache ›Manati‹ – Weiberbrust und auf malaiisch ›Duyung‹ – Meerweib.

Die Riesenseekühe wurden leider schon im 18. Jahrhundert ausgerottet. Sie waren bis zu acht Meter lang und vier Tonnen schwer. Sie wurden wegen ihres wohlschmeckenden Fleisches und ihrer Haut gejagt, die man zu wertvollem Leder verarbeitete. Eigentlich sollten die Seekühe besser See-Elefanten heißen, denn sie sind die nächsten Verwandten der auf dem Land lebenden Dickhäuter. Wissenschaftler behaupten, daß die verschiedenartige Entwicklung vor etwa 70 Millionen Jahren begonnen hat. Doch der Name ›See-Elefant‹ ist leider schon vergeben. So werden die großen Robben genannt, die überwiegend an der argentinischen Ostküste beheimatet sind. Auch die Seekühe leben – wie die Delphine – hauptsächlich im Meer. Und deshalb habe ich weder Zeit noch Mühe gescheut, um die Außenseiter hier in den Gewässern des Amazonas aus nächster Nähe sehen zu können. Die Seekühe, die unser Boot umkreisen, machen den Eindruck, als wollten sie mit uns spielen. Ich frage Gikita, ob sie beißen. Er glaubt es nicht. Ich beobachte die Tiere noch ein Weilchen, dann klettere ich vorsichtig über den Bootsrand und schwimme auf sie zu. Sie zeigen keine Angst und lassen sich sogar streicheln. So riesige Spielgefährten habe ich noch nie gehabt. Glücklicherweise werden die Tiere hier nur selten gejagt. Und ich bin froh, daß den Bewohnern von Puerto Bolivar der Weg hierher zu weit und zu schwierig ist. Auch Gikita zeigt sich von diesen großen Säu-

getieren beeindruckt und versichert, niemand im Dorf werde sie töten, solange es noch genug anderes Fleisch gebe.
Nachdem wir einen geeigneten Lagerplatz gefunden haben, macht sich Gikita an die Zubereitung unseres Abendbrots. Er hat unterwegs einen Brüllaffen erlegt, und ich sehe mit Befremden, wie er jetzt die Haare über dem Feuer absengt. Es stinkt bestialisch.
»Warum ziehst du ihn nicht ab? Das wäre doch viel einfacher.«
»So schmeckt er besser«, versichert Gikita, der den Affen inzwischen ausgenommen hat. »Die Haut ist sehr gut, man muß sie nur so lange braten, bis sie knusprig wird.«
Ich schaue zu, wie er den Spieß über der Glut dreht, und mir ist nicht ganz wohl dabei. Es sieht aus, als brate er ein kleines Kind über dem Feuer. Ich versuche jedoch, diesen Gedanken zu verscheuchen. Die Affen sind nun einmal die wichtigste Jagdbeute der Indianer, und das Fleisch soll sehr gut sein.
Zwei Stunden dauert es, bis Gikitas Braten fertig ist. Er schmeckt wirklich ausgezeichnet, und ich verstehe, warum die Leute hier den Affen so nachstellen. Nach dem Essen lege ich mich in meine Hängematte zum Schlafen. Gikita bleibt, wie gestern, am Feuer sitzen.
Ich bin mit diesem Ausflug sehr zufrieden. Die Seekühe waren ein einmaliges Erlebnis, und vielleicht habe ich Glück und sehe auch noch einige Delphine.

Ein Schuß reißt mich aus meinen Träumen. Ich springe auf und sehe meinen Freund in Richtung Wald rennen.
»Ein Jaguar!« ruft er aufgeregt. »Hoffentlich habe ich ihn erwischt.« Er kniet am Boden. Wenige Sekunden später bin ich bei ihm.
»Du hast einen jungen getroffen, nicht wahr?« Seine Beute ist nicht größer als ein Meter.
»Es ist gar kein Jaguar«, entgegnet Gikita kleinlaut, »es ist ein Tigrito, ein Ozelot.«
Er trägt das Tier, das er in seiner Erregung für einen Jaguar gehalten hat, zum Feuer. Der Ozelot hat ein dichtes geflecktes Fell und eine schöne Gesichtsmaske. Seine Krallen und Zähne sind

sehr scharf, aber uns wäre er natürlich nicht gefährlich geworden. Er frißt nur Kleintiere und Vögel.
Gikita scheint ein wenig beschämt. »Es ist mein erster Tigrito«, sagt er. »Das Fleisch schmeckt nicht besonders gut. Und eigentlich mag ich diese Katzen gern. Ich habe mir immer gewünscht, eine kleine zu fangen, um sie zu zähmen. Doch wahrscheinlich würde sie unsere Hühner fressen. Aber versuchen werde ich es.«
Er streichelt das tote Tier und träumt von seinem zahmen Ozelot. Ich will ihn nicht stören und ziehe mich in meine Hängematte zurück. Aber nun kann ich nicht mehr einschlafen. Die Eindrücke der letzten Tage laufen wie ein Film vor mir ab. Hier im Dschungel könnte ich es noch eine Weile aushalten. Bald ist wieder Weihnachten! Kaum zu glauben, daß ich schon ein Jahr unterwegs bin. Ich betrachte den Sternenhimmel und lausche den Lauten des Dschungels. Plötzlich glaube ich dicht über mir den Flügelschlag eines Vogels zu hören. Ich denke im ersten Moment an eine Eule oder einen Uhu, doch dann erkenne ich im Licht des Mondes die Konturen einer riesigen Fledermaus. Das muß der große Vampir sein! Die Spannweite seiner Flügel beträgt gut einen Dreiviertelmeter. Ich habe schon viel von ihm gehört, aber noch nie habe ich einen gesehen. Früher hätte ich mich gefürchtet, denn ich hielt ihn, wie viele Leute, für einen gefährlichen Blutsauger. Doch inzwischen weiß ich, daß er harmlos ist und nur kleine Säugetiere und Vögel jagt. Die echten Vampire, die wirklich Blut saugen, sind keine zehn Zentimeter groß. Sie durchbeißen mit ihren dolchförmigen Eckzähnen die Haut von Tieren, notfalls auch von Menschen, und lecken mit der Zunge das herausfließende Blut auf. So ein Blutsauger kann bis zu einem halben Deziliter Blut auf einmal trinken. Hier in Südamerika sollen Vampire häufig vorkommen. In Schwärmen überfallen sie Rinder und Pferde, die durch den ständigen ›Aderlaß‹ natürlich sehr geschwächt werden.
Am Morgen weckt mich Gikita. »Ich glaube, ich habe da vorne Delphine gesehen. Laß uns frühstücken und losfahren.«
Wir paddeln bis zum Ende des Sees. Aber wir sehen nicht einen einzigen Delphin. Es scheint, als wollten sie uns einen Streich spielen und hätten sich versteckt.

Gikita drängt zur Umkehr. »Wir müssen zurück. Sonst kommen wir vor Einbruch der Dunkelheit nicht mehr nach Hause.«
Als ich mich bereits damit abgefunden habe, auf die Begegnung mit den Delphinen verzichten zu müssen, schreit Gikita plötzlich auf: »Dort sind sie! Siehst du, wie hoch sie springen?«
Tatsächlich, nur wenige Meter von uns entfernt schwimmen vier oder fünf Delphine. Ihre schmalen Körper glänzen in der Sonne. Doch sie haben uns bemerkt und entfernen sich rasch. Es war leider nur eine kurze Vorstellung. Ich freue mich trotzdem. Immerhin habe ich die Süßwasserdelphine gesehen!
Bald erreichen wir den Fluß. Wir lassen uns treiben und brauchen kaum zu paddeln. Und es ist noch hell, als wir zu Hause ankommen.
Alle Dorfbewohner versammeln sich um Gikitas Beute und schauen zu, wie er das schöne Fell des Ozelots abzieht und in einen Rahmen zum Trocknen spannt. Er will später seine Schlafstelle damit auslegen.
Die Tage bis Weihnachten vergehen wie im Flug. Obwohl die Sionas Weihnachten sonst nicht feiern, veranstalten sie mir zuliebe ein richtiges Fest. Sie kennen die Sitten der Weißen aus Lago Agrio und machen mir sogar Geschenke. Von Rosa bekomme ich ein gezähmtes Brülläffchen, von Roberto einen selbstgebastelten Käfig mit einem wunderschönen Schwarzohr-Papagei, von Ermelinda ein Kästchen mit drei aufgesteckten Schmetterlingen und von Aurora zwei Halsketten aus Ara-Federchen. Als Gegengabe packe ich meine restlichen Konserven und Bonbons aus, verschenke meine ›Garderobe‹ und behalte nur das Notwendigste. Die Freude ist auf allen Seiten groß.
Für das Festessen werden Hühner und ein Schwein geschlachtet. Und es wird viel Chicha getrunken. Zum Fest ist auch Dionisio, ein Nachbar aus Puerto Montúfar, mit seiner Frau und seinen beiden Töchtern eingeladen. Er spricht ganz gut Spanisch, und als ich erwähne, daß ich gerne nach Iquitos am Río Amazonas gehen möchte und ein altes Kanu suche, schlägt er mir einen Tausch vor. Ich soll ihm meine Angel geben, dafür bekomme ich von ihm ein Kanu, das allerdings vorher noch repariert werden muß. Ich bin einverstanden.

Als sich Dionisio am nächsten Tag verabschiedet, begleite ich ihn. Ich habe drei schöne und abwechslungsreiche Wochen in Puerto Bolivar verbracht, aber jetzt möchte ich wieder etwas Neues erleben. Ich sage meinen Freunden Lebewohl und steige mit meinem neuen Papagei im Käfig, mit Perico auf der Schulter und dem Äffchen Clara an der Leine in Dionisios Einbaum. Alle winken, bis wir sie aus den Augen verlieren.
Das Boot, das ich gegen meine Angel eingetauscht habe, sieht schlimm aus. Viele vermoderte Stellen muß ich ausbessern, das faule Holz herausschneiden und neues einsetzen. Fast eine ganze Woche arbeite ich, bis das Kanu wieder dicht ist.

Doch leider gelingt es mir nicht, über die Grenze nach Peru zu kommen. Die Zöllner haben den Grenzübergang am Río Napo gesperrt. Ich versuche alles, aber selbst die Whiskyflasche, die ich für ›so einen Fall‹ mitgenommen habe, nützt nichts. Der Chef des Grenzschutzes und seine Leute trinken sie zwar leer, aber nach Peru lassen sie mich dennoch nicht hinein. Den Amazonas-Strom bekomme ich also nicht zu sehen. So bleibt mir nichts anderes übrig, als mich wieder von meinem Kanu zu trennen. Ich schenke es zusammen mit meinem Schwarzohr-Papagei in Nuevo Rocafuerte einer indianischen Familie.
Nach zwei Monaten im Amazonas-Dschungel kehre ich mit ekuadorianischen Zöllnern in die Zivilisation zurück und reise von Puerto Misahuallí mit Clara und Perico per Anhalter weiter in Richtung Süden.

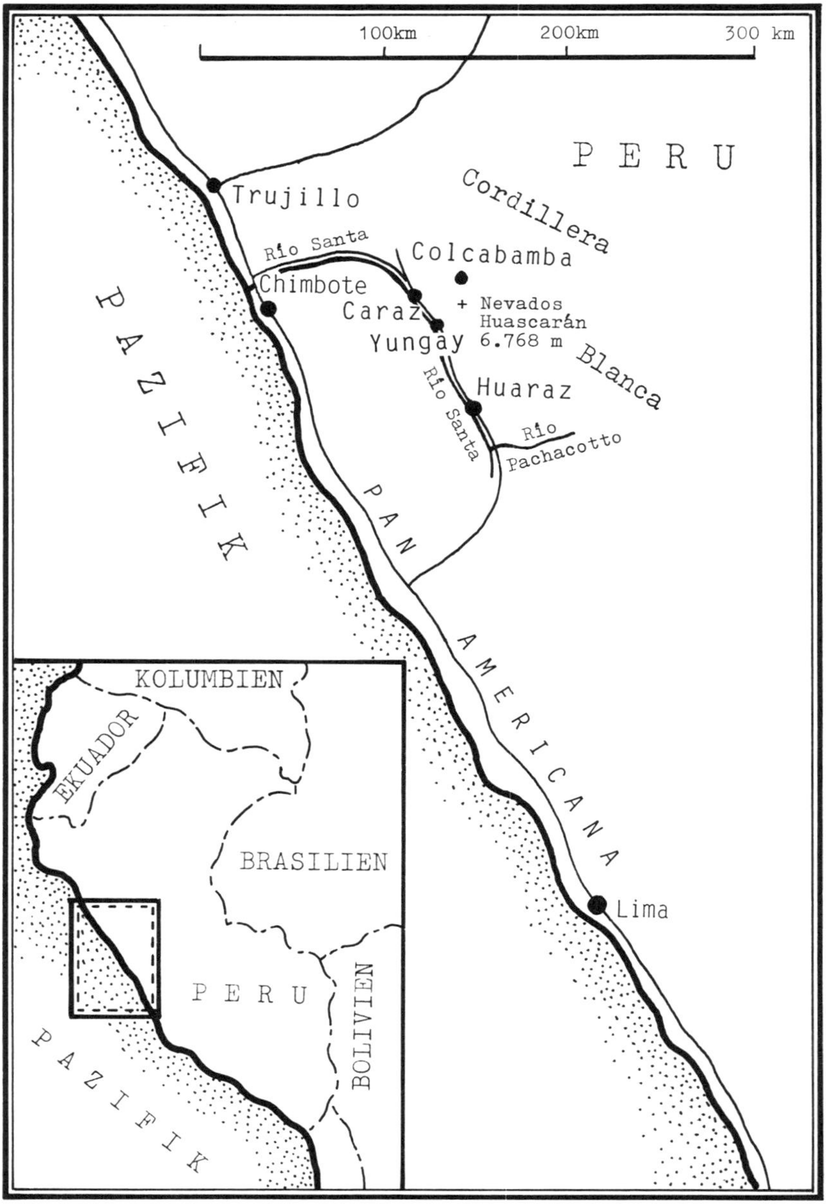
100km
200km
300 km
PERU
Cordillera
Blanca
Trujillo
Río Santa
Colcabamba
Chimbote
Caraz
+ Nevados Huascarán 6.768 m
Yungay
Huaraz
Río Santa
Río Pachacotto
PAZIFIK
PAN AMERICANA
Lima
KOLUMBIEN
EKUADOR
BRASILIEN
PERU
BOLIVIEN
PAZIFIK

6. Kapitel

Zerlumpt, doch nicht unglücklich
– Quechua sprechende Hochlandindianer in der Cordillera Blanca –

Das ist die Puya Raimondi! Ich stehe unter der größten Blume der Erde. Gut neun Meter hoch ist sie.
Ich bin in Peru, in der Cordillera Blanca, einen halben Breitengrad südlich von Huarás, der Hauptstadt dieser Region. Durch das breite Tal schlängelt sich ein Bach, der in den Río Santa mündet. Die Hänge sind mit langem, hartem Ichu-Gras bewachsen. Im Hintergrund ragen die gigantischen Gipfel der Gletscherberge in den bleigrauen Himmel. Da und dort entdecke ich die stacheligen Blätterkugeln der Puyas, die wie riesige Seeigel aussehen. Diese wohl seltsamsten Verwandten der Ananas haben schlanke, harte Blätter mit scharfen, gezackten Rändern. Manchmal wächst im Sommer aus der Stachelkugel eine große Kerze heraus, die aus Tausenden und Abertausenden von kleinen grüngelben Blüten besteht.
Es wird Abend. Wind kommt auf, und es fängt an zu regnen. Ich fröstle. Der Gedanke, im Freien schlafen zu müssen, ist nicht sehr angenehm. Aber mir bleibt keine andere Wahl. Ich habe kein Zelt. Deshalb suche ich nach einem Felsüberhang, wo ich trocken und wenigstens einigermaßen windgeschützt übernachten kann. Es dunkelt schon, als ich in einem schmalen Seitental unerwartet auf ein kleines Haus stoße. Ich rufe, aber niemand antwortet. Es scheint von seinen Bewohnern verlassen zu sein, denn ich sehe weder Tiere noch einen Rauchstreifen. Hier in den Bergen leben die Quechua sprechenden Hochlandindianer. Sie züchten Schafe und Rinder. Ihre Vorfahren waren die Inkas.
Das Häuschen ist sehr ungewöhnlich gebaut. Die Wände bestehen aus großen, ohne Mörtel übereinandergemauerten Steinen. Für den Dachstuhl wurden die Blütenstände der Puyas verwendet. Über dem mit Gras bedeckten Satteldach liegen aus langen Gräsern geflochtene Stricke, an denen Steine aufgehängt sind. Sie verhindern, daß bei starkem Wind das Gras vom Dach geweht

wird. Das Haus hat weder Tür noch Fenster. Der Eingang ist so niedrig, daß ich mich bücken muß, und drinnen kann ich gerade noch aufrecht stehen. Es ist angenehm warm hier, und ich bin froh, daß ich ein Dach über dem Kopf habe. Ich finde sogar einen Haufen kleingehackter Puyastauden, die in dem rauhen, baumlosen Hochland, der Puna, das Brennholz ersetzen.
Ich mache Feuer und koche mir etwas zum Essen. Der Rauch zieht durch das Grasdach ab. Nach dem langen Fußmarsch bin ich sehr müde. Sicher waren es zwanzig Kilometer von der Straße im Santa-Tal bis hier herauf. Und während ich in die Flammen schaue und die roten Zungen und fliegenden Funken beobachte, träume ich mich in die Vergangenheit zurück. Was habe ich doch im letzten halben Jahr alles erlebt! Die Bilder sind noch so lebendig, als wäre alles erst gestern gewesen.
Der Weg hierher in die Cordillera Blanca war lang und beschwerlich. Dadurch habe ich das schöne Sommerwetter verpaßt, aber dafür bleiben mir nun die vielen Touristen erspart. Jetzt im September begegnet man nur noch wenigen Gringos.
Damals, im Februar, in Puerto Misahuallí am Río Napo hatte ich Glück. Ein junges deutsches Ehepaar nahm mich in seinem VW-Bus nach Riobamba mit. Die beiden waren auch in Alaska gestartet und wollten bis nach Feuerland. Und sie waren wie ich vor einem Jahr aufgebrochen. Ihre Ausgaben überschritten jedoch die meinen um einige tausend Dollar. Dafür hatten sie aber auch einen beachtlichen Komfort. Nur von Land und Leuten bekamen sie nicht viel zu sehen. Sie wagten kaum, die Autostraßen zu verlassen und schirmten sich hinter den vergitterten Scheiben ihres fahrenden Käfigs von den Einheimischen ab. Dennoch versuchten Diebe immer wieder, das Auto aufzubrechen. Sie hatten dank der eingebauten Alarmanlage keinen Erfolg und mußten sich mit dem von außen Erreichbaren begnügen. So fanden die Deutschen eines Tages ihr Vehikel ohne Räder vor.
Anfangs beneidete ich sie um ihre eingebaute Küche mit fließendem Wasser, um Dusche und moskitofreien Schlafraum. Doch je mehr sie mir von ihren Erlebnissen erzählten, desto eher hatte ich Mitleid mit ihnen. Sie hätten das viele Geld sparen und sich genausogut einen Film ansehen können. Nein, auf diese Weise

wollte ich nicht reisen. Ich stieg in Riobamba wieder aus, bedankte mich und zog meines Weges.
Ich wollte den Südpazifik sehen. Mein Ziel war die Hafenstadt Guayaquil, genau zwei Breitengrade unter dem Äquator. Dorthin gibt es eine Zugverbindung, und ich dachte an die angenehme Zeit, als ich so bequem mit der Eisenbahn durch Mexiko reiste.
Ich hatte auch diesmal Glück, erwischte einen Güterzug und ließ mich, ohne jemanden zu fragen, auf einem offenen Waggon nieder. Diese Reise von fast dreitausend Meter Höhe hinab zum Meer wurde zu einer sehr interessanten Zugfahrt. Die Eisenbahnlinie ist schon seit Ende des 19. Jahrhunderts in Betrieb. Damals galt sie als technisches Wunderwerk. Leider fahren die alten Dampflokomotiven mit den Hindernisräumgittern, die man aus den Wildwestfilmen kennt, nicht mehr in die Berge nach Quito, der Hauptstadt Ekuadors. Doch ich staunte über die Arbeit ihrer Erbauer, denn auf der neunzig Kilometer langen Strecke von Bucay nach Guamote muß der Zug immerhin eine Höhe von etwa zweitausendsiebenhundert Meter überwinden.
In Guayaquil übernachtete ich in einem der billigsten Hotels. Dort mußte ich mein Zimmer mit einer recht unangenehmen Gesellschaft teilen. Riesige, über fünf Zentimeter lange Kakerlaken ließen mich nicht schlafen. Sie krochen übers Bett und krabbelten über mein Gesicht. Die Tierchen sind zwar harmlos, aber doch eklig. Ich opferte schließlich mein Anti-Insekten-Spray, und nach einer halben Stunde konnte ich etwa hundert tote Kakerlaken zusammenkehren.
Unter diesen Umständen wollte ich keine weitere Nacht in der Stadt verbringen. Ich machte mich wieder auf den Weg, da traf ich nahe der Plaza ganz zufällig einen Bekannten aus Freiburg, der seine Ferien in Südamerika verbrachte. Er schwärmte von der Schönheit der Galápagosinseln. Ich wurde neugierig und überlegte, wie ich wohl am besten dort hingelangen könnte. Der Flug war zu teuer, das stand fest. Deshalb hielt ich im Hafen nach einer Yacht oder einem Frachter Ausschau. Nach drei Tagen gab ich die Hoffnung auf und wollte schon nach Peru weiterreisen, da erfuhr ich, daß immer wieder Militärmaschinen auf die Galá-

pagos fliegen. In Kanada kann man gut mit Flugzeugen ›per Anhalter‹ reisen, warum nicht auch in Ekuador?
So streifte ich mit Perico, der sich inzwischen auf meinem Rucksack eingenistet hatte, und mit Clara an der Leine über den Flughafen, bewunderte die gut getarnten Militärflugzeuge und erkundigte mich bei den Mechanikern, wohin sie fliegen. Einem schenkte ich meine letzte Schachtel Zigaretten. Das half. Er zeigte mir einen viermotorigen Riesen, in den gerade Lastwagen hineinfuhren, und der auf die Galápagos fliegen sollte. Der Kommandant fragte stirnrunzelnd, was ich hier im Militärgelände zu suchen hätte, doch als er meine Clara entdeckte, vergaß er seinen Ärger. Einen Europäer, der mit einem Affen und einem Papagei unterwegs war, hatte er noch nie gesehen. Ich erklärte ihm, daß ich gerne auf die Galápagosinseln wollte, aber kein Geld hätte, um mit der ›TAME‹, der ekuadorianischen Fluggesellschaft, zu fliegen. Der Kommandant hörte mir aufmerksam zu und wollte wissen, woher ich komme. Ich schilderte ihm kurz den Verlauf meiner Reise. Er zeigte sich beeindruckt und lud mich in die Of-

fizierskantine ein, um noch mehr zu erfahren. Als ich ihn später noch mal vorsichtig an mein Anliegen erinnerte, versprach er, telefonisch die Erlaubnis einzuholen. Er kehrte nach wenigen Minuten mit zufriedenem Gesicht zurück und sagte, daß wir in zwei Stunden losfliegen könnten. Meine Freude war unbeschreiblich.

Der Flug war abenteuerlich. Die Militärmaschine transportierte Lastwagen und hatte keine Sitze. Ich hockte auf meinem Rucksack, und neben mir schaukelten drei Stunden lang die angebundenen Laster. Doch die Ketten hielten, und wir landeten heil auf der Insel Baltra. Vom Flugplatz gelangte ich in Militärbegleitung nach Puerto Ayora auf Santa Cruz.

›Verwunschene Inseln‹ haben frühere Seefahrer die Galápagos genannt. Sie hatten wegen der starken Strömung große Probleme, diese Inselgruppe anzusteuern, die etwa tausend Kilometer von der ekuadorianischen Küste entfernt ist. Die Inseln wurden 1535 von dem Spanier Tomás de Berlanga entdeckt, als er bei Windstille von der Strömung auf sie zugetrieben wurde. Viele

Jahre dienten sie als Schlupfwinkel von Piraten, die dort ungestört ihre Raubzüge vorbereiten konnten.
Die Piraten, wie später auch die Walfänger, betrachteten die Riesenschildkröten als lebende Konserven, beluden ihre Schiffe damit und stapelten die Tiere ohne Nahrung und Wasser unter Deck. Auf diese Weise wurden die Tiere fast vollständig ausgerottet. Erst Anfang des 18. Jahrhunderts kamen die ersten Siedler. Heute leben dort über zweitausend Ekuadorianer.
Die Inselgruppe ist vulkanischen Ursprungs und von den verschiedenartigsten Tieren bevölkert. Der Humboldtstrom brachte aus der Arktis Pinguine, Seelöwen und Pelzrobben. Aus den Tropen kamen Salamander, Leguane und Schildkröten und die unterschiedlichsten Vogelarten. Hier leben sie alle friedlich beisammen und sind recht zutraulich. Die Finken fressen sogar aus der Hand, Eulen kann man aus nächster Nähe in die Augen schauen.

Die Lava-Inseln sind vorwiegend mit mannshohen Opuntienkakteen bewachsen. Ihre großen stacheligen Blätter werden von den Darwin-Finken nach Würmern abgesucht. Berühmt wurden die Inseln durch den britischen Naturforscher Charles Darwin, der dort seine ›Theory of Origin of Species‹ – Theorie über die Entstehung der Arten – entwickelte.
In Puerto Ayora lud mich der Kommandant in die Ninfa-Bar zum Bier ein. Es war schon Abend, als wir uns verabschiedeten. Er schlug mir vor, in der Pension von Gus Angermeyer zu übernachten.
Gus stammt aus Hamburg. Nach dem zweiten Weltkrieg ging er nach Amerika. Damals war er noch ein Junge. Er zigeunerte zwei Jahre herum, bis er auf den Galápagosinseln landete. Dort heiratete er eine Ekuadorianerin und fühlte sich bald heimisch. Er besitzt heute ein Haus am Dorfrand, mit mehreren Hütten im Garten, die seine Frau billig an Touristen vermietet. Er selbst wohnt in der Nähe des Hafens. Dort hat er seine ›Höhle‹, wie er seine Behausung zu nennen pflegt, mit allen möglichen Kuriositäten ausgestattet. Da gibt es Stühle aus den Rückenwirbeln eines Wals, Schildkrötenpanzer, Haifischgebisse, Seelöwenskelette, in Spiritus eingelegte Haifischbabys und noch viele andere Raritäten aus dem Galápagostierreich. Ich habe ihn dort oft besucht. Wir saßen gern zusammen. Er liebte es, über das Leben und den Tod zu philosophieren oder auch nur über die weltpolitischen Ereignisse zu reden. Er bezeichnete sich selbst als ›König der Inseln‹.
Seine Frau vermietete mir für ein paar Mark eine Hütte. Gleich am nächsten Tag fragte sie mich, ob ich nicht die Stelle eines Hausmeisters annehmen wolle. Es gebe wenig Arbeit, meinte sie, ich müsse nur die Gäste betreuen und den Garten wässern. Dafür dürfe ich kostenlos wohnen.
Das Angebot gefiel mir sehr. Freie Unterkunft und Obst im Garten in Hülle und Fülle, das war nicht schlecht.
Es blieb mir sogar noch genug Zeit, dem Metzger beim Schlachten zu helfen. So bekam ich auch Fleisch und mußte nicht nur vegetarisch leben. Mir fehlte es an nichts, ich lernte einige interessante Leute kennen, unter anderem auch eine ekuadorianische

Biologin, mit der ich viel zusammen war. Sie arbeitete an der Darwin-Forschungsstation am Akademy Bay. So vergingen Monate, und ich hätte mich am liebsten auf den Galápagosinseln für immer einquartiert.
Eines Tages kam Gus' Frau und sagte, sie hätte für mich einen Job als Dolmetscher auf einem Touristenschiff. Zu so einem Angebot konnte ich nicht nein sagen. Ich verließ mein ›Idyll‹ und lernte statt dessen die kleinen und größeren Inseln mit allen ihren Sehenswürdigkeiten kennen. Aber als ich zurückkehrte, war meine Freundin, die Biologin, weg, abgereist nach Quito. Ich war untröstlich, verabschiedete mich eiligst von Angermeyers und fuhr per Anhalter zum Flugplatz. Glücklicherweise wartete dort eine Militärmaschine nach Quito. Inzwischen kannte ich viele Offiziere und erhielt sofort die Erlaubnis, mitzufliegen. Ich wollte die Biologin unter allen Umständen wiedersehen! Doch

sie hatte Quito bereits verlassen und war unterwegs nach Kalifornien. Sie hatte dort einen Job an der Universität bekommen. Ich gab auf und machte mich auf den Weg, um die Cordillera Blanca wenigstens noch im Spätsommer zu erreichen.
Und jetzt bin ich am Ziel. Langsam verlöscht die Glut. Aber in der Hütte ist es gemütlich warm. Ich bin ganz allein. Perico und Clara habe ich auf den Galápagosinseln bei Freunden zurückgelassen. Für sie wäre es hier bestimmt zu kalt.

Die Sonne steht schon hoch am Himmel, als ich am nächsten Tag erwache. Zum Frühstück gibt es Reis, Fleisch und Kaffee. Erst vorgestern habe ich auf dem Markt in Huarás Vorräte für eine Woche eingekauft. Meine grünen Kaffeebohnen stammen noch aus Kolumbien. Ich röste nur so viel, wie ich gerade brauche. Die Bohnen zermahle ich zwischen zwei Steinen.
Plötzlich glaube ich, meinen Augen nicht zu trauen. Durch die Türöffnung schaut mich ein schwarzer, grunzender Schweinekopf an. Das Tier trägt einen Strick um den Hals. Ich greife danach, und schon zieht mich das Schwein mit voller Kraft in die Richtung der Gletscherberge. Ich widersetze mich nicht und bin gespannt, wohin mich der Eber führt. Nach etwa einer Viertelstunde sehe ich zwei Häuser. Und ich habe gedacht, das ganze Tal sei unbewohnt! Ja, ich habe wirklich Schwein, im wahrsten Sinne des Wortes, denn ohne das Schwein hätte ich den Weg hierher niemals gefunden. Schon von weitem werde ich von den Leuten willkommen geheißen.
»Hallo, Gringito! Wo hast du denn unseren Chancho gefunden?« begrüßt mich ein etwa fünfzigjähriger Mann.
»Er hat mich in dem Haus am Bach besucht, wo ich übernachtet habe.«
»Bei unseren Nachbarn? Die sind in die Stadt gezogen, dort haben sie es besser als hier in der Puna. Schau dir das an«, er zeigt auf zwei gerissene Schafe, »wenn das mit den Koyoten so weitergeht, müssen wir auch bald weg. Es ist schon das drittemal, daß sie über unsere Schafe hergefallen sind. Nur noch elf Stück besitzen wir jetzt und zwei Kühe. Früher haben wir viel mehr gehabt«, er seufzt, »aber jetzt erzähl erst mal, was du hier machst.«

»Die Puyas habe ich mir angeschaut. Sie sollen selten sein.«
»Stimmt«, nickt der Mann, »sie sind sehr selten geworden und blühende findest du fast überhaupt nicht mehr.« Er klopft seinem Schwein auf den Hintern. »Du kannst dir gar nicht vorstellen, wie froh ich bin, daß du unseren Chancho gefunden hast. Wir dachten schon, die Koyoten hätten auch ihn gefressen. Hast du Hunger? Oder Durst? Lucia macht dir gleich etwas. Wie heißt du denn?«
Ich nenne meinen Namen, und er stellt mir seine ganze Familie vor. Nur zwei Söhne leben noch zu Hause, die anderen sind in die Stadt gezogen, nach Huarás. Obwohl ich versichere, daß ich gerade erst gefrühstückt habe, bewirtet mich Lucia mit frisch gebratener Schafsleber und Milch. Danach helfe ich Eliseo und seinem Sohn beim Fellabziehen und Zerlegen der getöteten Schafe.
Die Familie besitzt zwei Häuser. Sie sind im gleichen Stil wie das Nachbarhaus gebaut, nur größer. Das eine dient als Küche, das andere als Schlafstätte.
Lucia hängt das Fleisch in der Küche über die Feuerstelle. Dort

wird es angeräuchert. Es hält so länger, außerdem legen die Fliegen ihre Eier nicht auf geräuchertes Fleisch. Gleich neben der Feuerstelle befinden sich die Hühnernester. Für die Hennen sind sie von draußen leicht zugänglich und für die Köchin von innen. Das ist sehr praktisch: Mit einem Griff kann man das Ei unter der Henne wegnehmen und es sofort in die Pfanne schlagen, die auf dem Feuer steht.
Lucias Aufzug ist recht sonderbar. Sie trägt einen Männerhut, einen Pullover und eine lange Hose. Darüber hat sie noch einige Röcke gezogen. Die Schuhe scheint sie von einer Ballettänzerin entliehen zu haben. Ihre langen, pechschwarzen Haare sind zu zwei dicken Zöpfen geflochten, die in einem seltsamen Kontrast zu dem Hut stehen. Sie ist etwa zehn Jahre jünger als ihr Mann, doch sie hat schon einen dreiundzwanzigjährigen Sohn. Die Hochlandindianer heiraten sehr früh, und sehr früh werden sie auch alt, weil sie ihr ganzes Leben lang schwer arbeiten. Die beiden Söhne tragen, wie der Vater, lange Hosen und Pullover. Doch statt einem Hut haben sie eine Wollmütze auf.
Nachdem wir mit dem Zerlegen der Tiere fertig sind, fragt mich Eliseo, ob ich ihm helfen will, die restlichen Schafe hinter die Steinmauer zu treiben. Denn nur in der Nähe des Hauses sind sie über Nacht vor den räuberischen Koyoten einigermaßen sicher. Ich bin natürlich sofort einverstanden.
Die Leute sind sehr freundlich zu mir. Und während ich sie so beobachte, frage ich mich, wie sie in dieser rauhen Landschaft überhaupt leben können. Sie treiben zwar ein wenig Viehzucht und besitzen einige Hühner, aber Mais, Bohnen, Salz und Zukker müssen sie von dem Geld kaufen, das sie für Wolle und Eier bekommen.
Erst spät abends haben wir alle Schafe hinter der Mauer. Mit einem großen Topf voller Bohnen und Fleisch erwartet uns Lucia. Dazu bekommt jeder eine Tasse frischgemolkene, noch warme Milch. Wir essen alle zusammen in der Küche. Die Teller halten wir auf den Knien.
Dann unterhalten wir uns noch ein wenig, aber weil ich weiß, daß die Leute hier normalerweise mit den Hühnern schlafen gehen, verabschiede ich mich bald. Die beiden Söhne begleiten

mich in ›mein Haus‹. Ich gebe ihnen für die Mutter Reis, Nudeln, Salz und den Rest meines gemahlenen Kaffees mit. Sie wird sich bestimmt darüber freuen, und ich brauche diese Vorräte nicht mehr. Die Puyas habe ich gesehen, und ich werde bald nach Huarás zurückkehren.
Als ich mich am nächsten Tag von meinen neuen Freunden verabschieden will, ruft mir Lucia schon von weitem entgegen: »Guten Morgen, Gringito! Hast du gut geschlafen? Vielen Dank für deine Geschenke.«
»Ach, das ist doch nicht der Rede wert. Ich will sowieso in die Stadt zurück. Und dort bekomme ich ja Nachschub.«
Lucia ist gerade beim Melken. Die Milch fließt in eine uralte Blechbüchse, auf der deutlich zu lesen steht: Mobil Oil. Das tut dem Geschmack jedoch keinen Abbruch.
»Warum willst du heute schon wieder weg?« fragt Eliseo. »Gefällt es dir nicht bei uns?«
»Doch, aber ich wollte mir eigentlich nur die Puyas anschauen und dann gleich wieder zurück.«

»Das schaffst du heute sowieso nicht mehr«, meint er. »Du würdest nur in die Dunkelheit hineinkommen und keine Übernachtungsmöglichkeit finden. Es ist besser, du gehst erst morgen früh.«
Er hat recht. Warum soll ich mich beeilen? Schließlich erwartet mich niemand. Ich verbringe den Tag beim Schafehüten. Die Jungens zeigen mir, wie wunderbar die alten, abgeblühten Puyas brennen. Sie lodern wie riesige Fackeln empor. Ein beeindruckendes Schauspiel! Doch eigentlich sollten sie die Blütenstände lieber ihrer Mutter zum Feuermachen bringen, denn es gibt in der ganzen Gegend kein Brennholz. Aber ich will den Jungens die Freude nicht verderben, denn sie haben die Puyablütenstände ja nur meinetwegen angezündet.
Am nächsten Morgen verabschiede ich mich endgültig von meinen Gastgebern. Wie schon auf der Herfahrt, quartiere ich mich auch jetzt in Huarás wieder bei Pepe ein. Er besitzt ein Matratzenlager für Bergsteiger im fünften Stock eines Hotels. Pepe lebt seit vielen Jahren in dieser Region und kennt alles und jeden. Ich

hatte ihn mit der Suche nach einer Bergsteigerexpedition beauftragt, der ich mich anschließen kann, um den Nevado Huascarán zu besteigen.

»Schon wieder da!« brüllt mir Pepe entgegen. »Hast du die Puyas gefunden?«

»Ja. Und danke für den Tip.« Dann erzähle ich ihm meinen Ausflug in allen Einzelheiten. »Sind übrigens neue Bergsteiger angekommen?« frage ich zum Schluß.

»Nein. Wenigstens niemand, der auf den Huascarán hinauf will. Aber ich möchte dir wirklich abraten, allein zu gehen«, warnt Pepe. »Immerhin ist es ein Siebentausender, und da oben sind schon viele umgekommen. Auch vierzehn deiner Landsleute haben den Tod gefunden.«

»Wie ist das passiert?«

Nun ist Pepe in seinem Element, und er erzählt mit großer Ausführlichkeit.

»Es war Ende Mai 1970. Damals starben allein hier in der Umgebung an die fünfzigtausend Menschen bei dem wohl schlimmsten Erdbeben in der Geschichte Perus. Es dauerte nur drei Minuten und vierzig Sekunden. Doch schon nach zwei Minuten lag Huarás in Trümmern. Das einzige Gebäude, das stehen blieb, ist dieses Hotel. Zur gleichen Zeit gingen auf dem Huascarán zwei Lawinen nieder. Die kleinere, an der Nordwand, verschüttete die tschechoslowakische Expedition, die ihr Basislager zwischen zwei Seen, den Lagos Llanganuco, aufgeschlagen hatte. Die Tschechen wurden unter einer zwanzig Meter dicken Steinschicht begraben. Die große Eis- und Steinlawine stürzte die achthundert Meter hohe Westwand hinab. Ein etwa hundert Meter dickes und zwei Kilometer breites Stück war aus der Huascaránspitze gebrochen und ins Tal gerast. Es begrub das Dorf Yungay unter einer Schicht von Steinen und Schlamm. Etwa fünfundzwanzigtausend Menschen sind dort umgekommen. Fachleute sprachen von fünfzig Millionen Kubikmetern Eis, Steinen und Erde. Manche Felsblöcke wogen bis zu viertausend Tonnen. So ein Koloß liegt auch in der Nähe von Ranrahirka. Dieses Dorf wurde schon 1962 von einer Lawine, die sich auf dem Huascarán gelöst hatte, dem Erdboden gleichgemacht. Ich rate

dir also dringend, die Finger von diesem Teufelsberg zu lassen.«
Ich bin von Pepes Schilderung tief beeindruckt. Ich hatte zwar damals von dem Unglück gehört, aber über die Ausmaße hatte ich mir keine Gedanken gemacht. Nun werde ich mir den Berg doch lieber nur von weitem anschauen.
Pepe schlägt mir eine Wanderung vor über Portachuelo- und den Punta-Union-Paß, rund um den Nevado Huascarán herum. Diese Tour gefällt mir gut, ich kaufe Proviant für eine Woche und mache mich schon am nächsten Tag auf den Weg. Per Anhalter gelange ich nach Yungay. Das Dorf ist zum Teil wieder aufgebaut. Ich übernachte dort und breche am nächsten Tag frühzeitig auf. Der Weg zu den beiden Seen, den Lagos Llanganuco, ist lang. Erst abends bin ich am Ziel. Ich schaue mir die Stelle an, wo die tschechische Expedition umgekommen ist. Die Leute hatten ihr Lager sehr ungünstig direkt am Fuße des Schotterkegels aufgebaut. Aber wer kann schon ein Erdbeben vorausahnen? Ich entschließe mich, lieber am oberen See zu übernachten, wo noch ein paar verlassene Indiohütten stehen und wo eine japanische Expedition das Erdbeben von 1970 überlebt hat. Meinen Proviant brauche ich nicht anzubrechen, denn schon beim Näherkommen beobachte ich im See Fische, die nach Fliegen jagen. Einen Blinker und eine Schnur habe ich dabei. Ich suche mir noch einen Ast, und meine Angel ist fertig. In kurzer Zeit ziehe ich ein halbes Dutzend Forellen aus dem Wasser. Etwas Fett habe ich dabei. Gebratene Forellen sind eine köstliche Mahlzeit.
In Huarás habe ich mir eine Karte gekauft, die zwar von Hand gemalt wurde, aber trotzdem ziemlich genau ist. Ich entschließe mich, die Berge nicht über den Portachuelo-Paß zu überschreiten, sondern über einen Sattel zwischen dem Nevado Chacraraju und dem Nevado Yanapakcha. Den über sechstausend Meter hohen Chacraraju will ich mir von der Nähe anschauen. Er hat zwei Gipfel. Sie gelten als die schwierigsten in der Cordillera Blanca, da die Wände aus Fels und Eis auf allen Seiten gleich steil sind. Auch einige kleine Seen sind in der Karte eingezeichnet, die jedoch keinen Namen haben, sondern Nummern von 69 bis 75.
Am nächsten Morgen weckt mich ein Indianer, der mit seinem Maultier hier Rast macht. Er kommt vom Markt in Yungay, wo

In Puerto Bolivar ▷

er Wolle verkauft hat. Er erzählt mir, daß er ganz allein am Lago 69 wohnt und Schafe züchtet. Als er von meinem Plan erfährt, schlägt er mir vor, meinen Rucksack auf sein Maultier zu laden, da wir ja den gleichen Weg hätten. Ich freue mich über die unerwartete Gesellschaft und noch mehr, daß ich meinen Rucksack nicht schleppen muß. Dafür lade ich ihn zum Frühstück ein, was für ihn eigentlich schon das Mittagessen ist, denn er hat einen langen Weg hinter sich.
Dann brechen wir auf. Zuerst folgen wir dem Bach, der in den Llanganuco-See mündet. Und bald sehen wir in der Ferne die Spitzen des Chacraraju, weiße, zweitausend Meter hohe Wände, die wie zwei riesige Zähne einer Säge aussehen. Ihnen gegenüber ragen die beiden fast siebentausend Meter hohen Gipfel des Nevado Huascarán empor. Inmitten dieser atemberaubenden Kulisse weidet friedlich eine Herde von vielleicht zehn Vicuñas. Das sind Verwandte der Guanakos, die in den Steppen Patagoniens häufiger zu finden sind. Beide stammen aus der Familie der Kamele und sehen den Alpakas und Lamas sehr ähnlich.
Eine Zeitlang beobachten wir die Tiere, die keinerlei Angst zeigen. Sie haben ein zotteliges hellbraunes Fell und eine weiße Brust. Besonders auffällig ist ihr langgezogener Hals.
Abends erreichen wir den Lago 69. Ich übernachte bei meinem Begleiter. Am nächsten Tag steige ich bis zum Lago 72 hinauf, wo ich eine Hütte vorfinde. Ich bin jetzt nahe dem Gletscherrand, fast fünftausend Meter hoch. Immer wieder stürzen Eislawinen mit ohrenbetäubendem Lärm von der Steilwand des Chacraraju. Es schneit, und ich friere. Da in dieser Steinwüste kein Stückchen Holz aufzutreiben ist, lasse ich meinen Rucksack in der Hütte und gehe noch einmal zurück, um Holz zu sammeln. Schwerbeladen erreiche ich die Hütte noch vor Einbruch der Dunkelheit. Nachdem das Feuer brennt, wird es gleich warm und angenehm. Todmüde schlafe ich an diesem Abend ein.
Fast zwei Wochen lang bleibe ich hier oben. Ich habe endlich einmal Zeit, mich richtig auszuruhen, und hin und wieder greife ich auch zum Notizblock und schreibe an meinem Buch über Kanada. Was ich zum Essen brauche, kaufe ich mir bei dem Indianer am Lago 69. Sein Maultier schleppt mir nicht nur die

Nahrungsmittel den Berg hinauf, sondern auch das Holz zum Feuermachen.

Nachdem alle meine Vorräte aufgebraucht sind, mache ich mich wieder auf den Weg. Aber bald sind meine Schuhe durchnäßt, und meine Zehen werden gefühllos. Aber ich will nicht aufgeben. Auf der anderen Seite liegt das Huaripampa-Tal, und am Ende des gleichnamigen Baches ist der Punta-Union-Paß. Ich überquere ein großes Gletscherfeld, und beim Anblick der tiefen Spalten ist es mir nicht sehr wohl. Schließlich habe ich keine Bergsteigerausrüstung bei mir, und Handschuhe und Mütze sind nur aus dünner Alpakawolle.

Hier oben vom Gletscher aus sieht der Chacraraju noch imposanter aus. Doch meine Bergtour endet mit einer Enttäuschung. Als ich den Sattel endlich erreiche, könnte ich heulen. Alles war umsonst. Die Flanke ist zu steil. Ohne Steigeisen und Eispickel

ist der Abstieg unmöglich. Ich muß umkehren, auf dem schnellsten Weg zurück ins Tal, Feuer machen und meine Füße auftauen. Es bleibt mir nun nichts anderes übrig, als die Bergkette über den Portachuelo-Paß zu überschreiten.
Ich jage nur so über die Gletscher und atme auf, als ich die ersten Büsche sehe. Ich zünde ein Feuer an und mache mir in meinem Topf warmes Wasser und tauche die Füße hinein. Und mit dem Auftauen der Füße bessert sich auch meine Laune wieder. Ich übernachte bei meinem indianischen Freund. Am nächsten Tag gehe ich den Weg zurück, den er und ich zwei Wochen vorher gekommen sind. Die nächste Nacht verbringe ich in der Hütte am Lagos Llanganuco. Gleich am frühen Morgen steige ich zum Paß hoch, der etwa die Höhe des Montblanc hat. Von dort oben kann ich deutlich sehen, daß der eine Gipfel des Huascaráns höher ist als der andere. Während ich mich noch ausruhe, kommt ein Junge mit fünf Maultieren vorbei.
»Hallo, Gringo! In welche Richtung gehst du?« ruft er mir zu.
»Nach Colcabamba und dann Richtung Punta Union«, sage ich.

»Ich auch. Ich wohne in Huaripampa. Wir können zusammen weitergehen, das macht mehr Spaß. Möchtest du?«
»Warum nicht? Wie weit ist es?«
»Morgen mittag werde ich etwa zu Hause sein. Wenn du willst, lade ich deinen Rucksack auf ein Muli.«
»Gern. Wo kommst du her?«
»Vom Markt. Ich habe Wolle, Eier und Kartoffeln verkauft. Nun bringe ich Zucker, Salz und Stoff nach Hause. Meine Mutter will uns neue Hosen nähen.«
»Wie heißt du?« will ich noch wissen.
»Francisco. Und du?«
Ich stelle mich vor und binde meinen Rucksack auf eines seiner Maultiere, und dann ziehen wir los. Abends kommen wir zu einer leerstehenden Hütte, deren Brettertür leider abgeschlossen ist. Wir quartieren uns in der Scheune ein, die nach allen Seiten offen ist, und ich mache erst einmal Feuer. Das Holz brennt sehr schlecht, am Nachmittag hat es geregnet.
Francisco setzt sich auf seinen braunen Wollponcho und wärmt seine mit Schlamm bedeckten Füße. Er hat nur selbstgefertigte Sandalen an und hätte genausogut barfuß laufen können. Interessiert schaut er mir beim Kochen zu.
»Wo hast du das Fleisch her?« fragt er. »Hast du ein Vicuña geschossen?«
»Nein, das ist Lammfleisch, das ich von einem Mann am Lago 69 kaufte. Sonst habe ich nichts mehr zu essen. Aber es gibt bei uns ein altes Sprichwort: In der Not frißt der Bauer Fleisch auch ohne Brot.« Francisco lacht. Diesen Spruch hat er noch nie gehört. Hoffentlich kann ich mir in Colcabamba einen Lebensmittelvorrat zulegen.
»Gibt es dort unten im Tal irgendwo ein Geschäft?« frage ich deshalb den jungen Indianer.
Francisco schaut mich erstaunt an. »Das nächste Geschäft ist in Yungay. Was willst du kaufen?«
»Etwas zum Essen. Ich habe doch außer Fleisch nichts mehr.«
»Du kannst bestimmt etwas von meiner Mutter bekommen. Wir haben genug zum Essen: Hühner, Chanchos, Schafe und Kühe. Auch die Kartoffelernte war gut dieses Jahr.«

Ich freue mich, denn ich habe gehofft, daß ich von den Einheimischen etwas kaufen kann.
Die ganze Nacht regnet es, aber am nächsten Morgen ist der Himmel wieder blau. Die Regenzeit fängt an, und bald wird das Land grün sein. Die Peruaner nennen diese Zeit Winter.
Wir brechen auf. Der Boden ist aufgeweicht, und wir gleiten mehr als wir gehen den Pfad hinab. In wenigen Stunden erreichen wir Colcabamba, und am Nachmittag stehen wir vor Franciscos Haus. Yolanda, seine Mutter, kommt uns entgegen.
»Schau, wen ich mitgebracht habe!« ruft Francisco begeistert. »Einen Gringo aus Europa! Er kann Spanisch, sogar auch etwas Quechua.«
Yolanda begrüßt mich freundlich und führt mich gleich in die Stube. Die Tür ist sehr niedrig, und ich muß mich bücken, um nicht mit dem Kopf anzustoßen.

Huaripampa ist ein winziges Dörfchen, das nur aus sieben dicht zusammengedrängten Häusern besteht. Sie sind aus Stein gebaut und haben die in dieser Gegend üblichen Grasdächer. Drei Familien leben hier, die alle miteinander verwandt sind.
Die Stube ist voller Kinder. Yolanda jagt sie hinaus und stellt frischen Schafskäse und Brotfladen auf den Tisch.
»Hast du alles gut verkauft, mein Junge?« fragt sie Francisco.
»Ja, sehr gut. Und ich habe alles mitgebracht, was du wolltest.«
»Und wohin willst du, Gringito?« wendet sich Yolanda an mich.
Ich erzähle ihr, was ich vorhabe.
»Heute aber ist es zu spät, um weiterzugehen«, meint sie. »Und außerdem wird es sicher bald wieder regnen. Ich schlage vor, du bleibst über Nacht bei uns. Wir haben Platz genug.«
Ich bin natürlich sofort einverstanden und überlege, wie ich mich für die Gastfreundschaft revanchieren könnte. Doch ich kann Yolanda nur das restliche Fleisch und mein Stoffsäckchen mit grünem Kaffee schenken, mehr habe ich nicht. Geld will ich ihr nicht anbieten. Die Touristen bezahlen sehr häufig die Indianer dafür, daß sie sich fotografieren lassen oder ihre Rucksäcke schleppen. Ich betone jedoch immer wieder, daß ich kein Tourist bin, sondern ein ›Mochilero‹, einer, der mit seinem Rucksack auf dem Rücken durch die Länder zieht.
Yolanda ist hübsch. Ich schätze sie auf Ende dreißig. Harte, aufgesprungene Hände hat sie vom vielen Arbeiten auf den Feldern. Ihre Haare sind schwarz und zu Zöpfen geflochten. Ihre Haut ist dunkelbraun. Und die Zähne sind strahlend weiß. Sie trägt einen weiten Rock, einen Wollpullover und einen hellen Filzhut. Die nackten Füße stecken in alten, ausgetretenen Halbschuhen. Die Leute hier sind sehr arm. Ihre Kleider ziehen sie so lange an, bis sie nicht mehr gestopft werden können. Sie haben kein Geld, aber wenigstens genug zum Essen. Sie leben trotz allem glücklich und zufrieden. Unsere Probleme sind ihnen fremd.
Yolanda macht im Hinterhaus ein Zimmer für mich frei und kümmert sich auch um meinen Rucksack. Francisco und ich befreien in der Zwischenzeit die Maultiere von ihrer Last. Anschließend binden wir ihnen die Hinterbeine zusammen, damit sie nicht weglaufen können.

Die Mutter packt die Sachen aus und freut sich besonders über den Stoff, denn die Hosen der Kinder bestehen zum Teil nur noch aus Flicken. Die Kleinsten sprechen nur ein paar Wörter Spanisch, und sie sind sehr scheu. Doch als ich in meinem Rucksack noch ein paar Bonbons finde, vergessen sie ihre Schüchternheit. Sie strahlen mich an und bestürmen mich mit Fragen.
»Wollen wir meinem Bruder entgegengehen?« fragt mich Francisco gegen Abend. »Er treibt die Chanchos nach Hause.«
»Gut, gehen wir.«
Wir steigen auf dem rutschigen Weg den Hang hinauf. Schon bald kommt uns ein etwa zwölfjähriger Junge mit zwei großen schwarzen Schweinen und sieben Ferkeln entgegen. Solche Schweine habe ich noch nie gesehen. Ihr Fell ist lang und wuschelig, wie bei manchen Hunden. Offenbar haben sie sich an das Klima in viertausend Meter Höhe angepaßt.
»Hallo Pedro! Wir wollen dir helfen, die Chanchos nach Hause zu treiben. Das ist mein neuer Freund. Er kommt aus Europa und bleibt über Nacht bei uns.«
Zu dritt ist es nicht schwer, die Schweine den Hang hinunterzutreiben. Gemeinsam jagen wir sie in einen von einer hohen Steinmauer umgebenen Hof. Pedro läuft barfuß. Seine roten Hosen sind unten herum vom Schlamm ganz verdreckt. Das Loch in seinem Pullover ist so groß, daß der nackte Bauch herausschaut. In der einen Hand trägt er einen langen Stock, in der anderen ein Körbchen mit Wolle und einer Spindel. Er nützt die Zeit beim Schweinehüten und spinnt Wolle für seinen neuen Pullover.
Zu Hause angekommen, stellt mir Yolanda alle ihre Nachbarn vor. Ihr Mann ist nicht da. Er ist unterwegs, um sich einen Bullen auszuleihen. Er will neues Blut in seine Rinderzucht bringen. Ich werde mit so vielen Namen überschüttet, daß ich Mühe habe, auch nur einige zu behalten.
Am nächsten Tag fragt mich Pedro, ob ich mit ihm Schweine hüten will. Da ich nie in Eile bin, sage ich sogleich »ja, ja« und verbringe mit ihm den ganzen Tag in einem Seitental, wo die Chanchos viel zu fressen finden. Er bringt mir das Spinnen bei, und wir spinnen zu zweit.
Abends schaue ich mir die Karte an. Die Jungens haben noch nie

eine Karte gesehen, und ich muß alles genau erklären. Doch dann begreifen alle beide sehr schnell, wie man sie liest und erkennen die Seen, Bäche und Berge in der nächsten Umgebung. Ich frage die Brüder über ihre Heimat aus. Von den Lagos Tintacocha schwärmen sie besonders. Es sollen wunderschöne Seen sein, und einen Wasserfall soll es dort auch geben. Sie liegen direkt unter dem Sattel, den ich vor einer Woche überqueren wollte.

»Ich würde gerne zu den Seen gehen. Kann mich einer von euch dorthin begleiten?« frage ich.

»Warum nicht? Ich komme mit, wenn Francisco morgen die Chanchos hütet.«

Ich schaue Francisco an, und er nickt. Aber ich merke, daß er viel lieber auch mitkommen möchte. Doch Schweinehüten ist Sache der Jungen. Die Mädchen haben ihre Aufgaben im Haus und auf dem Feld.

»Die nächste Tour machen wir beide zusammen, Francisco«, verspreche ich. Der Junge ist einverstanden. Er wird die Schweine am nächsten Tag hüten.

Am Morgen packt Pedro gekochte Kartoffeln und ein Stück Käse in sein Körbchen. Beide ziehen wir Ponchos an. Auch ich habe mir inzwischen in Huarás so einen braunen wollenen Poncho gekauft. Er ist wasserdicht, denn die Naturwolle ist sehr dicht gewebt und nicht entfettet. Yolanda leiht mir einen Filzhut aus, der den Regen viel besser abhält als eine Mütze. Damit Pedro nicht barfuß zu gehen braucht, bekommt er die Sandalen seines Bruders. Von meinen Schuhen löst sich bereits die Sohle, was aber nur von Vorteil ist. Das Wasser läuft genauso schnell wieder hinaus, wie es hineinläuft.

Wir folgen dem Huaripampa-Bach durch ein breites Tal. Da und dort stehen ein paar Häuser auf den kargen Feldern, die von aufgeschichteten Wällen aus Steinen voneinander abgegrenzt sind.

Mit dem Regen kommt auch das Grün. Überall sprießen Grashalme hervor, und auf den Feldern beginnt das Getreide zu wachsen. Die Bauern stecken jetzt die Kartoffeln in die Erde, damit sie im Frühjahr geerntet werden können.

Bei einem Nachbarn legen wir eine kurze Rast ein. Eine seiner Töchter, Pedros Freundin, möchte gerne mit uns gehen, aber lei-

der hat sie keine Schuhe. Ihre Schwester hat sie an, und die ist heute ausgerechnet nicht da. Pedro ist ein wenig traurig darüber. Aber ohne Schuhe kann sie selbstverständlich nicht in die Berge, denn wir müssen ja einige Schneefelder überqueren.
Ein plätschernder Bach, blühende Blumen und in der Ferne die Gletscher des Nevado Chacraraju, die wie Gold in der Abendsonne schimmern. Unsere Tour gefällt mir immer besser. Allerdings ist der Weg doch weiter, als ich gedacht habe. Erst bei Sonnenuntergang erreichen wir die Gletscherseen. Im Wasser spiegeln sich die Gipfel des Chacraraju. Über den Wasserfall spannt sich ein Regenbogen. Ein Bild von unbeschreiblicher Schönheit!
»Pedro, gibt es hier eine Hütte, wo wir übernachten können?«
»Nein, aber eine Höhle. Sie ist trocken, und Holz gibt es auch genug. Wir werden nicht frieren.«
Der Junge führt mich zu einem Felsüberhang. Wir finden dort sogar eine alte Feuerstelle. Sicher haben schon öfters Leute hier gelagert. Wir sammeln trockenes Gras und bauen uns ein bequemes ›Bett‹ für die Nacht. Zudecken können wir uns mit unseren Ponchos. Das dürre Holz brennt sehr gut. Wir trocknen unsere Schuhe am Feuer, denn unterwegs mußten wir immer wieder einen Bach durchwaten. Um nasse Socken braucht sich mein kleiner Kamerad allerdings nicht zu kümmern. Er besitzt keine. Die mitgebrachten Kartoffeln backen wir in der Glut. Es sind so viele, daß sogar noch welche für das Frühstück übrigbleiben.
Am nächsten Morgen grast auf der anderen Seite des Baches eine Herde Vicuñas. Zum erstenmal sehe ich diese wunderschönen Tiere ganz aus der Nähe. Sie wittern uns nicht, und so können wir sie in aller Ruhe beobachten. Die Tiere sind nicht scheu, denn sie haben kaum Feinde. Jagen darf man sie nicht, der Staat hat sie unter Naturschutz gestellt. Pumas gibt es nur selten in diesen Höhen, und die Kondore suchen sich hauptsächlich Aas. Auf dem Rückweg machen wir viele Pausen. Pedro freut sich, daß er einen Gringo führen darf, und wir klappern alle seine Freunde ab. Bei einem dieser kurzen Besuche fällt mir ein kleines Mädchen besonders auf. Es trägt einen langen schwarzen Rock, eine Jacke, einen Hut und Halbschuhe – genau wie eine erwachsene Frau. Blick und Aussehen des Kindes erinnern mich an

Leonardo da Vincis Meisterwerk. Ich nenne die Kleine ›Mona Lisa‹! Sie freut sich sehr über den neuen Namen und will uns den Rest des Weges begleiten. Und ich überlege, wie ich ihr noch mehr Freude bereiten könnte. Bonbons habe ich keine mehr, doch als wir nach Hause kommen, schenke ich ihr alle meine Filzstifte und einen Teil des Notizblocks. So ein überglückliches Kindergesicht habe ich noch nie vorher gesehen. Sie rennt davon, und die nächsten Tage tut sie nichts anderes als malen. Das schönste ihrer Bilder – Vicuñas in Popfarben – macht sie mir ein paar Tage später zum Geschenk.
Da ich sehe, daß Yolanda mit dem Kartoffelpflanzen sehr beschäftigt ist, biete ich ihr meine Hilfe an. Sie ist froh darüber, und ich mache mich gern nützlich. So arbeiten Francisco und ich einige Tage auf dem Feld, und als sein Vater nach Hause zurückkehrt, ist alles fertig. Er bringt einen prächtigen Bullen mit. Nun werden die Nachbarn von nah und fern vorbeikommen, um ihre Kühe decken zu lassen. Dem Bullen kann's nur recht sein.
Aus einer Nacht sind zwei Wochen geworden. Schweinehüten und die Arbeit auf dem Feld haben mir Spaß gemacht. Doch jetzt muß ich weiter. Zum Abschied packt Yolanda meinen Rucksack voll mit Kartoffeln, Räucherfleisch, gekochten Eiern und Käse. Ja, sie besteht sogar darauf, mir lebenden Proviant mitzugeben: ein kleines Schwein an der Leine.
»Du brauchst es nicht zu tragen. Es wird hinter dir herlaufen, und wenn du alles aufgegessen hast, kannst du es schlachten.«
Ich bin sicher, daß sie kein Geld annimmt. Doch ich denke an die zerlumpten Kinder und lasse in meinem Zimmer einen Zwanzig-Dollar-Schein zurück. Dafür kann sie viel Stoff kaufen. Die Kinder begleiten mich noch ein Stückchen. Es sind so viele, daß ich mich immer wieder verzähle. Unterwegs halte ich noch einmal an und schaue bei ›Mona Lisa‹ herein. Sie bekommt noch etwas Zeichenpapier, denn das alte hat sie schon ganz bemalt.

Mit meinem Schwein an der Leine steige ich auf den höchsten Paß dieser Gegend. Er ist viertausendsiebenhundertfünfzig Meter hoch. Meine Reisebegleitung ist übrigens weiblichen Geschlechts, ich gebe ihr den Namen Pigi.

In zwei Tagen erreichen wir Punta Union, und vor mir öffnet sich ein herrliches neues Panorama: Die Abendsonne versinkt im Santa-Cruz-Tal. Ihre letzten Strahlen färben die Felsgipfel des Pucahirca und Alpamayo blutrot. Diese Sechstausender, auf deren steilen Spitzen keine Gletscher hängen bleiben, gehören vielleicht zu den eindrucksvollsten Bergen der Cordillera Blanca.
Mein US-Army-Poncho dient mir als Dach, mein Wollponcho als Unterlage auf dem steinigen Boden. Doch ehe ich mich zum Schlafen niederlege, binde ich Pigi auf einer kleinen Wiese an einem Strauch fest.
Als ich am nächsten Morgen erwache, ist alles weiß. Mein schwarzes Schwein ist nicht mehr zu übersehen. Doch Pigi läßt sich von dem über Nacht gefallenen Schnee nicht stören, sondern wühlt emsiger als je zuvor.
Es ist ein langer Marsch bis hinunter ins Dorf Santa Cruz. Pigi läuft hinter mir her wie ein Hündchen. Doch ich muß immer mal wieder an der Leine ziehen, sonst bleibt sie stehen und will fressen. Für die Nacht finde ich eine schöne, trockene Höhle direkt

oberhalb des Oatacocha-Sees. Auch Holz ist da, und ich kann mir etwas Warmes zum Essen machen. Den Alpamayo, den schönsten Berg der Cordillera Blanca, habe ich jetzt direkt vor der Nase.

Meine letzte Nacht im Santa-Cruz-Tal verbringe ich in einer verlassenen Indiohütte direkt am Río Santa Cruz. Ich fange Forellen und brauche zum Glück meinen lebenden Proviant nicht anzugreifen. Ich habe Pigi inzwischen richtig liebgewonnen und könnte mir gar nicht vorstellen, sie zu schlachten.

Das letzte Stück Weg legen wir per Anhalter zurück. Und die Leute staunen: ein Gringo mit einem Schwein. Das hat noch niemand gesehen.

In Huarás quartiere ich mich selbstverständlich wieder bei meinem Freund Pepe ein. Zum erstenmal muß ich Pigi tragen, denn Treppensteigen hat sie noch nicht gelernt. Pepe fallen fast die Augen aus dem Kopf, als er mich sieht. Verdreckt von oben bis unten stehe ich unverhofft vor ihm und halte ein Schwein in den Armen.

Für Pigi wird von nun an Pepe sorgen. Er hat genug Landwirtschaft und verspricht mir, aus meiner kleinen Sau eine große Zuchtsau zu machen. Und er tut es sicherlich gern, nachdem er meine Lobeshymne über ihre Widerstandsfähigkeit angehört hat.

CHILE
Cordillera de los Andes
Patagonien
ARGENTINIEN
ATLANTIK
Mte.Fitz Roy
+ 3.375m
+ Cerro Torre 3.128m
Lago Viedma
Lago Argentino
Río Santa Cruz
Charles Fuhr
Calafate
Glaciar Moreno
Cerro Paine
+ 2.360m
Rio Gallegos
Lago del Toro
Puerto Natales
CHILE
Magallanes
Punta Arenas
San Sebastián
Porvenir
Estrecho de
Tierra del Fuego
(Feuerland)
PAZIFIK
Ushuaia
Canal de Beagle
100 km
200 km
300 km
400 km
Cabo de Hornos
(Kap Horn)

7. Kapitel

Die letzte Soloexpedition
– Die Traumberge von Patagonien –

Einer nach dem anderen brechen gewaltige Eistürme ab und stürzen krachend ins grünblaue Wasser. Eine mächtige Fontäne steigt empor. Seit Stunden beobachte ich dieses wohl großartigste Naturschauspiel Argentiniens. Ich stehe am Ufer des Lago Argentino in Südwestpatagonien. Vor mir liegt der vierzehn Kilometer lange Glaciar Moreno, der seinen Ursprung in der fast dreitausend Meter hohen Cordillera Darwin hat. Obwohl der Moreno-Gletscher – genannt nach einem argentinischen Geographen und Forscher – wenig Gefälle hat, bewegt er sich vierhundertfünfzig Meter im Jahr vorwärts. Stellenweise schiebt sich das Eis die Hänge hinauf, bis hinein in den Wald. Direkt am Gletscherrand reifen Calafatebeeren, den Preiselbeeren ähnliche Waldfrüchte. Daneben blühen gelbe Veilchen.

Es geschah in den siebziger Jahren. Damals schob sich eine fast zwei Kilometer breite und sechzig Meter hohe Eiswand auf die Halbinsel zu, auf der ich jetzt stehe. Das Eis zermalmte Bäume, hobelte Felsen glatt und trennte den südlichen Seearm ab. Zwei Jahre lang staute sich das Wasser, bis es ihm gelungen war, die Gletscherzunge zu durchschmelzen. Das gestaute Wasser schoß durch den entstandenen Tunnel in den freien Seeteil des Lago Argentino. Der Santa-Cruz-Fluß trat über die Ufer und verursachte große Überschwemmungen.
Der Tunnel besteht noch heute. Er ist hundert Meter lang und etwa zwanzig Meter hoch. Es klingt, als würden Kanonen in seinem Inneren abgeschossen, denn das Donnern des niederstürzenden Eises wird durch das Echo noch verstärkt. Riesige Eismassen schwimmen im See, neue kommen hinzu. Sie lösen jedesmal hohe Flutwellen aus; und die Eisberge bewegen sich, stoßen aneinander, brechen. Manchmal fallen so gewaltige Stücke ins Wasser, daß eine Brandung entsteht, die Boote zum Kentern bringen kann. Auf diese Weise sind schon einige Menschen ertrunken.
Der Gletscher zieht mich an wie ein Magnet. Ich möchte an den Spalten entlanggehen und in die Tiefe schauen. Ich möchte zu den in der Sonne glänzenden Türmen emporsteigen . . . Ich gehe vorwärts, fast wie im Traum wandere ich über den Gletscher. Da reißt mich ein Donnern und Dröhnen in die Wirklichkeit zurück. Nur wenige Schritte von mir entfernt stürzt ein etwa fünfzehn Meter hoher Turm nieder. Es hätte nicht viel gefehlt, dann wäre er mir zum eisigen Grabstein geworden.
Ich kehre langsam zu meinem Lager zurück. Das Überdach, meinen Poncho, habe ich in einer windgeschützten Bucht, auf einer Wiese voller Blumen, aufgespannt. Es ist Dezember, Hochsommer in Argentinien. Unterwegs pflücke ich einige Calafatebeeren, aus denen ich Marmelade kochen möchte. Stellenweise ist der Hang so dicht mit Südbuchenwald bewachsen, daß ich ins Wasser ausweichen muß. Die Südbuchen sind sehr widerstandsfähig gegen Kälte und Wind. Ihre Blätter ähneln denen der Heidelbeersträucher. Sie sind so klein, daß ihnen die schweren Stürme Patagoniens nichts anhaben können. Eine Weile beob-

achte ich einen fast einen halben Meter großen Magellanspecht, der in den knorrigen Baumstämmen nach Würmern sucht. Er sieht aus wie ein Exote mit seinem schwarzen Gefieder und dem knallroten Kopf. Am meisten aber staune ich über die Kolibris, diese leuchtend bunten Bewohner der Tropen, die sich bis zum 50. südlichen Breitengrad vorgewagt haben.

Die einsame Schönheit dieser Landschaft beeindruckt mich tief. Jetzt bin ich schon den zweiten Tag hier und habe noch keine Menschenseele gesehen, obwohl diese Gegend relativ einfach mit dem Auto zu erreichen ist. Um so größer ist mein Erstaunen, als ich in mein Lager zurückkomme. Ein Gringopärchen sitzt an meiner Feuerstelle.

»Hallo, ist das dein Camp?« fragt mich der Mann in recht gutem Spanisch.

»Ja. Wie habt ihr es nur gefunden?«

»Wir sind am Seeufer entlanggelaufen, in Richtung Gletscherbruch. Du bist kein Argentinier, nicht wahr?«

»Nein. Ich bin Tscheche. Aber ich habe viele Jahre in Deutschland gelebt. Dann begann ich zu reisen. Lange Zeit war ich in Kanada. Und von dort bin ich vor zwei Jahren in Richtung Süden gestartet. Vor zwei Tagen bin ich hier angekommen.«

»Dann sprichst du bestimmt auch Deutsch?« fragt mich der Mann jetzt auf deutsch.

»Ja sicher«, antworte ich. »Wo kommt ihr her?«

»Aus München. Ich heiße Bernd, und das ist meine Freundin Helga!«

»Mein Name ist Leosch«, stelle ich mich auch vor. »Von wo kommt ihr jetzt?«

»Von Peru sind wir nach Buenos Aires und von dort nach Calafate geflogen. Und schließlich per Anhalter hier gelandet.«

»Wo wart ihr in Peru?«

»In der Cordillera Blanca.«

»Ich auch.«

»Und wie bist du nach Patagonien gekommen?« fragt Bernd.

»Über Bolivien und Chile. Dort hockte ich aber gleich hinter der chilenischen Grenze am Altiplano oberhalb von Antofagasta im Knast.«

»Warum?« fragen die beiden wie aus einem Mund. »Hast du Kokain geschmuggelt?«
»Oh nein. Ich fuhr als Hobo in einem Güterwaggon. Auf einer einsamen Station holten mich die Eisenbahner mitten in der Nacht heraus, und ich wurde eingelocht. In Chile ist es verboten, auf Züge zu springen. Aber das wußte ich natürlich nicht.«
»Das mußt du uns genau erzählen«, sagt Helga.
»Vielleicht später einmal. Das ist eine lange Story.«
»Erzähl sie uns lieber gleich«, drängt Bernd.
»Also gut. Aber vorher mache ich uns noch etwas Mate-Tee.«
Ich sammle Holz, zünde Feuer an und stelle einen Topf mit Wasser darauf. Als es kocht, brühe ich den Tee aus Paraguay an. Die Gauchos trinken ihn mit Vorliebe. Ich bekam erst neulich einen ganzen Sack davon geschenkt. Der Mate-Tee stammt aus den koffeinhaltigen Blättern des Imbuiabaums. Ich süße ihn reichlich, und er schmeckt auch meinen neuen Freunden sehr gut. Dann machen wir es uns am Feuer bequem, und ich fange an zu erzählen:
»Von Lima bin ich per Anhalter über Cuzco, am Titicaca-See vorbei, nach La Paz gefahren. In La Paz bestätigte mir ein Lokführer, daß sein Zug nach Antofagasta fährt. Ich suchte mir einen leeren Waggon aus und betrachtete die Landschaft durch die offene Schiebetür. Am meisten beeindruckten mich die Spiegelungen auf dem Salar de Uyuni. Die Berge im Hintergrund schienen wie Inseln auf der Salzoberfläche zu schwimmen.
Abends erreichte der Zug die Grenze. Ich bekam einen Stempel in den Paß und kehrte zu meinem Waggon zurück. Erst in der Nacht fuhr der Zug weiter nach Chile. Die Schienen wurden immer buckliger, und mein Waggon holperte und wackelte, daß mir Hören und Sehen verging. Stundenlang stand ich auf den Zehenspitzen, um die Vibration zu dämpfen. Endlich hielt der Zug an. Ich legte mich erschöpft nieder. Jemand lief mit der Taschenlampe den Zug entlang und kontrollierte die Türen der Waggons. Leider konnte ich nicht von innen den Außenriegel schließen, und das fiel dem Mann auf. Er riß die Tür auf und blendete mich mit der Taschenlampe.
›Raus!‹ brüllte er, ›los, beeil dich!‹ Ich hatte gerade noch Zeit,

meinen Rucksack zu schnappen. Der Mann stieß mir seine Pistole in den Rücken und drängte mich zur Polizeistation neben dem Bahnhofsgebäude. Abhauen konnte ich nicht. Er hätte mir sonst bestimmt eine Kugel verpaßt. Ich wurde durchsucht, verhört und dann eingesperrt. Für wie lange sagten mir die Polizisten nicht. Vom südamerikanischen Knast hatte ich schon die reinsten Schauergeschichten gehört, und nun hockte ich tatsächlich drin. Die Zelle war nicht größer als drei Quadratmeter. Das gesamte Mobiliar bestand aus einer Bretterpritsche und einem Blecheimer. Es gab kein Fenster, nur ein vergittertes Loch in der Tür. In der Nacht fror ich wie ein Schneider und träumte von meinem warmen Schlafsack. Dazu plagte mich noch der Hunger. Tagsüber wurde es zum Glück etwas wärmer, und ich konnte schlafen. Ich wurde durch das Geschrei eines Kaninchens geweckt, schaute durch mein Loch in der Tür und sah, wie ein Polizist das eben geschlachtete Tier auf dem Hof abzog. Da kam mir ein Gedanke: ›Hallo, amigo! Ich bin Koch von Beruf. Ich könnte euch das Karnickel lecker zubereiten‹, schlug ich vor. Der Mann blickte mich einen Moment schweigend an und verschwand dann im Haus. Hoffentlich hat er angebissen, dachte ich. Und tatsächlich, nach einer Weile kam er zurück und öffnete die Tür meines Gefängnisses: ›Der Chef ist einverstanden‹, sagte er, ›aber ich warne dich, wenn du Mist baust, bleibst du hocken, bis du schwarz wirst.‹ In der Küche fehlte es an nichts. Den Hoppelmann schob ich – gespickt mit Speck – in den Backofen des großen Holzofens. Dann bereitete ich eine leckere Soße mit provenzalischen Gewürzen zu. Als Beilage gab es Bratkartoffeln mit Zwiebeln. Außerdem kochte ich noch rasch eine Suppe aus Fleisch und Gemüse. Die Polizisten waren begeistert und wollten fortan von ihrem selbstgekochten Fraß nichts mehr wissen. Demzufolge hockte ich nun nicht mehr im Knast, sondern stand in der Küche. In der Woche, die ich dort absitzen mußte, habe ich Unmengen Kaninchen und Hühner verarbeitet. Dazu gab es immer genug chilenischen Rotwein. In meiner Zelle habe ich nur noch geschlafen, aber nun natürlich in meinem Schlafsack. Als ich freigelassen wurde, war ich richtig gemästet.

Aber wie sollte ich nun weiterkommen? Auf der Straße gab es

keinerlei Verkehr, und als ›Hobo‹ durfte ich nicht mehr weiterfahren. Doch der Kommandant, der meine aussichtslose Lage erkannte, ließ sich etwas einfallen. Er machte kurzerhand eine Dienstreise nach Antofagasta und nahm mich in seinem Polizeijeep mit. Dort hat er mich nicht nur zum Essen eingeladen, sondern auch noch zu einem Saufgelage mit seinen Kumpanen.«

»Hast du noch mehr solche Geschichten auf Lager?« fragt Bernd.

»Nein, im Knast war ich nur einmal, und ich bin froh, daß alles so gut abgelaufen ist. Jetzt aber würde ich mich freuen, wenn ihr mir beim Abendessen Gesellschaft leisten würdet. Es gibt Bannocks mit Calafate-Marmelade.«

Bernd und Helga stimmen sofort zu.

»Wie machst du die Bannocks?« will Helga wissen.

»Das ist ganz einfach. Die Fladen werden aus Mehl, Wasser, Backpulver und Salz hergestellt. Die Indianer in Kanada haben mir das Rezept verraten. Leider besitze ich keine Pfanne. Ich muß versuchen, die Fladen im Topf zu braten.«

»Wir haben eine, du kannst sie gerne benützen«, sagt Helga.

Während ich das Essen zubereite, bauen Bernd und Helga ihr kleines Zelt auf. Und sie erzählen, was sie bis jetzt so alles erlebt haben. Die beiden sind schon fast ein Jahr unterwegs.

Mein Abendessen gelingt. Die Gäste loben meine Kochkünste. Noch lange bleiben wir am Feuer sitzen. Helga und Bernd sind beide Bergsteiger, und da entdecken wir natürlich viele Gemeinsamkeiten. Sie haben einige Berge bestiegen, auf denen auch ich schon gewesen bin. Als wir uns endlich schlafen legen, haben wir einige Flaschen argentinischen Rotwein, die sie im Gepäck hatten, leergetrunken. Und es ist ein Glück, daß sich keiner von uns auf den Heimweg machen muß.

Am nächsten Morgen wandern wir alle drei noch einmal zu dem Gletscher, um die stürzenden Eistürme zu beobachten. Nachmittags trennen sich dann unsere Wege. Bernd und Helga kehren zurück nach Calafate. Sie wollen von dort weiter nach Feuerland fliegen. Ich kann mir den Flug nicht leisten und mache mich zu Fuß auf den Weg. Ich will zuerst nach Chile in den Nationalpark Torres del Paine. Er liegt in einem Gebiet mit riesigen Granit-

bergen, Gletschern und unzähligen Seen. Diese Gegend wird als Kleinod Chiles bezeichnet. Bis dorthin sind es aber immerhin einige hundert Kilometer über argentinische und chilenische Schotterpisten. Deshalb beschließe ich, die Straße zu meiden und den viel kürzeren Weg durch die Berge zu nehmen. Dort gibt es allerdings keinen Grenzposten. Wer aber ohne Stempel im Paß erwischt wird, wandert ins Gefängnis. Deswegen muß ich sehr vorsichtig sein.
Schon nach zwei Tagen erreiche ich den Nationalpark. Der chilenische Staat hat dort für die Touristen einige Schutzhütten errichtet. Aber nur wenige wissen von diesem Bergsteigerparadies. Ich wandere mutterseelenallein durch diese Landschaft, von der ein seltsamer Reiz ausgeht.
Am frühen Morgen gelingt es mir, einen Hasen zu fangen. Ich brauche ihn nur an den Ohren zu packen, denn er hat neben dem Trampelpfad geschlafen. Und er ist sehr erschrocken, als er in meinen Händen erwacht. Da ich zwei Tage nur von Marmelade gelebt habe, freue ich mich natürlich auf den Braten. Gegen

Abend erreiche ich die Hütte am Lago Pehoe. Aus dem Kamin steigt Rauch. Ich klopfe an.
»Herein!« ruft jemand auf französisch. Eine kleine, etwa dreißigjährige Frau öffnet die Tür. Langes braunes Haar umrahmt ihr hübsches Gesicht. Sie strahlt mich an. »Bist zu allein? Wo kommst du her?«
Mein Französisch ist ziemlich schlecht, daher antworte ich lieber auf englisch. Als ich merke, daß sie mich nicht ganz versteht, versuche ich es auf spanisch. Nun klappt unsere Unterhaltung schon besser. Ich erfahre, daß meine Gesprächspartnerin Françoise heißt und aus Paris kommt. Sie ist mit ihrer Freundin Monique aus Montreal hier.
»Willst du nicht hereinkommen?« ruft Monique aus der Hütte.
»Gerne«, antworte ich. »Ich habe übrigens einen Riesenhunger und muß gleich etwas kochen. Habt ihr noch Feuerholz?«
»Ja, hinter der Hütte ist genug. Was willst du denn kochen?« fragt Monique.
»Hasengulasch. Wollt ihr mitessen? Es reicht für uns alle drei.«
Sie sagen nicht nein. Ich ziehe den Hasen ab, und wenig später schmort auch schon das Fleisch im Topf.
»Leider habe ich keinen Reis mehr, aber ich habe schon öfters nur von Fleisch gelebt.«
»Wir haben Brot genug«, sagt Françoise. »Auch Käse ist noch da. Nur der Rotwein fehlt. Da müssen wir eben mit Kaffee vorliebnehmen.«
Ich freue mich sehr über die unerwartete Gesellschaft, und auch den beiden Freundinnen scheint meine Gegenwart nicht unangenehm zu sein. Sie besitzen keine Landkarte von diesem Gebiet und stürzen sich auf meine.
»Schau, Monique. Ganz in der Nähe fließt ein Gletscher in den See. Sollen wir ihn uns nicht aus der Nähe anschauen? Vielleicht können wir zu dritt weiterwandern«, meint Françoise und wendet sich an mich. »Bist du einverstanden?«
Wenn ich ehrlich bin, habe ich eigentlich nur auf diesen Vorschlag gewartet.
»Aber natürlich. Ich war lange genug allein. Wenn ihr wollt, brechen wir gleich morgen früh auf.«

»Abgemacht.«
Abends spielen wir bei Kerzenlicht Karten. Das Spiel hat mir mein Vater beigebracht. Es ist ähnlich wie Rommé. Meine Partnerinnen lernen schnell, worauf es ankommt, und wir spielen so lange, bis alle Kerzen niedergebrannt sind.
Am nächsten Morgen stehen wir doch recht früh auf. Die Rucksäcke lassen wir in der Hütte zurück. Unser Weg führt am Ufer des Lago Pehoe entlang. Im Wasser schwimmen große Eisberge. Als wir jedoch den Gletscher erreichen, warten wir vergebens auf die brechenden Eistürme. Das Schauspiel vom Moreno-Gletscher will sich hier nicht wiederholen.
Françoise läuft vor bis zur Eiswand, entdeckt ein Loch zwischen Eis und Fels und kriecht hinein. Ich halte den Atem an. Wenn sich der Gletscher bewegt, wird sie vom Eis begraben.
»Es ist phantastisch hier!« ruft sie uns zu.
»Komm raus! Es ist zu gefährlich!« warne ich.
»Gar nicht. Das Eis ist fest. Kommt doch herein! Hier ist eine riesige Höhle. Ihr müßt die Farben sehen! Los, seid keine Angsthasen!«
Sie macht uns beide neugierig. Doch ich zögere, denn ich habe schlechte Erfahrungen mit Gletschern. Monique folgt ihrer Freundin.
»Françoise hat recht, du mußt kommen!« ruft sie mir zu.
Ich mag nicht länger allein draußen warten und krieche auch in die Höhle hinein. Der Eingang ist sehr eng. Die beiden Frauen sind viel kleiner als ich. Ich komme nur mühsam vorwärts und muß auf dem Bauch kriechen, aber schon nach wenigen Metern kann ich aufrecht stehen. Und ich bin fasziniert vom Spiel des Lichts. Am Eingang schimmert das Eis in einem matten Weiß, aber je tiefer ich in die Höhle eindringe, desto dunkler werden die Farben. Die Skala reicht von Hellgrün, Grün, Blau, Dunkelblau bis Schwarz. Das tauende Eis bildet an der Decke bizarre Formen. Manche sehen aus wie riesengroße, pralle Frauenbrüste, aus denen Milch fließt. Überall tropft das Wasser herab, überall laufen Rinnsale über den glitschigen Boden. Wir brauchen keine Angst zu haben. Die Eiswände sind stabil, nirgends liegen abgebrochene Stücke.

Naß und durchfroren wie wir sind, müssen wir uns zuerst eine windgeschützte Stelle suchen, um unsere Kleider in der Sonne zu trocknen. Auf dem Heimweg sammeln wir einen ganzen Sack Calafatebeeren, und ich verspreche, daraus einen großen Topf Marmelade zu kochen.

Als wir uns unserer Hütte nähern, sehen wir Rauch aus dem Kamin steigen. Sicher haben wir Besuch, denn so lange kann unser Feuer nicht brennen. Seltsam, erst bin ich lange Zeit keiner Menschenseele begegnet, und jetzt treffe ich schon wieder auf die nächsten Wanderer. Wir sind vielleicht noch zwanzig Schritte von der Hütte entfernt, da fliegt die Tür auf, und Bernd und Helga stürmen uns entgegen.

»Hallo, Leosch! Was für ein Zufall!« sprudelt Helga hervor. »Wir haben gewußt, daß du hier bist und auf dich gewartet.«

»So, so, und gleich zwei Frauen hast du aufgegabelt«, fügt Bernd mit gutmütigem Spott hinzu.

»Wieso habt ihr gewußt, daß ich hier bin?« wundere ich mich.

»Deinen zerlumpten Rucksack erkennt man unter Tausenden. Eigentlich wollten wir weiter, aber dann war uns das Wiedersehen mit dir doch wichtiger«, sagt Helga.

»Das ist lieb von euch. Und was habt ihr jetzt vor?«

»Wir wollen noch zu den Torres del Paine, und dann müssen wir langsam an die Rückreise denken«, entgegnet Bernd, und ich merke, daß ihm diese Vorstellung nicht sehr angenehm ist.

»Die Türme möchte ich auch sehen. Gehen wir doch zusammen«, schlage ich vor.

»Prima. Wollen deine Frauen auch mit?«

»Frag sie. Ich glaube schon.«

Helga schaltet auf spanisch um, fragt sie, und Monique und Françoise möchten natürlich mit.

Es ist ein seltsames Gefühl, wenn man sich als einsamer Wanderer plötzlich in Gesellschaft von drei Frauen und einem Mann befindet. Das Zusammensein mit meinen neuen Freunden hebt jedenfalls meine Stimmung gewaltig. Oft habe ich mir schon gewünscht, mit einem Freund oder einer Freundin zu reisen. Aber bis jetzt habe ich niemand gefunden, der so, wie ich, durch die Länder ziehen will.

Im Haus machen wir es uns erst einmal gemütlich, trinken Kaffee und planen unseren Marsch zu den Granittürmen.
Der Weg ist weit, aber von einmaliger Schönheit. Steil aufragende Felsen, weißblaue Gletscher, grüne Täler. Oft bleiben wir staunend stehen, und keiner sagt ein Wort.
Ein Berg fasziniert uns besonders. Der Cuernos, ein Dreitausender. Sein helles Gestein glänzt in der Sonne, aber seine Spitzen sind schwarz. Wie die gewaltigen Hörner eines Stiers schrauben sie sich in die Luft. Und das Land ringsum ist übersät mit lauter blauen Farbtupfern, als hätte ein Maler noch rasch seinen Pinsel ausgedrückt und ganz zufällig eine Unmenge kleiner Seen geschaffen. Das Bild ist vollkommen.
Zwei Tage sind wir unterwegs. Dann sehen wir die Torres, diese fast tausend Meter hohen, glatten Felstürme vor uns. Sie scheinen aus den tiefen Schluchten emporzuwachsen, in denen die

Gletscher wie erstarrte Riesenschlangen liegen. Leider ist es schon zu spät, um noch bis zu den Türmen zu gehen. Wir müssen nach einer Unterkunft für die Nacht suchen. Es dauert dann auch nicht lange, bis wir eine Estanzia, eine südamerikanische Ranch, entdecken. Einige Gauchos arbeiten im Korral. Sie grüßen uns schon von weitem.
Wir fragen nach dem Besitzer, und zwei der Jungens führen uns in das Wohnhaus. Ein Mann in mittleren Jahren empfängt uns. Er entschuldigt sich vielmals, daß im Haus nicht genug Platz für uns alle ist, und fragt, ob wir uns im Wirtschaftsgebäude einquartieren wollen. Natürlich wollen wir, denn wir sind froh, überhaupt ein Dach über dem Kopf zu haben. Nur selten kommen Besucher in diese verlassene Gegend. Die Leute hier freuen sich über jeden Fremden, der ihnen Abwechslung bringt. Für sie ist es selbstverständlich, uns auch zum Abendessen einzuladen. Der Tisch in der Stube ist so groß, daß zwölf Personen bequem Platz finden. Die Frau des Besitzers bewirtet uns reichlich mit gekochtem Rindfleisch und Brot. An Fleisch haben die Gauchos gewiß keinen Mangel. Ihre Rinderherden bestehen meist aus mehreren hundert Tieren, und außerdem besitzen sie noch einige tausend Schafe. Trotz dieses Reichtums ist das Haus beinahe ärmlich eingerichtet. Aber die Leute machen einen fröhlichen und zufriedenen Eindruck. Nach dem Essen trinken wir Mate-Tee, den uns die Hausfrau in kugelförmigen Bechern serviert. Dazu bekommen wir Trinkhalme aus Messing, an deren Ende ein Sieb angebracht ist.
Als wir uns erkundigen, was wir für Essen und Übernachtung schuldig sind, winken unsere Gastgeber nur ab. Sie wollen vom Bezahlen nichts wissen. Am späten Abend fallen wir todmüde von dem langen Marsch und dem vielen Essen in unsere Betten. Recht früh werden wir von den Gauchos geweckt. Ein strahlender Tag. Die Gletscher leuchten in der Sonne.
»Sollen wir fragen, ob sie uns ein Stück Fleisch für unterwegs verkaufen?« schlägt Helga vor. Alle stimmen begeistert zu, und ich sage: »Ja, ich würde gern wieder einmal ein Steak essen. Ich werde mich gleich darum kümmern.«
Ich finde den Besitzer im Korral. Er ist gerade dabei, die jungen

Rinder mit Brandzeichen zu versehen. Die Arbeit erinnert mich an die Zeit bei den Cowboys in Kalifornien. Allerdings haben die Gauchos keinen Sattel. Sie binden nur Schaffelle auf den Rücken des Pferdes. Ihre Lassos sind aus Leder geflochten.
»Buenos dias«, begrüße ich Jefe, unseren Gastgeber. »Wir möchten gern ein Stück Fleisch auf unsere Tour zu den Torres mitnehmen. Könntest du uns etwas verkaufen?«
»Claro amigo. Uno momento!« Er springt vom Pferd, schlägt mit geübtem Griff den Zügel um einen Pfosten und stiefelt breitbeinig los. Ich folge ihm in ein kleines Häuschen mit dicken Steinwänden und einem flachen Dach – eine Art Naturkühlhaus. Er öffnet die schwere Eichentür. Nachdem sich meine Augen an die Dunkelheit gewöhnt haben, erblicke ich eine Unmenge von Rinderkeulen, die fein säuberlich an Haken aufgehängt sind. Ich erwarte, daß Jefe ein Stück von einer Keule abschneidet. Statt-

dessen läßt er mir die ganze Keule in die Arme fallen. Ich gehe unter dem Gewicht in die Knie.
»Das können wir niemals bezahlen«, wende ich erschrocken ein.
»Braucht ihr auch nicht«, lacht er. »Das ist mein Abschiedsgeschenk. Es hat mir Spaß gemacht, euch kennenzulernen. Und nun wünsche ich euch eine gute Reise.«
Er schließt sorgfältig die Tür und kehrt zu seiner Arbeit zurück. Die Begeisterung meiner Freunde ist unbeschreiblich. Ich leere meinen Rucksack, verteile den Inhalt an die anderen und stecke den Fleischklotz hinein. Auf dem Rücken läßt sich die etwa sechzig Kilo schwere Last leichter tragen. Nachdem wir uns von unseren Gastgebern verabschiedet haben, brechen wir auf.
Ich komme nur mühsam vorwärts. Immer wieder habe ich das Gefühl, unter dem Gewicht zusammenzubrechen. Wir müssen auf die andere Flußseite. Aber das Frühjahrshochwasser hat die Brücke mitgerissen. Nur jämmerliche Reste sind übriggeblieben – Stahlseile, auf denen noch ein paar Balken hängen.
Es ist nicht gerade einfach, mit dem Rucksack über die Seile zu

balancieren. Und ich fürchte, jeden Moment in die reißenden Fluten zu stürzen. Doch wider Erwarten komme ich heil auf der gegenüberliegenden Seite an.
Zu allem Unglück müssen wir jetzt einen etwa zweihundert Meter hohen Hang hinaufsteigen. Die Kletterei bringt mich fast um. Nur die Vorstellung von so vielen saftigen Steaks treibt mich weiter. Nach dieser Kraftanstrengung erreichen wir einen halbwegs ebenen Pfad und kommen gut voran.
Ganz in unserer Nähe weidet eine Herde Guanakos – ein Hengst und sieben Stuten. Sie schauen uns mit ihren grauen Kamelgesichtern neugierig an. Ihr Fell ist rotbraun, und sie sind etwas kleiner als die gezüchteten Lamas. Früher wurden sie von den Indianern gejagt, denen sie – wie die Bisons den nordamerikanischen Stämmen – Fleisch, Häute und Wolle lieferten. Die wenigen übriggebliebenen Tiere wurden später von Berufsjägern gnadenlos abgeknallt. Sie verkauften vor allem die Felle der ungeborenen Fohlen an die Pelzhändler weiter. Die Guanakos sind fast ausgestorben, und deshalb werden sie jetzt geschützt und können sich wieder vermehren. Von Indianern ist in dieser Gegend nichts mehr zu sehen.
Die Granittürme sind weiter weg, als wir gedacht haben. Am Abend erreichen wir einen Bach, der aus dem Gletscher am Fuße der Torres gespeist wird. Vor der Sand- und Steinmoräne stoßen wir auf einen dichten Buchenwald. Dort können wir übernachten. In einer Lichtung schlagen wir unser Lager auf. Mein Rucksack fühlte sich in den letzten Stunden an, als wären Mühlsteine darin. Ich lasse ihn einfach auf den Boden hinuntergleiten und taumle zum Bach, um zu trinken. Schultern und Rücken sind völlig gefühllos. Ich bin so müde, daß ich nicht einmal in der Lage bin, Holz zu sammeln. Bernd, Monique und Françoise kümmern sich darum. Helga zerteilt das Fleisch und beginnt mit der Zubereitung. Ich schaue zu und bin froh, daß ich mich nicht rühren muß.
Langsam erhole ich mich wieder und zwinge mich zur Arbeit. Nur Bernd und Helga haben ein Zelt. Aber da wir in der Nacht mit Regen rechnen müssen, brauchen die beiden Freundinnen und ich auch einen Schutz. Überall liegen dürre Stämme herum.

Nevados Huascarán 6768 m ü. M. ▷

Also baue ich eine Holzhütte für drei Personen. Über das Satteldach spanne ich meine beiden Ponchos. Die Schlafstellen lege ich mit trockenem Gras aus.
Helga hat inzwischen einen Teil der Keule zerlegt. Den Rest überzieht sie mit meinem Moskitonetz, damit die Fliegen keine Eier darauf legen können.
»Ich mag nicht mehr so viel Fleisch schleppen«, erkläre ich mit Bestimmtheit. »Wir müssen wenigstens die Hälfte der Keule hier aufessen.«
»Abgemacht!« stimmen sie mir zu.
Nun veranstalten wir richtige Freßorgien. Holz gibt es genug, und wir braten, schmoren, kochen und grillen. In zwei Tagen haben wir die halbe Rinderkeule aufgegessen. Als wir aufbrechen, bin ich von der schweren Last befreit, aber dafür hat jetzt jeder von uns ein paar Pfund mehr mit sich herumzutragen.

◁ Quechua sprechende Hochlandindianer-Kinder

Unser nächstes Lager schlagen wir direkt am Gletscherrand auf. Selbst dort wachsen noch Südbuchen. Diesmal baue ich die Hütte noch etwas geräumiger. Nun können wir bequem schlafen und von hier aus Touren unternehmen. Im Wald finden wir eine alte Feuerstelle und auf einem Baum die Namen einer österreichischen Expedition. Die Österreicher versuchten vor ein paar Jahren, die Torres und die gegenüberliegenden namenlosen Felswände zu besteigen. Zwei Monate hausten sie hier im Basislager und warteten auf gutes Wetter. In dieser langen Zeit haben sie nur einen einzigen Turm erklettert. Ihre Enttäuschung darüber haben sie in die Rinde einer großen Buche geritzt.
Doch wir haben Glück mit dem Wetter. Den ganzen Tag scheint die Sonne. Nur in der Nacht regnet es einmal. Allerdings macht uns der Wind zu schaffen. Im Wald sind wir geschützt, doch auf dem Gletscher werden wir immer wieder von den Windstößen umgeworfen. Die Torres sehen vom Westen her aus wie die Drei Zinnen in den Dolomiten: trockener Fels. Die Gletscher hängen an der Ostseite. Eindrucksvoller sind die namenlosen Granitwände: zwei etwa tausend Meter hohe Monolithe. Der Fels ist glatt, ohne eine einzige Spalte oder Erhebung. Kein Bergsteiger der Welt kann sie jemals bezwingen.
Obwohl Bernd und Helga auch gerne klettern und wir mit dem Wetter Glück haben, müssen wir uns damit abfinden, die Torres nur von unten zu bewundern. Ohne eine vollkommene Bergsteigerausrüstung ist hier nichts zu machen. Zwei Tage später, nachdem wir auch die andere Hälfte unserer Rinderkeule verspeist haben, machen wir uns für den Rückmarsch fertig. Unser nächstes Ziel ist die Ostseite der Torres. Dorthin wandern wir von unserem ersten Basislager aus.
Es dauert nicht allzu lange, da stehen wir vor den drei Türmen. Immer wieder bricht ein Stück des Gletschers ab und stürzt in den See. Über den felsigen Spitzen zieht ein Kondor seine Kreise. Ein Stückchen unberührte Natur. Ihre Schönheit nimmt uns gefangen. Erst am späten Abend kehren wir zurück.
Unsere Tour ist zu Ende. Abends sitzen wir noch lange am Feuer und feiern unseren Abschied bei einer Flasche Rum. Morgen werden sich unsere Wege trennen. Bernd und Helga gehen

nach Peru und fliegen von dort aus nach Deutschland zurück. Monique und Françoise wollen weiter nach Brasilien. Und mein Ziel ist Feuerland.

Wieder bin ich allein. Ich übernachte bei Jefe in der Estanzia. Am nächsten Morgen frage ich ihn, ob ich ihm bei der Arbeit helfen soll.
»Wenn du mit Pferd und Lasso umgehen kannst!« meint er, scheint jedoch von meinem Können nicht sehr überzeugt. Um so größere Augen macht er, als ich wenig später seine Rinder mit der Lässigkeit eines Profis einfange.
»Wo hast du das gelernt?« will Jefe wissen. Und ich erzähle von meiner Zeit als Cowboy auf der Ranch in Kalifornien. Allerdings muß ich zugeben, daß mir das Reiten ohne Sattel einige Schwierigkeiten bereitet, und auch an das lederne Lasso muß ich mich erst gewöhnen. Das Lasso der kalifornischen Cowboys ist aus Hanf, also härter und damit auch leichter zu handhaben. Am schwersten ist es, das gefangene Rind zu halten, wenn man nicht fest im Sattel sitzt und das Lasso nicht umschlingen kann. Die Gauchos sind dabei ganz auf die Kraft ihrer Arme angewiesen. Aber ich bin ein williger und gelehriger Schüler, und nach wenigen Tagen gehe ich mit den Rindviechern fast so sicher wie die Gauchos selbst um.
Zwei Tage vor dem Heiligen Abend sind wir mit dem Brandzeichnen der Tiere fertig, und ich werde zum Weihnachtsfest eingeladen. Zwei junge Stiere werden geschlachtet und ein Dutzend Lämmer. Außerdem backt die Hausfrau eine Menge Kuchen und eine große Torte. Jefe bringt aus Puerto Natales ein halbes Dutzend von den riesigen Königskrabben mit und Gallonen besten Rotweins.
Die Lämmer werden auf einem Kreuzspieß befestigt und nahe dem Feuer gedreht. Nie aß ich so leckeres Fleisch. Von den Filetstücken und den gegrillten Nieren werde ich bestimmt noch lange träumen. Schon zum zweitenmal feiere ich nun Weihnachten im Hochsommer ohne Schnee und Christbaum.

Meine nächste Station ist Puerto Natales. Das Fischerdorf liegt an einem tief ins Land eingeschnittenen Fjord. Ich begegne dort einem Fischer, der mich auf seinem Boot mitnimmt. Wir fahren durch die Fjorde und können am Abend mit unserem Fang zufrieden sein. Zu meiner großen Freude bringt er mich auch noch zum Gletscher Ultima Esperanza, der sich zwischen steilen Felswänden hindurch seinen Weg in den engen Fjord gebahnt hat. Auf dem Rückweg begegnen wir den sehr seltenen Schwarzhalsschwänen, deren lange schwarze Hälse sich scharf von ihrem weißen Körper abheben. Auch Scharen von Kormoranen können wir beobachten. Der Ausflug mit dem Fischer hat sich wirklich gelohnt, obwohl meine Hose und Jacke danach noch tagelang nach Fisch stinken.
Ohne Schwierigkeiten erreiche ich Punta Arenas. Dieser früher nicht unwichtige Hafen an der Magellan-Straße hat nach dem Bau des Panamakanals seine Bedeutung verloren. Mit einem Boot überquere ich die Meerenge und gelange in das Dorf Porvenir auf Feuerland. Meine Reise nähert sich langsam ihrem Ende. Noch weiß ich nicht genau, wie ich zum südlichsten Punkt Südamerikas, nach Ushuaia, kommen soll. Die östliche Hälfte Feuerlands gehört zu Argentinien, die westliche zu Chile.
Wenn ich nach Ushuaia will, muß ich an den chilenischen Zöllnern vorbei. Und sie werden natürlich meinen Paß verlangen. Also bleibt mir nichts anderes übrig, als schwarz über die Grenze zu gehen. Ich muß einen Bogen um die Grenzstation machen.
Auf meinem Marsch durch die Pampa stoße ich auf einige Wassertümpel, an deren Ufern Spiegelgänse nisten. Die Männchen sind weiß, haben schwarze Streifen auf dem Rücken und einen schwarzen Schwanz. Das Gefieder der etwas kleineren Weibchen ist rötlich gefärbt, aber auf dem Rücken tragen sie die gleiche Zeichnung wie die Gänseriche. Die Spiegelgänse fressen Gras und werden deshalb von den Viehzüchtern verfolgt. Natürliche Feinde haben sie kaum, denn die Magellanfüchse sind in dieser Gegend fast ausgerottet. Diese kleinen Räuber hatten eine besondere Vorliebe für die Eier der Gänse, die ihre Nester im hohen Gras verstecken. Auch ich lasse mir die Gelegenheit nicht entge-

hen und sammle gut zwei Dutzend von den Spiegelganseiern, die als Spiegeleier sehr gut schmecken.
Erst abends erreiche ich das argentinische Dorf San Sebastián. Ich übernachte auf einer Baustelle. Mein Weg führt mich am nächsten Morgen zunächst die Küste entlang über die flache Pampa und später durch enge Gebirgstäler. Unterwegs finde ich einen freundlichen Fahrer, der mich mitnimmt. Schon am Nachmittag erreichen wir Ushuaia, ein hübsches Hafenstädtchen, umrahmt von steil aufragenden, gletscherbedeckten Bergen. Mein Fahrer ist so nett und bringt mich noch zu dem zwanzig Kilometer entfernten Nationalpark von Lapataia. Weiter geht die Straße nicht. Endlich bin ich an meinem Ziel angelangt: Ich bin am Ende der Welt!
Eine ganze Woche verbringe ich hier in einer leerstehenden Hütte am Flußufer. Ich wandere, fange Fische und beobachte Bi-

ber. Und zufällig begegne ich auch ein paar deutschen Touristen, die mit ihrem VW-Bus Südamerika durchquert haben. Sie laden mich an Silvester in ihr Heim auf Rädern ein. Aber richtig warm werde ich mit diesen Leuten nicht. Sie haben das Land zwar kreuz und quer bereist, aber erlebt haben sie nach meiner Auffassung nichts. Doch als einer der Männer von den Bergen Fitz Roy und Cerro Torre erzählt, bin ich plötzlich hellwach.

Besonders der Cerro Torre, ein Dreitausender, scheint interessant. Seine Spitze schaut offenbar aus wie ein überdimensionaler Eiffelturm. Der Berg wurde erstmals 1959 von Cesare Maestri bestiegen. Sein Gefährte wurde damals von einer Eislawine in die Tiefe gerissen. Im Jahre 1970 wagte sich Maestri noch einmal allein an die mit Eis bedeckte Granitnadel, an die fast zweitausend Meter hohe Wand. Fast tausend Bohrhaken befestigte er in dem Gestein. Sein Benzinkompressor hängt noch heute im Fels. Seitdem haben diese Spitze nur zehn Seilschaften bezwungen. Auch Deutsche waren darunter. Fast alle benützten die Haken von Maestri. Der Cerro Torre hat wegen seiner plötzlichen Wetterumstürze und seinen orkanartigen Stürmen bei den Bergsteigern den schlechtesten Ruf. Er wird als der schönste, aber auch als der schwierigste Berg der Erde bezeichnet.

Ein reißender Fluß soll den Zugang versperren. Aber das ist das kleinste Problem, schließlich kann ich ja schwimmen. Diesen Berg muß ich mir unbedingt aus der Nähe anschauen! Und so mache ich mich wieder auf den Weg nach Norden. Noch zweimal muß ich die Grenze heimlich passieren, weil die Magellanstraße zu Chile gehört.

Jedesmal habe ich Glück und werde nicht geschnappt. Es dauert lange, bis ich wieder nach Calafate komme. Und von dort aus sind es noch etwa zweihundert Kilometer zum Río Fitz Roy. Die ersten hundert Kilometer schaffe ich per Anhalter in einem Tag. Vom Lago Viedma führt ein Weg in die Berge, nur gibt es leider selten Autofahrer, die ihn benützen. Nachdem ich einen Tag vergebens gewartet habe, entschließe ich mich, zu Fuß zu gehen. Ich wandere über die Pampa. Ab und zu begegne ich ein paar Nandus. Meist ist es ein Hahn, der mit seinem Harem unterwegs ist. Diese Laufvögel, die nicht fliegen können, sind ein-

einhalb Meter hoch und werden die Strauße Südamerikas genannt. Das Männchen brütet die an die fünfzehn Zentimeter großen Eier seiner fünf bis sieben Weibchen selbst aus. Leider werden die schönen Vögel von den Gauchos wegen ihres Fleisches und ihrer schmucken blaugrauen Federn gejagt. Sie benützen dazu Boleadoras, das sind lederne Lassos, an deren Ende ein Stein angebunden wird und die so geschwungen werden, daß sich die Riemen um die Beine des Vogels schlingen. Auch einige langhaarige Zwerggürteltiere kreuzen meinen Weg, und hin und wieder kann ich einen Bussard bei der Hasenjagd beobachten.
Ich freue mich über jedes Lebewesen, das mich bei meiner eintönigen Wanderung über die staubige, schnurgerade Schotterpiste ein wenig ablenkt. Wegen des starken Windes komme ich nur mühsam vorwärts. Manchmal wirft mich eine Böe sogar um. Kein Wunder, denn die Steppe ist flach, und weit und breit steht kein einziger Baum, der den Wind abhalten könnte.
Aber die Berge ziehen mich unwiderstehlich an. Von Tag zu Tag rücken sie näher. Und am dritten Tag stehe ich endlich dem Fitz Roy mit seinen drei Türmen gegenüber. Am Fuß der etwa zweitausend Meter hohen, senkrechten Granitwand windet sich ein mächtiger Gletscher und verschwindet hinter den vorgelagerten Bergen.
Vom Cerro Torre schaut nur die Spitze heraus, auf der wie ein Pilz ein Eisklotz sitzt. Als ich zum Flußufer komme, wird mir klar, warum der Deutsche umgekehrt ist. Der Fluß führt Hochwasser, ist etwa zwanzig Meter breit und sehr reißend. Die eiskalten, milchig trüben Fluten wirken nicht besonders einladend. Der Grund ist nicht zu sehen. Mit meinem Wanderstock messe ich am Ufer die Tiefe. Sie beträgt nicht mehr als einen Meter, und ich kann nur hoffen, daß der Fluß in der Mitte nicht viel tiefer wird. Ich bin müde, setze mich ein wenig ratlos auf einen Felsen und überlege, was ich tun soll. Da höre ich hinter mir eine Stimme: »Hallo, amigo! Was hast du vor?« Vor mir steht ein kleiner, älterer Gaucho in den klassischen breiten Pluderhosen. Dazu trägt er ein schwarzes Hemd und einen Hut.
»Ich will zum Fitz Roy und überlege, wie ich am besten auf die andere Seite komme.«

»Ohne Pferd kommst du nicht hinüber. Sei vorsichtig! Im vergangenen Jahr ist hier ein Gringo ertrunken. Das Wasser ist sehr kalt und die Strömung sehr stark.«
»Das sehe ich. Und ich muß zugeben, ganz geheuer ist es mir bei der Sache nicht. Kann man sich hier irgendwo ein Pferd ausleihen?«
»Ja, dort drüben bei der Hostelleria. Aber das ist sehr teuer. Ich habe mein Pferd nicht dabei. Sonst würde ich dir helfen.«
»Na gut. Ich will mit dem Wirt reden. Vielleicht macht er mir einen Sonderpreis, denn viel Geld habe ich nicht mehr.«
Ich nehme meinen Rucksack, verabschiede mich und begebe mich zur Hostelleria. Doch als ich den Preis höre, fällt mir das Kinn herunter. Eines steht fest: Ein Pferd kann ich mir nicht leisten. Jetzt gibt es nur zwei Möglichkeiten. Entweder ich kehre um, oder ich wate durch den Fluß.

Ich gehe zum Ufer zurück. So schnell will ich nicht aufgeben. Ich möchte mir die Bergwände unbedingt aus der Nähe anschauen. Ich will sie kennenlernen, damit ich sie später mal – mit Partner und richtiger Ausrüstung – besteigen kann. Es gibt nur sechs Schwierigkeitsgrade bei den europäischen Bergsteigern. Möglicherweise kann ich nach der erfolgreichen Kletterpartie dann mit Fug und Recht behaupten, daß es sieben gibt.

Ich lasse meinen Rucksack am Ufer liegen und schaue mir den Verlauf des Flusses stromaufwärts und stromabwärts genau an. Nach längerem Suchen entdecke ich eine Stelle, an der das Wasser weniger tief und die Strömung weniger stark zu sein scheint. Hier will ich versuchen, den Fluß zu überqueren.

Ich ziehe mich ganz aus, denn ich habe nur eine Hose, ein Hemd und einen Pullover dabei. Auch die Socken will ich trocken halten. Nur meine Wanderstiefel lasse ich an. Denen schadet das Wasser nichts. Die Sohle hat sich ohnehin schon gelöst und ist nur noch mit Flachsbändern am Oberleder festgebunden. Mit den Schuhen werde ich jedenfalls auf dem steinigen Grund einen besseren Halt haben. Alle meine Sachen, einschließlich der Fotoausrüstung, verstaue ich in einem Plastiksack, den ich sonst bei Regen über meinen Rucksack stülpe. Den Sack verschließe ich absolut wasserdicht mit einem Knoten.

Endlich bin ich startbereit. Es wird Abend. Ich bin splitternackt und fange an zu frieren, obwohl ich noch nicht einmal den großen Zeh ins Wasser gesteckt habe. Ich nehme den Rucksack auf den Rücken, schnalle den Hüftgurt fest und gleite die steile Böschung hinab ins Wasser. Bis zur Brust stehe ich in der trüben, eisigen Brühe. Die Kälte raubt mir fast den Atem. Die Strömung unterspült mir die Füße, und ich muß aufpassen, daß ich das Gleichgewicht nicht verliere. Ich habe einen Fehler gemacht. Niemals hätte ich meine Kleider ausziehen dürfen. Doch jetzt mag ich nicht mehr umkehren. Die Kälte wird unerträglich. Mein ganzer Körper schmerzt. Meter für Meter kämpfe ich mich vorwärts. Zum Glück wird das Wasser nicht tiefer, denn vor dem Schwimmen in dieser Strömung habe ich Angst. Mit einem gut fünfundzwanzig Kilo schweren Rucksack auf dem Rücken ist es wahrscheinlich sowieso unmöglich.

Ich taste vorsichtig den Grund ab, trete erst auf, wenn ich sicher bin, nicht auszurutschen. Das dauert lange. Jede Minute kommt mir wie eine Ewigkeit vor. Ich bin jetzt ungefähr in der Mitte des Flusses. Plötzlich fühle ich mit dem rechten Fuß eine Vertiefung, ich versuche, sie zu umgehen, sacke dabei aber noch tiefer ins Wasser. Mein Körper kann keinen Widerstand mehr leisten, die Strömung erfaßt mich und reißt mich mit. Ich muß schwimmen. Und davor habe ich mich nicht umsonst gefürchtet. Mein Rucksack zieht mich in die Tiefe. Nur mit allen Kräften gelingt es mir, kurz an die Oberfläche zu kommen und Luft zu schnappen. Das Gewicht auf meinem Rücken drückt mich immer wieder unter Wasser. Und das Ufer jagt an mir vorbei, als säße ich in einem Schnellzug. Glücklicherweise macht der Fluß irgendwann eine leichte Biegung nach rechts. Ich spüre Grund unter den Füßen, die Strömung treibt mich auf eine Böschung zu. Bald komme ich in flaches Wasser und kann endlich auf allen vieren an Land kriechen.
Ich bin fix und fertig. Mit dem schweren Rucksack auf dem Rücken bleibe ich einfach auf dem Schotter liegen. Ich habe nicht mehr die Kraft, mich wenigstens von dieser Last zu befreien. Meine Haut brennt. Und gleichzeitig zittere ich wie Espenlaub. Dann halte ich die Kälte nicht mehr aus. Ich raffe mich auf und ziehe mir meine trockengebliebenen Kleider an. Auch den Schlafsack packe ich aus und schlüpfe hinein. Und langsam kommt wieder Leben in meinen durchfrorenen, blauroten Körper. Vielleicht sollte ich doch nicht so leichtfertig mit meinem Leben spielen. Aber ich bin zu erschöpft, um darüber nachzudenken. Die Müdigkeit überwältigt mich, und ich schlafe ein.
Erst bei Sonnenaufgang wache ich auf. Der Hunger bringt mich rasch auf die Beine. Ich mache Feuer und koche mir ein kräftiges Frühstück. Danach fühle ich mich wieder stark genug, weiterzuziehen. Das Hindernis habe ich überwunden, jetzt steht nichts mehr im Wege, was mich von meinem Ziel abhalten könnte. Ich steige einen Bergrücken hinauf und folge dem Lauf eines Bachs. Leider verschlechtert sich das Wetter. Es beginnt zu regnen, und der Wind peitscht das Wasser im Bach. Ich werde tropfnaß. Die Berge verschwinden in den Wolken. Gegen Abend erreiche ich

einen Wald, in dem ich vor dem pfeifenden Wind Schutz finde. Hier werde ich mir einen geräumigen und vor allem trockenen Unterschlupf bauen. Zum Glück liegen überall dürre Bäume herum. In ein paar Stunden ist mein Haus beziehbar. Als Dach dienen meine beiden Ponchos und der Plastiksack. Ich schaffe auch einen Platz für die Feuerstelle. Der Rauch kann durch das Dach abziehen. Und als dann die Flammen emporzüngeln und das Holz knackt und knistert, wird es warm und gemütlich in meinem neuen Heim.

Es regnet und stürmt vier Tage und Nächte, so daß ich an meiner solid gebauten Hütte recht froh bin. Keine zehn Schritte davon entfernt läuft ein kleiner Bach. Ich fertige mit meiner Machete aus einem Stamm eine Rinne und leite das Wasser ab. Danach kann ich mich über mangelnden Komfort nicht mehr beklagen, denn wer in dieser Einöde besitzt schon ein Haus mit ›fließendem Wasser‹? So überstehe ich die Regenperiode sehr gut.

Als die Sonne wieder hervorbricht, mache ich mich auf den Weg. Doch ich nehme nur das Notwendigste mit, den Rest meiner Sachen lasse ich in der Hütte. Der Südbuchenwald tritt mehr und mehr zurück. Ich steige über einen mit Calafatebeeren bewachsenen Hang. Oben öffnet sich mir ein herrliches Panorama. Ich erkenne in der Ferne den Lago Viedma. Auch die drei Spitzen des Fitz-Roy-Massivs sind jetzt deutlich zu sehen. Ein schwarzer Felsenrücken führt direkt auf sie zu und trennt den Gletscher in zwei Teile. Der Fitz Roy selbst erinnert mich an die übriggebliebene Hälfte eines überdimensionalen Zuckerhuts. In der Mitte der Wand verläuft ein Felsenkamin, der aber wohl zu breit ist, um ihn zum Klettern zu benützen. Ich nütze den Felsenrücken aus, um nicht auf dem Gletscher gehen zu müssen, und komme gut einen Kilometer näher an den Hauptgipfel heran. Von hier aus bietet sich mir ein wunderschöner Blick auf den tiefblauen Lago Los Tres und den nur etwa hundert Meter tiefer liegenden türkisgrünen Lago Verde.

Ein Kondorpärchen kreist so dicht über meinem Kopf, als wolle es mich, den Eindringling, aus seinem Reich vertreiben. Zum erstenmal kann ich den König der Anden aus nächster Nähe beobachten: die mächtigen Schwingen, mit denen er sich mühelos in

die Luft schraubt, den gebogenen Schnabel, die nackten Kehllappen, den großen Kamm und den schon von weitem erkennbaren weißen Kragen. Am eindrucksvollsten ist der Gleitflug mit den aufgerichteten Flügelenden, die wie Finger gespreizt sind.
Mit trockenen Füßen gelange ich bis zum Gletscherbruch, der im Lago Verde endet. Vorgelagerte Felsen hindern mich, bis an die Wand des Hauptgipfels vorzudringen. Ich muß sie auf einem Gletscher umlaufen, der glücklicherweise nur wenige offene Spalten hat. Nur heute ist es schon zu spät zum Weitergehen, denn bis zum Fitz Roy brauche ich sicher noch einen halben Tag. Deshalb suche ich mir zum Übernachten unter dem Felsen eine windgeschützte Ecke, die sich für meinen Biwak gut eignet. Am nächsten Morgen ziehe ich zwei Paar Socken an und stülpe auch noch Plastiktüten darüber, damit ich keine nassen Füße bekomme. Auch wenn der Schnee sehr hart ist, werde ich doch

ganz bestimmt einige Zentimeter einsinken. In der Cordillera Blanca hätte ich mir beinahe die Füße erfroren, und damals waren meine Schuhe noch in einem sehr viel besseren Zustand. Unterwegs bekomme ich dann doch ziemlich kalte Füße, aber erfrieren werde ich sie mir sicher nicht. Nach einigen Stunden bin ich der Wand so nahe, daß ich mir über zukünftige Kletterpartien schon Gedanken machen kann. Ich entschließe mich für den Südpfeiler und würde am liebsten bereits im nächsten Sommer mit einem guten Kletterer wieder hierher zurückkehren.
Als ich am Abend meine Hütte aufsuche, staune ich. Durch das Dach dringt Rauch. Ich muß Besuch haben. Vorsichtshalber mache ich mich schon von weitem bemerkbar, um die Leute nicht zu erschrecken. Aber nur ein Mann erscheint auf meinen Ruf. Er ist groß, hat kurze Haare und ein braunes, bartloses Gesicht. Ich tippe auf Europäer und spreche ihn auf englisch an.
»Hallo, wie gefällt dir mein Haus?«
»Gut. Hast du es selbst gebaut?« antwortet er in breitem kalifornischem Dialekt.
»Ja. Es hat vor ein paar Tagen stark geregnet, und da brauchte ich ein Dach über dem Kopf. Wie heißt du?«
»Stewe. Stewe Brewer. Ich komme aus der Gegend von San Francisco. Und wie heißt du?«
»Leosch Schimanek. Ich bin Tscheche. Aber ich lebe jetzt vorwiegend in Nordkanada. Was hast du vor?«
»Ich will den Fitz Roy besteigen und warte, bis mein Kamerad kommt. Er bringt den Rest der Ausrüstung mit Pferden hierher. Ich denke, er wird bald hier sein.«
»Dann seid ihr bestimmt geübte Bergsteiger?«
»Das will ich meinen. Ich klettere schon seit Jahren. Im Jahre 1978 habe ich mit meinem Freund den Cerro Torre in eineinhalb Tagen bestiegen. Wir haben allerdings großes Glück mit dem Wetter gehabt. Immerhin hat es in dieser kurzen Zeit bisher noch keiner geschafft. Nur dieses Jahr sieht es mit dem Wetter schlecht aus.«
»Welche Route wollt ihr nehmen?«
»Die italienische, den Nordpfeiler. Das wird eine tolle Sache.« Seine Augen strahlen, und er ist schon voller Tatendrang.

»Ihr habt es gut. So etwas möchte ich auch mitmachen.«
Er schaut auf meine Latschen, aus denen die Zehen herausgukken, und fragt grinsend: »Bist du auch ein Kletterer?«
»Ja, aber leider habe ich meine Ausrüstung nicht dabei. Ich bin schon seit über zwei Jahren unterwegs. Aber nächsten Sommer komme ich wieder. Das sind die schönsten Berge zum Klettern, die ich je gesehen habe.«
»Aber auch die schwierigsten«, entgegnet Stewe.
»Ich habe sie mir heute morgen aus der Nähe angeschaut. Ich schätze, daß am Fitz Roy mindestens vier Routen möglich sind.«
»Du warst an der Wand? Mit diesen Schuhen?«
»Ja. Natürlich habe ich mir kalte Füße geholt. Aber der Schnee war fest, und ich kam ganz gut voran.«
Stewe schaut mich zweifelnd an. Wahrscheinlich glaubt er mir nicht.
»Du kannst ja morgen meiner Spur folgen«, schlage ich ihm deshalb vor, »sie ist deutlich sichtbar.«
Wir unterhalten uns noch bis tief in die Nacht hinein über Klettertouren im Yosemite Valley in Kalifornien, am Mount McKinley in Alaska und am Mount Cook in Neuseeland. Nur selten bin ich jemandem begegnet, der so viel herumgekommen ist. Nur die kanadischen Berge, die Ragged Range und die Felswände am Baffin Island, kennt er noch nicht. Ich schildere sie ihm so farbig, daß er bestimmt nur den nordischen Sommer abwartet, um hinzufliegen und sie zu besteigen.
Am nächsten Morgen verabschiede ich mich von dem Profikletterer und überlasse ihm die Hütte. Mein Weg führt mich über Wiesen, die mit gelben Blumen übersät sind, durch schattige Wälder, vorbei an Seen, bis zu dem Fluß, der aus dem Cerro-Torre-Gletscher herausfließt. Ich folge dem Wasserlauf, überquere einige Seitenbäche und lasse die Baumgrenze hinter mir. Es geht steil bergan, aber ich gönne mir keine Rast, bis der Cerro Torre vor mir steht. Er sieht tatsächlich aus wie ein vereister Eiffelturm. Leider hindern mich heute Fels und Eis, noch näher an den phantastischen Berg heranzukommen. Ich hätte dort keine Möglichkeit, ein Basislager aufzuschlagen. Deshalb laufe ich ein Stück zurück, bis dorthin, wo der Wald anfängt.

Diesmal übernachte ich nur unter einem einfachen Überdach, denn ich möchte gleich bei Sonnenaufgang weiter. Leider beginnt es in der Nacht zu regnen. Ich wache in einem völlig durchnäßten Schlafsack auf. Nun bleibt mir nichts anderes übrig, als doch wieder eine Hütte zu errichten. Aber ich habe inzwischen Erfahrung, und das Bauen geht sehr schnell voran. Erst nach ein paar Tagen, nachdem sich das Wetter gebessert hat, entschließe ich mich zum Aufbruch. Ich will mich noch weiter an den Cerro Torre heranwagen. Ich packe in meinen Rucksack Proviant für zwei Tage, Poncho, Schlafsack und Isoliermatte. Dann steige ich durch die Moränen. Abends gelange ich zum Gletscher und schlafe in einer Höhle.

Am nächsten Tag gehe ich bei strahlendem Sonnenschein weiter und erreiche nachmittags die Wand des Cerro Torre. Viele Gletscherspalten muß ich auf der Suche nach einem Weg durch den

Gletscherbruch umgehen. Endlich stehe ich direkt unter der Wand. Mit den Augen suche ich den ›Weg‹ nach oben. Ob ich wohl jemanden finde, der diese schwierige Kletterei mitmacht? Und wann wird das sein? Klappt es im nächsten Jahr oder erst im übernächsten? Über diesen Gedanken vergesse ich, den Himmel zu beobachten. Ich weiß nicht, woher die Wolken gekommen sind, jedenfalls fängt es plötzlich an zu schneien. Und im Nu ist alles weiß. Die Wand verschwindet. Die Spalten sind nicht mehr zu sehen.

Wie soll ich jetzt durch den Gletscherbruch kommen? Wenigstens bis zur Höhle am Gletscherrand sollte ich es schaffen. Irgendwo muß doch ein Felsen sein, hinter dem ich für eine Weile Schutz finden kann. Der Wind ist so stark, daß aufrechtes Gehen unmöglich ist. Die Sicht ist gleich null. Ich krieche auf allen vieren bergab, in der Richtung, wo ich mein Basislager vermute.

Plötzlich verliere ich den Boden unter mir. Ich falle einige Meter tief und lande hart. Wie komme ich bloß aus der Gletscherspalte wieder heraus? Mit Schrecken stelle ich fest, daß ich Nase und Ohren nicht mehr fühle. Ich massiere sie, bis sie anfangen zu brennen. Dann ziehe ich die Schuhe aus und massiere auch die steifgefrorenen Zehen. Dabei habe ich noch Glück im Unglück, denn in der Spalte bin ich wenigstens vom Wind geschützt. Aber wann hört der Sturm auf? Und wie lange reicht mein Essen? Ich bin todmüde, krieche in den Schlafsack und schlafe sofort ein. Doch die schmerzenden Füße wecken mich rasch wieder auf.

Irgendwann ist die Nacht vorbei. Ich krieche aus dem zugeschneiten Schlafsack. Glücklicherweise habe ich die Machete dabei. Ich schlage Stufen in die Eiswand und klettere zum Spaltenrand. Der Sturm tobt noch genauso stark wie gestern. Und er tobt zwei Tage und zwei Nächte.

Am dritten Tag schneit es weniger, und die Sicht ist besser. Meine Nase und Ohren haben sich inzwischen erholt, doch die Füße tun nach wie vor entsetzlich weh, aber ich beiße die Zähne zusammen, schlüpfe in meine zerrissenen Stiefel und klettere aus der Spalte heraus. Abends erreiche ich meine trockene Höhle.

Am nächsten Tag gehe ich durch die Gletschermoränen zurück ins Basislager. Die Schuhe drücken auf meine Erfrierungen. Ich

muß sie ausziehen und nur in Socken weitergehen. Unten im Tal bastle ich mir aus Ästen zwei Krücken und schleppe mich durch das menschenleere Bergtal.
Für den Rückweg brauche ich dreimal so lang wie für den Hinweg. Als ich zum Fluß komme, hoffe ich, auf der anderen Seite Leute zu sehen, die mich mit einem Pferd rüberholen. Aber keine Menschenseele läßt sich blicken. Ich warte stundenlang. Aber vergebens. Es bleibt mir nichts anderes übrig, als meinen Rucksack am Ufer liegenzulassen und den Fluß ein zweites Mal zu überqueren. Meine Füße schmerzen in dem eiskalten Wasser fürchterlich, ich verliere den Halt und muß schwimmen.
Völlig erschöpft schleppe ich mich ans Ufer. Irgendwie schaffe ich es auch noch, bis zur Hostelleria zu kommen. Die Leute dort holen meinen Rucksack und bringen mich nach Calafate zum Arzt. Zum Glück muß er meine Zehen nicht amputieren.

Es dauert ein paar Wochen, bis meine Füße wieder geheilt sind. Meine Finanzen sind inzwischen ziemlich zur Neige gegangen, und ich muß – leider – zurück nach Deutschland, um Geld zu verdienen.
Für den Rückweg brauche ich unbedingt neue Schuhe. Leider finde ich in keinem Schuhgeschäft etwas Passendes – ich trage Größe 48.
Ich trampe in Richtung Norden. Von Lima aus kann man am billigsten nach Europa fliegen. Obwohl ich meine Kleider immer wieder wasche, schließlich will ich in der ›Zivilisation‹ ja einen guten Eindruck machen, staunen die Autofahrer über meinen Aufzug: über den arg strapazierten Rucksack, die geflickten Jeans und den verwaschenen Pullover. Am meisten aber beeindruckt mein Schuhwerk. Überall und immer wieder frage ich die Leute, wo ich wohl Schuhe in meiner Größe kaufen kann. Leider ohne Erfolg.
Eine Nacht verbringe ich in Santiago, der Hauptstadt von Chile. Da dort die Übernachtungsmöglichkeiten teurer sind als mein Geldbeutel erlaubt, lege ich mich abends in einem Park auf eine Bank, schiebe den Rucksack unter meinen Kopf, ziehe die Schuhe aus und stelle sie unter die Bank – wer wird schon so rie-

sige und noch dazu kaputte Latschen stehlen – und decke mich mit meinem Wollponcho zu.

Ich habe einen gesunden Schlaf und erwache erst, als die Sonne schon hoch am Himmel steht. Als ich meine Schuhe anziehen will, kann ich sie nicht finden. Sie sind weg! Ich suche verzweifelt, bis mir ein alter Mann, der in der Nähe auf einer Bank sitzt, zuruft, daß vor etwa einer Stunde ein Straßenkehrer vorbeizog und vermutlich meine Schuhe mitgekehrt hat. Bestimmt konnte er keinen Zusammenhang zwischen dem schlafenden Gringo und den ausgedienten Latschen sehen. Suchend renne ich durch den Park, aber der Straßenkehrer ist spurlos verschwunden.

Nun ist die Suche nach einem Schuhgeschäft, das Schuhe in Übergrößen führt, sehr akut geworden. Obwohl ich dutzendweise Läden und diverse Schuhmacher abklappere, ist meine Mühe vergeblich. Doch da kommt mir eine rettende Idee. Ich gehe zum Deutschen Konsulat. Dort arbeiten sicherlich auch große Leute! Irgendwo müssen die ja Schuhe kaufen.

Und ich habe Glück. Man nennt mir die Adresse eines Spezialgeschäftes.

Es ist gar nicht so einfach, das kleine Schuhgeschäft am anderen Ende der Stadt zu finden. Aber es führt wirklich außergewöhnliche Größen. Der kleine Chilene, dem dieser Laden gehört, paßt mit beiden Füßen in einen von diesen Schuhen.

Leider ist seine Auswahl nur sehr einseitig. Er hat sich auf die großen Herren der feinen chilenischen Gesellschaft spezialisiert. Von Sport- und Reiseschuhwerk keine Spur. Aber ich brauche unbedingt Schuhe! Ich kann nicht halb Südamerika barfuß durchfahren, und noch viel weniger kann ich so ins Flugzeug steigen, um nach Europa zu fliegen.

Mir bleibt also nichts anderes übrig, als von meinem letzten Geld einen Wahnsinnsbetrag für wunderschöne schwarze Lackschuhe auszugeben ...

Als ich barfuß durch die Stadt lief, haben mich die Leute schon komisch angeschaut. Jetzt sehen sie mich fassungslos an, aber ich kann es ihnen nicht verdenken. Es ist ja auch ein ungewöhnliches Bild: Ein Rucksackreisender in geflickten Klamotten, aber mit Gala-Tanzschuhen, steigt in den Jet nach Deutschland.

Leosch Schimanek, 39, geboren in der Tschechoslowakei, lebt seit 1968 mit deutscher Staatsangehörigkeit im Westen. Seit 1982 hat er für Kanada »Permanent-Residence-Status«.
Er ist gelernter Bauingenieur, wechselte 1975 den Beruf und wurde freier Fotojournalist und Schriftsteller. An den Hochschulen Nordamerikas und an den deutschsprachigen Universitäten in Europa hält er regelmäßig Vorträge.
Auf seiner zweijährigen Reise nach Feuerland lebte er mit den Einheimischen, aber auch mit den noch ursprünglich lebenden Ureinwohnern Amerikas. Er beschäftigte sich mit ihren Lebensweisen, Sitten und Gebräuchen.

Pressestimmen zu »Durch die Wildnis zum Eismeer«

Überlebenskunst in der Wildnis, die Nachbarschaft zu wilden und zutraulichen Tieren, die Begegnung mit Indianern und Siedlern, deren Leben noch heute, trotz mancherlei technischer Erleichterungen, nur mit Pioniergeist zu bewältigen ist – all dies haben die beiden Abenteurer jetzt in einem Buch zusammengefaßt, eine moderne Trapperstory, in spannenden Episoden erzählt und mit vielen Aufnahmen dokumentarisch bebildert. Südwest-Presse

Leosch Schimanek und Cestmir Sebesta zeigen in ihrem Buch, wie verschieden die Natur ist: Auf der einen Seite rauh und wild, abenteuerlich und gefährlich, auf der anderen Seite sanft und still, schön und beruhigend . . . Das Buch vermittelt einen guten Eindruck über die Natur und gleichzeitig über die Ureinwohner Nordamerikas: die Indianer und die Eskimos. Leosch Schimanek und Cestmir Sebesta zeigen eine andere, faszinierende Welt, die fast vergessen ist.
Kriterien für die Wahl zum „Buch des Monats" von der Jubu-Crew, Göttingen

In ihrer lebhaften, anschaulichen Art schildern Schimanek und Sebesta, wie sie mit ihren Freunden in den Stromschnellen des Nahanni River um ihr Leben kämpften, sich tagelang durch den dichten Busch schlugen, sich im Labyrinth einer Höhle, in der Hunderte von Schafskeletten moderten, verirrten oder am Lagerfeuer dem Zauber der hellen Nächte erliegen, zu Gast bei Indianern und Eskimos. Was Schimanek und Sebesta und ihre Freunde stets lockt, ist das Erlebnis der unberührten, sie herausfordernden Natur. Badische Zeitung

Vier Männer, ein Hund, zwei Schlauchboote. Vor ihnen liegen 2 500 km auf dem Mackenzie-River in Nord-Kanada, einem bisher kaum erforschten Fluß. Und dort lauern viele Gefahren: Stromschnellen, Eis, Bären, die Kälte. Aber auch die unzerstörte Natur, die Begegnungen mit freundlichen Indianern und Eskimos, das immer stärker werdende Gefühl der Kameradschaft schildern Schimanek und Sebesta in ihrem Buch. Viel wörtliche Rede, gewürzt mit oft deftigem Humor, und kaum langweilige Zahlenkolonnen (wie leider in vielen anderen Reiseberichten) vermitteln ein Stück Atmosphäre und lassen den Leser die einjährige Reise mit Genuß nachvollziehen. boote

Leosch Schimanek
Cestmir Sebesta

Durch die Wildnis zum Eismeer

Ein Jahr auf abenteuerlicher Flußfahrt durch Nord-Kanada

280 Seiten mit 72. z. T. farb. Fotos
ISBN 3-8139-5628-8

Nein, alltäglich ist es gewiß nicht, wenn vier junge Männer ihren Beruf an den Nagel hängen, der zivilisierten Welt den Rücken kehren und in der unwegsamen Wildnis Nordkanadas den Spuren der Abenteurer vergangener Jahrhunderte folgen.
Leosch Schimanek und seine Begleiter nehmen nicht viel mit auf ihre Reise: ein altes, klappriges Auto, eine Zeltausrüstung, Gewehre und zwei Schlauchboote. Und was wichtiger ist: Sich selbst nehmen sie mit – ihre Unternehmungslust, ihren Entdekkergeist, ihre Träume von einer unzerstörten Natur.
Sie kämpfen in den Stromschnellen des Nahanni River um ihr Leben, schlagen sich tagelang durch den dichten Busch, erklimmen Felswände, verirren sich im Labyrinth einer Höhle, kurz: Sie begegnen der Gefahr auf Schritt und Tritt. Und sie erleben am Lagerfeuer den seltsamen Zauber der hellen Nächte, sind zu Gast bei Indianern und Eskimos, gewinnen neue Freunde und feiern eine echte indianische Hochzeit.

Weitere Titel dieser Autoren werden im Union-Verlag erscheinen.

1987

Leosch Schimanek/Cestmir Sebesta

Die Nord-West-Passage

Mit Schlauchbooten und selbstgebautem Segelboot durch Nord-Kanadas Wildnis nach Alaska
mit vielen z. T. farb. Fotos

1988

Leosch Schimanek

Paradiesinseln im Südpazifik

Ein Jahr auf Yachten durch Ozeanien
mit vielen z. T. farb. Fotos

Jürgen Misch

Die Gefiederte Schlange

Das Rätsel der weißen Götter Amerikas

240 Seiten mit vielen Abbildungen
ISBN 3-8139-5633-4

Woher kommen die weißen Götter Lateinamerikas? Wie kann es sein, daß sie, deren Ursprünge weit vor der Eroberung Amerikas durch Kolumbus liegen, die Züge des weißen Mannes tragen? Jürgen Misch geht dieser Frage nach, und seine Untersuchung wird zu einer abenteuerlichen Reise durch die Weltgeschichte. Er führt den Leser mit den Wikingern durch das Eismeer, mit spanischen Bischöfen über den Atlantik und mit den Phöniziern durch die Weltmeere. Der Autor kommt zu einem sensationellen Schluß: Kolumbus war nicht der erste weiße Mann auf dem amerikanischen Kontinent, und er hat schon vor seiner Reise im Jahr 1492 eine genaue Karte Amerikas besessen.
In diesem Buch liest sich Geschichte spannend wie ein Kriminalroman.

Jürgen Misch

Der letzte Kriegspfad

Der Schicksalskampf der Sioux und Apachen

240 Seiten
mit zahlreichen historischen Fotos
ISBN 3-8139-5621-0

Vor über 100 Jahren haben die Prärieindianer unter ihrem Führer Sitting Bull ihren letzten großen Sieg über die Truppen der Vereinigten Staaten errungen.
Diese Chronik schildert den Schicksalskampf der Sioux und der Apachen in Amerika. Sie gibt eine fesselnde und erschütternde Darstellung der Besiedlung des Wilden Westens und der Kämpfe zwischen Indianern und Weißen. Auf Augenzeugenberichte gestützt, entwirft Jürgen Misch ein Bild des harten Ringens der Indianer um ihr Land und ihrer immer hoffnungsloser werdenden Lage in der zweiten Hälfte des 19. Jahrhunderts. Wenig bekannte Fotos von Indianerhäuptlingen, aber auch von führenden Weissen sowie vom Leben auf den Reservationen ergänzen diesen hochinteressanten Dokumentarband.
1971 in der Auswahlliste zum Deutschen Jugendbuchpreis.

1000 km
2000 km
GRÖNLAND
ALASKA
1. Kapitel
K A N A D A
2. Kapitel
U S A
3. Kapitel
MEXIKO
P A Z I F I K